KB275186

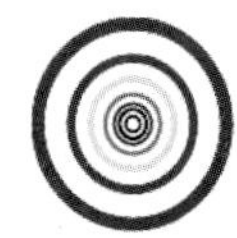

2016 하루만에 끝내는 단기완성

일반상식 공략

시사상식연구회 편저

단기완성 일반상식 완전정복

대기업 취업에 꼭 필요한 일반상식!
공무원 및 공사공단, 금융기관, 퀴즈프로그램 대비!
꼭 필요한 다년간 출제문제 정리!
쉽게 읽어보고 최단시간에 합격이 가능한 서술!
분야별 필수 핵심기출문제 종합서술!
단시간에 효과만점의 시사상식 종합서술!
각종 입사시험에 적극활용 가능한 일반상식!

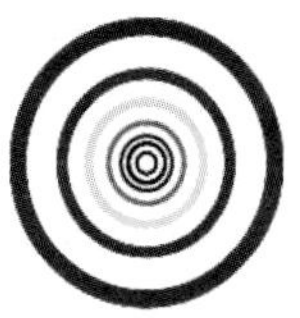

2016 하루만에 끝내는
단기완성 일반상식 공략

2015년 4월 10일 인쇄
2015년 4월 20일 발행

지은이 시사상식연구회
펴낸이 이 재 천
편집인 황 혜 정 외

출판등록 2003.10.1(제307-2003-000091호)
펴낸곳 책과사람들(구 법서출판사)
주소 서울시 용산구 동빙고동 244-1
전화 02) 926-0290~1
팩스 02) 926-0292
ISBN 978-89-9734-919-7 13030

홈페이지 www.booksarang.co.kr
www.booknpeople.com

머리글

최근 취업경기의 급변동으로 인하여 자신이 원하는 직장을 갖기란 결코 쉬운 일이 아니다. 그러므로 구직자가 채용시장의 흐름을 정확하게 읽지 않고서는 적시에 원하는 직장을 가질 수 없다. 자신이 원하는 시점에 자신이 원하는 직장을 얻기 위해서는 전략이 필요하다. 예컨대 서류전형 통과나 적성검사, 면접, 어학, 상식에 이르기까지 망라된 취업전략이 필요하다.

그 중 상식(Common sense)은 시험과목으로 들어있는 경우뿐만 아니라 시험과목에 들어 있지 않은 경우에도 필수과목이 되고 있다. 흔히 면접장에서 면접관이 시사상식 한 두 마디는 물어보는 것이 상례가 되고 있다. 따라서 구직자는 이에 대한 철저한 대비가 필요하고 다른 지원자와 차별화된 자신의 브랜드를 높이기 위해서는 평소 이에 대한 대비가 필요하다.

그러나 그 방법에 있어서는 선뜻 어느 부문부터 시작해야 할지 난감한 경우가 많다. 또 어느 부문에 깊이 있게 치중하다보면 다른 영역을 노칠 수가 있으므로 길 잡기가 곤란하다. 이 같은 구직자들의 시사상식의 「안전한 길라잡이」가 되고자 여러 부문의 다방면에 걸쳐 서술하고 있으며, 깊이보다는 폭 넓은 지식함양에 중점을 두고 서술하였다.

이 책의 특징은

첫째, 22개 영역에 걸친 다방면을 서술하고 있다.

둘째, 깊이 있는 서술보다 폭넓은 「기출문제 서술」에 중점을 두었다.

셋째, 시사문제와 연결하여 유기적으로 서술하고 있다.

넷째, 불필요한 서술은 축약하여 핵심요약만 서술하고 있다.

다섯째, 쉽게 읽어보고 안전하게 합격할 수 있도록 서술하고 있다.

취업준비생이나 전직자들께 도움이 되도록 저자가 신경을 썼으나 기대에 부응할지는 결과에 바탕을 두고 있다고 본다. 아무쪼록 취업전략에 많은 도움이 되었으면 한다.

– 합격을 기원하며 건승을 빈다 –

저자

Contents

Chapter 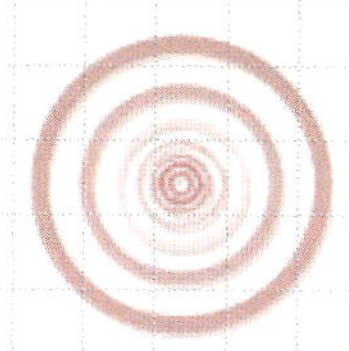

영역별 다출제문제<가장 많이 출제된 문제>

泣斬馬謖(읍참마속): 속눈물을 흘리며 마속을 벤다는 뜻으로,

아무리 아끼는 사람일지라도 어쩔 수 없이 버려야 하는 경우이다.

<2003 인천시·국가 2006 고양시, 2009 삼성그룹, 2012 한국농어촌공사,

2013 국립공원관리공단>

1. 경 제

국내총생산(Gross domestic product, GDP) <2004 파주시, 2005 진주시, 2006 고양시, 2007 경기교육·삼성그룹, 2009 수도권 매관공·삼성그룹, 2013 국립공원관리공단>

일정기간동안 한 국가에서 생산된 재화와 용역의 시장가치를 합한 것. 보통 1년 기준측정 - 「시장거래를 통하지 않은 것은 제외」

focus

> 국가별 GDP순위 : 명목 국내총생산순 나라목록, 구매력평가 기준 국내총생산순 나라목록, 명목 1인당 국내총생산순 나라목록, 구매력평가 기준 1인당 국내총생산순 나라 목록.
>
> GNP(국민총생산 ; Gross national product) : 일정기간에 일국의 국민경제 내에서 생산해 낸 최종생산물의 총 시장가치를 화폐단위로 나타낸 것.
>
> GNI : 국민소득의 세 가지 측면 중 지출측면을 강조한 것으로, GNP가 국내총생산(GDP)에다 해외로부터의 순요소소득을 합산한 것 이라면 GNI는 불변가격기준 국내총생산(GDP)에다 교역조건변동에 따른 무역손익을 더한 후 실질 대외 순수취요소소득을 합친 것이다.

국세 - 「국가에서 징수하는 세금」 <2004 창원시, 2005 근로복지공단, 2006 중부발전·서울시교육·시흥교육, 2008 경기·서울·대전·충남농협, 2010 국민건강보험, 2011 한국연구재단, 2012 서울시농수산물공사 · 경기신용보증재단, 2013 국립공원관리공단>

소득세를 위시한 16개 세목이다. 국세는 국내세·관세·임시수입부가세·교육세로 나뉘고, 국내세는 직접세와 간접세로 구분된다.

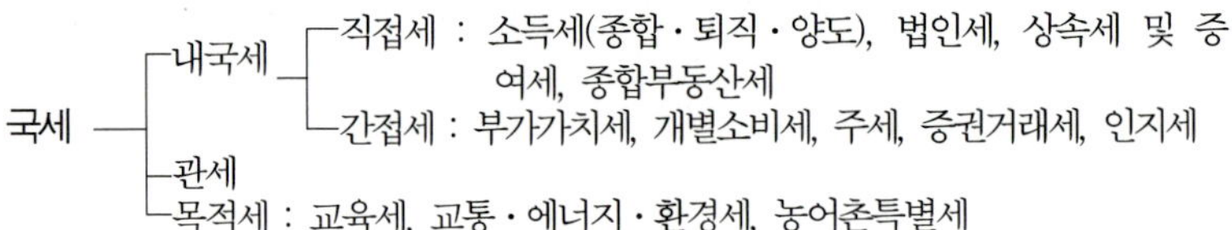

지방세 ┌ 보통세 : 주민세, 레저세, 면허세, 취득세, 재산세, 자동차세, 주행세,
         │   등록세, 농업소득세, 도축세, 담배소비세
         └ 목적세 : 도시계획세, 사업소세, 공동시설세, 지역개발세, 지방교육세

기회비용 – 「하나의 재화를 선택했을 때 그로 인해 포기한 다른 재화의 가치」 <2006 안성시, 2007 경기교육, 2009 경기기능·삼성그룹, 2010 한국농어촌공사>

포기된 재화의 대체기회 평가량을 의미하는 것으로서, 어떤 생산물의 비용을 그 생산으로 단념한 다른 생산 기회의 희생으로 보는 것.

보완재 <2004 조무사, 창원시, 2005 인천공항, 2006 경기교육, 2007·2009 삼성그룹, 2010 한수원>

「상호보완의 관계에 있는 재화」. 커피와 설탕, 잉크와 펜, 버터와 빵, 컴퓨터와 소프트웨어, 포도주와 포도주잔 등과 같이 어느 한쪽 재화의 수요가 증가하면 다른 한쪽 재화의 수요도 같이 증가함.

세이(Say)의 법칙 – 「공급이 수요를 창출한다는 법칙」
<2006 용인시·한국농촌공사, 2009 삼성그룹, 2011 방송통신심의위원회, 2012 한국보훈복지의료공단>

스태그플레이션 <2004 농어촌공사, 2005 안양시, 2006 토공, 안성시, 경기도, 2012

「경기침체와 인플레이션이 동시에 오는 현상 = 경기침체기 물가상승」

인플레이션(Inflation)

<2003 인천시, 2004 대구시, 2005 진주시 · 서울시, 2009 SH공사 · 삼성그룹, 2011 공무원연금공단 · 한국산업단지공단, 2012 한국보훈복지의료공단, 2014 국민체육진흥공단>

통화량이 팽창하여 화폐가치가 떨어지고 물가가 계속적으로 올라 일반 대중의 실질적 소득이 감소하는 현상. – 유리한 사람 채무자 · 현물 자산가

인플레이션은 가난한 사람을 더욱 가난하게 부유한 사람을 더욱 부유하게 하여 소득의 격차를 심화시킨다. 소비가 감소한다.

☞ 디플레이션 : 통화량의 수축(감소)에 의해 명목물가가 하락하는 현상<2009 인천관광공사, 2012 한국보훈복지의료공단, 2014 국민체육진흥공단>

focus

각종 인플레이션의 해결책
초과수요 인플레이션 : 총수요 억제정책(금융긴축, 재정긴축)
구조적 인플레이션 : 구조정책(산업합리화)
관리가격 인플레이션 : 경쟁촉진정책(독점규제, 공정거래)
비용인상 인플레이션 : 소득정책(임금 · 물가동결)

전시효과(demonstration effect) <2005 근로복지, 2006 고양시, 2007 한국수원, 2008 한국감정원 · YTN, 2013 한국마사회>

각자의 소비행동이 사회 일반 소비수준의 영향을 받아 「남의 소비행동을 모방하려는 사회심리학적 소비성향」의 변화

focus

톱니효과(ratchet effect) : 한번 상승하면 다시 본래 상태로 복귀하기 어렵기 때문에 계획 수립 시 차기 목표를 낮게 잡으려는 상황
스놉효과 : 특정 제품에 대한 소비가 증가하게 되면 그 제품의 수요가 감소하는 현상

베블런효과 : 허영심이나 과시욕구 때문에 재화의 가격이 비쌀수록 수요가 증
　　　대하는 현상　　　　　　　　　　　　　　<2014 한국농어촌공사>
피구효과 : 경기불황이 심해져 물가가 급속히 하락하고 경제주체들이 보유한
　　　화폐양의 실가치가 증가하여 민간의 부가 증가하여 소비지출이 증가하게
　　　되어 고용이 증대되는 것

환율하락 <2005 인천농협 · 진주시 · 충남 · 국체공단, 2006 충남농협 · 경기 · 남양주시 · 안성시, 2007 삼성그룹, 2008 한국감정원 · 한국산단 · 서울 · 경기 · 대전 · 충남농협 · 삼성그룹, 2009 경기농협 · 인천관광공사, 2010 인천도시개발>

원화절상(상승)으로 인하여 유리한 경우 : 수입업자, 외국여행자

1달러 1000원이 1달러 800원이 되는 경우인데, 수출하는 경우, 가격을 올려야 같은 수익이 보장되어 가격상으로 판매가 감소하고, 수입의 경우 가격인하의 효과발생하고 수출이 감소한다.

환율상승 : 평가절하 현상(예 : 1달러 1000원 → 1달러 1200원), 수출증가, 수입감소, 국제수지의 개선, 외채상환 부담증가, 원자재 값의 상승, 국내물가상승, 경상수지개선 등

G8 <2005 마사회 · 근로복지공단, 2007 대구시, 2008 YTN, 2009수도권 매관공>

독일, 러시아(1977년 마지막 가입), 미국, 영국, 이탈리아, 일본, 캐나다, 프랑스 등 선진 8개국의 모임이다. 여기에서 러시아가 빠지면 G7이다. 정치 · 경제문제 회의.

G20 <2009 삼성그룹, 2010 한국철도공사, 2011 공무원연금공단 · 한국전기안전공사, 2012 한국보훈복지의료공단>

G7(미국, 일본, 영국, 프랑스, 독일, 캐나다, 이탈리아), BRICs(브라질, 러시아, 인도, 중국), 한국, 호주, 멕시코, 인도네시아, 아르헨티나, 터키, 사우디아라비아, 남아공, EU의장국

☞ 각국의 수도 : 캐나다 : 오타와, 룩셈부르크 : 룩셈부르크, 벨기에 : 브뤼셀, 덴마크 : 코펜하겐 등

2. 금 융

헤지펀드(Hedge Fund) – 「단기이익 극대화 민간투자기금」

<2008 서울·경기·대전·충남농협, 2012 보훈복지의료공단, 2013 국립공원관리공단>

일종의 투자신탁으로 기관이나 개인으로부터 모은 돈의 이윤을 극대화하기 위한 것. 수익이 있다면 주식, 외환, 채권을 가리지 않고 투매를 하는데, 세계 금융시장을 위협할 정도의 힘을 갖고 있다.

3. 정 치

게리맨더링<2004 삼성그룹, 2005 인천농협·근로복지공단·한수원, 2006 한국공항공사, 2008 서울·경기·대전·충남농협, 2011 한국전기안전공사, 2012 한국산업인력공단>

특정정당이나 정치인에게 유리하도록 **선거구를 고치는 것**, 선거구법정주의 필요

국민의 5대의무<2003 안양시, 2007 군산시, 2009 수도권매관공, 2010 농촌공사, 2011 국민연금공단, 2012 한국노인인력개발원>

3대의무 : 납세·국방·교육의무

4대의무 : 납세의무, 국방의무, 교육의무, 근로의무

5대의무 : 환경보전의무 + 4대의무

☞ 권리이면서 의무인 것 : 교육, 근로, 재산권행사, 환경보전의 의무

국회의 권한<2004 삼성그룹, 2005 근로복지공단 · 국민체육진흥공단, 2006 안성시, 2007 경기교육, 2009 인천관광공사, 2011 국민연금공단, 2012 교통안전공단>

입법에 관한 권한 : 「법률안 심의·의결」, 「헌법 개정안의 심의·의결」,

국제조약 동의

재정에 관한 권한 : 「예산안 심의·의결」, 「정부결산심사권」

☞ 예산안편성권 ⇒ 정부

일반 국무에 관한 권한 : 국무총리·대법원장·감사원장 임명동의권, 국정
　　　　감사 및 조사권, 「탄핵소추 의결권」, 해임건의권 등

☞ 대통령권한 : 국무총리·감사원장·헌법재판소장·대법원장·대법관 임명권

레임덕(lame duck) - 「권력누수현상」

<2004조무사, 2005인천공항, 의정부, 2006토공·충남농협, 2009 삼성그룹>

임기 종료를 앞둔 대통령 등 지도자, 특히 미국에서 2기째의 현직대통령이
선거에서 패배하는 경우 새 대통령이 취임할 때까지 3개월간 국정 정체상
태가 빚어지기 쉽기 때문에 기우뚱 걷는 오리에 비유해 일컬어진 말이다.

선거의 4원칙 <2005 안양시, 2007 경기교육, 2011 수도권매립지관리공사, 2012 한국노인인

력개발원, 한국농수산식품유통공사>

현대의 모든 민주국가가 선거제로서 채택하고 있는 **보통선거·평등선거·
직접선거·비밀선거의 4대원칙.**

☞ 보통선거 : 조건에 따른 제한 없이 일정한 연령 이상이 되면 누구나 선거권이 주어
　　　　지는 신거

　대통령선거 : 최고득표자가 2인 이상인 경우는 국회의 재적의원 과반수 출석한 공개
　　　　회의에서 다수표를 얻은 자가 당선된다.

애드호크라시(Adhocracy) <2005 국체공단, 2006 경기7급, 2010 인천도시개발, 2011 농수산

물유통공사, 2012 한국보훈복지의료공단>

종래의 「관료조직을 대체할 미래조직」을 가리키는 말.

앨빈 토플러가 그의 저서 미래의 충격에서 사용한 말로서 계층제 형태를 띠
지 않는 동태적 조직을 가리키는 용어이다. - 위원회 중심의 국정운영방식

focus

> **앨빈 토플러의 저서** : 미래쇼크(1970), 제3의물결(1980), 권력이동(1991) : 권력
> 의 3가지(부, 폭력, 지식), 부의 미래(2006)　　<2012 한국농어촌공사>

☞ 메리토크라시(meritocracy) : 출신이나 가문 등이 아닌 능력이나 실적에 의한 평가를

기준으로 승진이나 보수가 결정되는 능력주의 <2012 한국보훈복지의료공단>
디그리오크라시(degreeocracy) : 교육의 결과로 주어지는 학위가 사회적 지위결정에
서 중시되는 경향 <2012 한국보훈복지의료공단>
미디어크라시(mediacracy) : 현대 정치는 매스미디어에 의한 민주주의라는 의미에서
온 말 <2012 한국보훈복지의료공단>
웨보크라시(webocracy) : 여론의 형성이나 정부정책 결정이 인터넷을 통해 이뤄지
는 것을 빗댄 말 <2012 한국보훈복지의료공단>

옴부즈만(Ombudsman) 제도 <2004 울산시, 2005 철도공사, 2007·2008 서울·경기·대전·충남농협>

옴부즈만은 독립적 위치와 높은 위신을 갖는 「일종의 행정감찰관」으로서
시민이 제소하는 사안에 대해 조사, 처리.

focus

옴부즈만제도 : 행정감찰제도
엽관제도 : 정실임명제도

참정권 <2005 진주시, 2006용인시, 2009수도권 매관공·SH공사, 2011 한국환경공단 · 한국산업단지공단 · 한국농수산식품유통공사, 2013 한국마사회>

국민이 국가기관의 구성원으로서 공무에 참여하는 권리
외국인에게 제한된 권리이고, 만 19세이다.

focus

만 19세 : 실제연령(주민등록 나이 아님), 선거연령
형사미성년자 : 만 14세
군입대 : 만 17세 이상
근로기준법상 근로가능한 최저나이 : 만 15세 이상
민법상 성년 : 만 19세
민법상 혼인 가능 연령 : 만 18세
유해업소출입 : 만 19세 이상

캐스팅보트(Casting-vote) <2004 삼성그룹, 2005 한수원·인천농협, 2006 시흥시·한국공

항공사, 2008 서울·경기·대전·충남농협, 2011 한국전기안전공사, 2012 한국산업인력공단>

가부가 동수일 때 행하는 「**의장의 결정투표권**」

☞ 로그롤링 : 서로의 안건에 찬성하기로 합의하여 양쪽 모두의 안건을 통과시키는 것
　 포크배럴 : 지역주민에 대한 선심사업을 위해 정부 예산을 최대한 많이 확보하는 것

필리버스터(filibuster) <2004 수도권매립공, 2005 인천농협·근로복지공단, 2008 서울·경기·대전·충남농협, 2011 한국전기안전공사, 2012 한국보훈복지의료공단>

「**계획적인 의사진행 방해 행위**」(합법적인 의사방해행위).

이는 의회에서 소수당이 흔히 사용하는데, 장시간의 연설, 다수의 수정안 제출, 투표에서의 우보전술 등이다.

4. 법 률

법의 우선순위(성문법)<2003 안양시, 2005파주시, 2006 관광공사·시흥교육, 2011 한국잡월드>

헌법 → 법률 → 명령 → 조례 → 규칙

focus

> 불문법 : 관습법·판례법·조리·행정선례법<2007 경기·대전농협, 2009 SH공사>
> 성문법 : 문자로 표현되고 문서의 형식을 갖춘 법. 헌법·법률·명령(대통령령, 총리령, 부령 등)·조례·규칙·조약 등
> 법의 적용순서
> 형사 : 법률 – 판례 – 조리
> 민사 : 법률 – 관습법 – 조리

헌법 개정절차<2005 국체공단, 2007 경기교육, 2011 국민연금·한국산업단지공단, 2012 교통안전공단>

1. 발의제안 : 국회재적의원 과반수 또는 대통령
2. 공   고 : 대통령이 20일 이상 공고
3. 의   결 : 공고된 날로부터 60일 이내 국회의결
   의결정족수 : 재적의원 3분의 2이상 찬성
4. 국민투표 : 국회가 의결한 후 30일 이내
   통과요건 : 국회의원선거권자 과반수의 투표와 투표자 과반수의 찬성
5. 공   포 : 국민투표로 찬성을 얻으면 확정되고, 대통령은 즉시 공포

☞ **요약** 헌법개정절차 : 제안 – 공고 – 국회의결 – 국민투표 – 공포
　　　　　 헌법 개정안은 국회나 대통령이 발의
　　　　　 개정안이 공고되고 나면 국회는 60일 이내 의결해야 함
　　　　　 발의된 헌법 개정안에 대해 대통령은 20일 이상 공고
　　　　　 국회 의결을 통과하기 위해서는 국회 재적의원 2/3이상 찬성

헌법재판소<2004 창원시 · 울산시, 2005 경기교육 · 안양시, 2006 안성시, 2009 삼성그룹, 2011SH공사>

「헌법재판소」는 『탄핵결정기관』이고, 「탄핵소추기관」은 『국회』
· 총 9명으로 구성, 임기 6년 연임가능, 정년 65세이나 헌법재판소장은 70세

focus

《헌법재판소의 심판사항》
· 법원의 제청에 의한 법률의 위헌여부 심판
· 탄핵의 심판
· 정당의 해산심판
· 국가기관 상호간, 국가기관과 지방자치 단체간 및 지방자치단체 상호간의
  권한쟁의에 관한 심판
· 법률이 정하는 헌법소원에 관한 심판

5. 사 상

매슬로우<2004 조무사, 2005 인천공항 · 삼성그룹, 2011 한국잡월드, 2013 한국마사회>
매슬로우의 욕구단계 설은 인간의 욕구가 그 중요도에 따라 일련의 단계를

형성한다는 일종의 동기이론이다.

「욕구단계설(동기이론)」＝「생리적 욕구 - 안전욕구 - 사회적 욕구 - 존경욕구(자기존중욕구) - 자아실현욕구」

맹자　　<2005 대구시, 2008 서울·경기농협, 2009 경기교육, 2012 한국농어촌공사>
중국의 철학자. 공자의 '인'사상을 발전시켜 성선설주장, 인의의 정치 강조. 유학의 정통으로 숭앙되며, 아성이라 불리며, 교육이라는 말을 사용하였다. 맹자의 호연지기(지극이 크고 굳센 기운), 왕도정치론, 오륜의 세계 등
성선설 : 인간의 타고난 본성은 착하다고 보고 그 착한 본성에 기반 해서만 사회의 혼란이 극복될 수 있다고 보았다.
① **자연상태** : 인간과 사회의 본래 모습은 서로 사랑하고 아껴주고 옳은 일을 좋아하고 옳고 그름의 구분이 명확하게 인식되는 이상적인 상태라고 생각하였다.
② **인간의 착한 본성** : 仁義禮智의 네 가지 덕(4덕)을 인간의 본성이라고 보고 특히 인과 의를 강조하였다.
③ **불인지심(不忍之心)** : 인간에게는 누구나 남의 고통과 불행을 보았을 때는 차마 견딜 수 없는 차마 그대로 지나쳐버리지 못하는 마음이 태어날 때부터 본성으로 지니고 있다고 보았다.

사단(四端)	사덕(四德)
측은지심(惻隱之心)	인(仁)
수오지심(羞惡之心)	의(義)
사양지심(辭讓之心)	예(禮)
시비지심(是非之心)	지(智)

물아일체 : 외물과 자아, 객관과 주관 또는 물질계와 정신계가 어울려 하나가 됨. 맹자와 관련 없음.

이슬람 4대 단체 < 2005 교통안전공단, 2006 한국농촌공사, 2008 서울·경기·대전·충남농협, 2009 경기농협, 2012 한국농어촌공사 · 한국마사회>

알카에다 : 빈라덴이 결성. 2001년 미국 뉴욕의 세계무역센터 공격 등.

미국·아프가니스탄·파키스탄 등 34개국에서 활동

하마스 : 아마드야신 창설, 팔레스타인 내부의 최대이슬람 저항단체

헤즈볼라(신의당) : 레바논에 시아파 이슬람 국가 건설이 목표. 베이루트 해병대 사령부 공격.

타밀엘람 해방 호랑이(LTTE) : 타밀족의 분리독립 주장, 스리랑카의 반군단체(2009년 사멸)

무자헤딘 : 「전사」를 의미. 20세기 후반에 이슬람 이념에 따라 투쟁단체에서 싸우는 의용군을 가리키는 말. 타밀엘람 해방호랑이 사멸로 사실상 4대 단체임.

피그말리온(Pygmalion) 효과 <2005 경기교육, 2007·2008 삼성그룹, 2013 국립공원관리공단>

그리스 신화에 나오는 키프로스의 왕. 조각가 피그말리온이 자기이상으로 여기는 여자를 상아로 조각하여 그 상을 사랑하게 되었는데, 베누스 여신이 그의 기도에 응답하여 생명력을 주었다는 것. 무언가를 「**간절히 바라면 소망이 이루어지는 것**」. 신데렐라에 나오는 요정의 주문(비비디 바비디 부) 심리학에서 칭찬하면 칭찬할수록 더욱더 잘하는 동기를 제공하는 것이다.

focus

스티그마 효과(stigma effect) - 「낙인효과」 <2013 국립공원관리공단>

바넘효과(barnum effect) - 사람들의 보편적인 특성을 자신만의 특성으로 여기는 효과 <2013 국립공원관리공단>

베르테르 효과(werther effect) - 「**자살 전염효과**」 <2013 국립공원관리공단>

핌피현상(PIMFY syndrome) <2004 경남·삼성그룹, 2005 안양시, 2006 충남농협, 2010 부산교통공사, 2011 한국전기안전공사, 2013 국립공원관리공단>

"Please in my front yard" 약칭.

「**지역이기주의**」를 나타내는 신조어. 연고가 있는 자기 지역에 수익성 있

는 사업을 유치하고자 하는 현상이다.

6. 언 론

간접광고(PPL, Product Placement)<2005 한전 · 근로복지공단, 2006 관광공사, 2008 · 2009 삼성그룹, 2011 방송통신심의위원회 · 한국전기안전공사>

특정 상품을 방송 프로그램에서 소품 등으로 사용해 제품이나 브랜드를 노출시켜 「광고효과를 극대화하는 광고기법」

fOCUS

> 가상광고 : 주로 스포츠 경기에서 컴퓨터 그래픽으로 화면 빈 공간에 광고를 넣는 것.

7. 한국사

경당<2003 서울시, 2005 마사회, 2006 중부발전, 2010 인천도시개발, 2012 한국노인인력개발원>

「고구려의 교육기관, 서민교육기관, 사학기관, 한학과 무예교육」

fOCUS

> 태학(372, 소수림왕2) : 고구려의 상류층의 자제(귀족자제)를 대상으로 교육하는 관학, 유학과 문선교육, 우리나라 최초 국립교육기관
> 서당 : 조선시대 사설 초등교육 기구
> 태학(고구려), 경당(고구려), 5경박사(백제), 국학(통일신라), 주자감(발해), 국자감(고려관학), 향학(고려지방교육기관), 12공도(고려사학기관), 성균관(조선), 4학(조선서울), 향교(조선지방), 서원(조선사학), 서당(조선사학)
> 최초근대학교 : 사학(원산학사 1883), 관학(동문학 1883, 육영공원 1886)

제물포조약<2006 충남농협 · 한전, 2009 수도권매관공, 2011 한국환경공단, 2012 한

국마사회>

임오군란(1882년, 별기군이 원인) 이후 조선과 일본 사이에 체결한 조약.
일본군의 한성주둔권이 인정되었다.

focus

강화도조약(1876) : 외국과 최초로 맺은 근대적인 조약

8. 국 어

금오신화 : 우리나라 **최초의 한문소설** <2005 · 2007　　서울시,　　2006　　시흥교육,
2007 경기교육, 2009 경기 기능, 2010 대한지적공사>

홍길동전 : 우리나라 **최초의 한글소설**

훈민정음 – 「**표음문자**」 <2005　국체공단 · 마사회,　2009　삼성그룹,　2012　한국농수
산식품유통공사>

창제 : 세종 25년(1443년) 음력 12월(예의 완성)
반포 : 세종 28년(1446년) 음력 9월 상한(훈민정음해례본 · 정인지 서간행)
창제자 : 세종
글자의 뜻 : 백성을 가르치는 바른 소리
책자로서의 뜻 : 예의, 해례, 서를 묶은 33장 1책의 목판본
창제의 목적 : 자주, 애민, 실용정신
☞ 훈민정음이 한글이 되는 과정에서 소멸된 문자 : 아래아(·), 반치음(△), 여린히읗
(ㆆ), 옛이응(ㆁ) 등　　　　　　　　　　　　　　<2012 한국농수산식품유통공사>

9. 예술/체육

사물놀이　　　<2005 국체공단, 2006 시흥교육, 2010 대한지적공사, 2011 수도권매립지관리
공사 · 한국전기안전공사>

「꽹과리, 징, 북, 장구」의 네 가지 농악기를 치며 흥을 돋우는 놀이나 음악.

> 태평소 : 8개의 구멍이 있으며, 아래 끝에 놋쇠를 댄, 나팔모양의 국악기. 이를 새납·철적이라고도 한다. 옛날에는 군악·제례악 등에 널리 쓰였으나 지금은 주로 농악에 쓰인다.

판소리

<2003 주공, 2005 파주시·마사회·수원시·교통안전공단, 2006 고양시·한전, 2007 국회, 2008 서울·경기·대전·충남농협, 2011 한국전기안전공사, 2012 한국농어촌공사>

중요무형문화재 제5호.

판소리는 한 명의 소리꾼이 고수(북치는 사람)의 장단에 맞추어 창(소리), 말(아니리), 몸짓(너름새)을 섞어가며 긴 이야기를 엮어가는 것 – 『신재효 집대성, 5섯 마당 전래됨』　　　　　<2008 한국감정원·한국산단>

판소리는 느린 진양조, 중모리, 보통 빠른 중중모리, 자진모리, 아주 빠른 엇모리, 휘모리, 단모리 등 극적내용에 따라 느리고 빠른 장단으로 구성.

> 판소리 열두마당 : 춘향가·심청가·수궁가·흥부가·적벽가·배비장타령·변강쇠타령·장끼타령·옹고집타령·무숙이타령·강릉매화타령·숙영낭자타령(정노식의 조선창극사)
>
> 판소리 여섯마당 : 현존 다섯마당 = 춘향가, 심청가, 수궁가, 흥부가, 적벽가 = 5섯마당 + 변강쇠타령　　　<2008 한국감정원, 2011 한국산업단지공단>
>
> 창　자 : 소리꾼
>
> 고　수 : 창자 근처에서 북으로 장단을 치며 추임새를 넣는 사람
>
> 귀명창 : 판소리에서 창을 제대로 즐기는 사람
>
> 발　림 : 가락이나 사설 내용에 따라 동작을 취하는 것. 부채사용
>
> 추임새 : 소리판에서 창자(소리꾼)의 소리에 고수나 청중이 감탄사를 내면서 흥을 돋우는 것이다.

아니리 : 창자가 장단에 맞추지 않고 평상시처럼 이야기 하는 것
너름새 : 판소리에서 관중을 웃기기도 하고 울리기도 할 수 있는 연기력
더 늠 : 판소리의 유파에 따라 계승되어 오는 특징적인 대목이나 음악적 스타일
도 습 : 판소리에서 창과 아니리의 중간 형태
득 음 : 판소리에서 창자의 음악적 역량이 완성된 상태

10. 과학기술

핵안전조치협정 <2005 근로복지공단 · 의정부, 2006 경기도 · 경기교육, 2008 SH공사, 2011 한국마사회, 2013 국립공원관리공단>

NPT, 즉 핵 확산금지조약을 유지시키는 기본협정(우리나라 1975년 비준).

이 협정에 가입하면 자국 내의 모든 핵시설과 핵물질 등 핵 현황에 대해 국제원자력기구(IAEA)에 보고해야 한다. 북한은 NPT 탈퇴를 무기로 미국과 경수로 등의 협상을 벌이는 등 세계적인 문제를 야기시켰다.

핵확산 금지조약(NPT) : 북한은 미가입 국가
중거리핵전력협정 : INF
핵무기 보유국 : 영국, 프랑스, 중국, 미국 등 독일은 아님

블로그<2005 한수원, 2008 서울·경기·대전·충남농협, 2009 수도권 매립공, 2012 한국농수산식품유통공사>

Blog 혹은 Weblog는 web(웹)과 log(로그)를 합친 말.

스스로가 가진 느낌이나 품어오던 생각, 알리고 싶은 견해나 주장 같은 것을 웹에다 일기(로그)처럼 차곡차곡 적어 올려서 다른 사람도 보고 읽을 수 있게끔 열어놓은 글모음이다. 블로그를 소유해 관리하는 사람을 블로거라 한다. 싸이월드나 엠파스에서 사용

블루투스(blue tooth) <2006 수자원, 2007 삼성그룹, 2009 경기농협, 2010 대한지적공사, 2013 국립공원관리공단>

1994년 에릭슨이 최초로 개발한 개인근거리 무선 통신(PANs)을 위한 산업표준 - 「컴퓨터 및 통신산업계의 규격」

셰어웨어(Shareware)<2004 수도권매관공, 서울시 농수산물, 2007 선남교육, 2009 인천관광공사, 2012 한국농수산식품유통공사>

일정 기간 동안 시험삼아 사용해 보고 마음에 들면 일정한 요금을 지불하고 사용하는 소프트웨어

☞ 프리웨어(Freeware) - 「공개된 무료 소프트웨어」
  스파이웨어(spyware) - 사용자가 설치사실을 모르거나 정확한 용도를 모르는 상태에서 컴퓨터에 설치돼 사용자의 정보를 빼가는 악성프로그램
  애드웨어(adware) - 특정 소프트웨어를 실행할 때 또는 설치 후 자동적으로 광고가 표시되는 프로그램

와이브로(WiBro) <2005 삼성그룹, 2006 중부발전, 2007 한국자원공사·삼성그룹, 2008 한국감정원, 서울·경기·대전·충남농협>

Wireless Broadband의 줄임말.

이동하면서도 초고속 인터넷을 이용할 수 있는 「무선인터넷서비스」

유비쿼터스(Ubiquitous) <2004 창원시, 2005 경기교육·안양시·국체공단·근로복지공단, 2006고양시, 2007 제주교육, 2009 수도권 매관공, 2010 대한지적공사>
원래 라틴어에서 유래한 단어를 신이 '언제나 어디에나 존재한다'는 의미로, 사용자가 컴퓨터나 네트워크를 의식하지 않고 장소에 상관없이 자유롭게 네트워크에 접속할 수 있는 환경.
유비쿼터스 컴퓨팅과 비슷한 개념으로 '생활 속의 컴퓨팅(Pervasive Computing)', '눈에 보이지 않는 컴퓨팅(Invisible Computing)', '끊김 없는 컴퓨팅(Seamless Computing)' 등이 있다.

쿠키(Cookie) - 「네티즌 정보를 담은 임시파일」
 <2003 인천시, 2004 수도권 매관공, 2005 근로복지공단·삼성그룹, 2006 남양주시, 2009 수도권매관공, 2010 한수원, 2013 국립공원관리공단>
웹 서버가 웹 브라우저에 보내어 저장했다가 서버의 부가적인 요청이 있을 때 다시 서버로 보내주는 「문자열 정보」.
예컨대, 어떤 사용자가 특정 웹 사이트에 접속한 후 그 사이트 내에서 어떤 정보를 보았는지 등에 관한 기록을 남겨 놓았다가 다음에 접속했을 때 그것을 읽어 이전의 상태를 유지하면서 검색할 수 있게 하는 역할을 한다. 일반적으로 배너광고를 회전시키기 위해사용, 사용자가 쓰고 있는 브라우저의 형식이다.

LAN(정보통신)<2012 한국산업인력공단, 2008 서울·경기·대전·충남농협, 2009 경기 기능>
정식명칭은 local area network. 「근거리통신망」 같은 건물이나 학교, 공장 구내와 같은 한정된 지역 내에 분산 설치되어 있는 것.
☞ ADSL : 비대칭디지털가입자회선, VAN : 가상지역망, WAN : 광역통신망

UCC(사용자 제작 콘텐츠) <2007 국회·한국자원공사·삼성그룹·전남교육, 2008 서울·경기·대전·충남농협·SH공사, 2012 한국농수산식품유통공사>

「사용자들이 직접 제작한 콘텐츠」

12. 환경위생

교토의정서(경도의정서)<2005　수원시 · 국체공단 · 삼성그룹 · 한수원,　2006　남양주시, 2007 한국수원 · 한국자원공사, 2008 SH공사, 2011 한국환경공단 · 공무원연금공단, 2012 한국 보훈복지의료공단>

교토프로토콜이라고도 하며, 지구온난화의 규제 및 방지를 위한 국제협약 인 기후변화협약의 구체적 이행방안으로 선진국의 온실가스 감축 목표치를 규정.

1997년 12월 일본 교토에서 개최된 기후변화협약 제3차 당사국 총회에서 채택되었다. 감축대상 가스는 「이산화탄소(CO_2), 메탄(CH_4), 일산화질 소(N_2O), 불화탄소(PFC), 수소화불화탄소(HFC), 불화유황(SF_6)」 등 6가지 ⇒ 일산화탄소는 제외

의무이행 당사국의 감축 이행시 신축성을 허용하기 위하여 「배출권거래, 공동이행, 청정개발체제」 등의 제도를 도입하였다. 우리나라의 경우, 제2 차 교토의정서에 대비하여 저탄소 녹색성장을 위한 친환경 에너지 절약형 도시조성의 필요성이 필요하다.

☞ 바젤협약 : 여러 국가들 간에 체결한 「유해폐기물에 관한 조약」 <2008　한국　감정원, 2011한국환경공단 · 공무원연금공단, 2012서울시농수산물공사, 2013국립공원관리공단>

☞ 생물다양성협약 : 지구상의 모든 생물종의 멸종을 막기 위한 협약

람사협약 - 「국제습지조약」 <2005　진주시 · 마사회,　2006　한국농촌공사,　2008　한 국감정원 · YTN · 서울 · 경기 · 대전 · 충남농협,　2009　경기교육,　2010　대한지적공사,　2011 한국환경공단 · 공무원연금공단, 2012 서울시농수산물공사, 2013 국립공원관리공단>

람사르총회, 람사협약, 「습지의 보호, 철새보호」, 1971년2월 이란 람사 르에서 체결

런던협약(런던덤핑협약) <2007 한국자원공사, 2008 서울·경기·대전·충남농협, 2009 수도권매관공·경기교육, 2010 대한지적공사, 2011 한국환경공단·공무원연금공단, 2012 서울시농수산물공사, 2013 국립공원관리공단>

1975년 런던에서 비행기나 선박에서 나오는 쓰레기 투기를 규제하기 위해 제정된 협약 - 「해양오염을 방지하기 위한 협약」

엘리뇨현상(ENSO) <2004 삼성그룹, 2005 마사회, 2006 경기교육, 2007 한국자원공사, 2008 한국감정원>

전 지구적으로 벌어지는 대양·대기간의 기후현상을 말한다. 열대지방의 태평양(페루부근)에서 발생하는 「해수면 온도의 급격한 변화」, 「겨울 고온현상 원인」

엘니뇨와 라니냐라는 이름은 각각 '남자아이'와 '여자아이'를 의미하는 스페인어에서 유래하였다.

☞ 라니나현상(Lanina) : 반엘리뇨 현상, 적도 태평양의 바닷물 온도가 평소보다 2~3도 낮아지는 현상   <2008 한국감정원>

지구온난화현상 : 탄산가스 등 온실효과 가스에 의해 지구의 평균기온이 올라가는 현상, 대기중의 수증기량증가   <2006 안성시·경기, 2008 SH공사>

라마마(La Mama) : 북태평양 중위도 해역에서 고수온대가 동쪽의 저수온대를 감싸면서 서태평양의 수온이 높아지는 현상.

온실효과(greenhouse effect) <2005 파주시·안양시, 2006 한국농촌공사, 2007 전북교육·경기교육, 2010 인천도시개발>

「대기중의 이산화탄소 증가로 인해 가속되는 지표나 하층 대기의 기온상승 효과」

온실효과를 일으키는 기체 : 메탄·아산화질소·이산화탄소·과불화탄소·프레온가스, 수소불화탄소, 육불화유황 등
온실효과를 일으키지 않는 기체 : 일산화탄소, 메탄, 암모니아

13. 생물 지학 화학 물리

카오스 – 「혼돈이론(Chaos theory)」 <2005 국체공단·마사회, 2008 한국감정원, 2010 한국농어촌공사, 2013 한국마사회>
외관상 무질서하고 불규칙적으로 보이나 실제로는 내적인 질서와 규칙성을 갖고 있다는 이론.

나비효과(Butterfly effect) – 「작은 변화가 큰 결과 초래현상」 <2006 시흥교육, 2013 한국마사회>
혼돈이론에서 초기 값의 미세한 차이에 의해 결과가 완전히 달라지는 현상이다. 미국 기상학자 에드워드 로렌츠가 사용
프랙탈(fractal theory) : 매우 무질서하고 불규칙적으로 보이는 현상 속에 내재된 일정 규칙이나 법칙을 밝혀내는 이론
퍼지이론 : 모호한 것을 명확히 표현하는 이론

14. 노동복지

구조적 실업 <2004 창원시, 2005 충남연기·인천농협·근로복지공단, 2006 남양주시·안성시, 2007 충남교육·삼성그룹, 2008 YTN, 2009 수도권매관공, 2010 대한지적공사, 2011 농수산물유통공사>

노동인력의 수급 불균형으로 인한 「노동공급 과잉으로 인해 발생」하는 실업으로 출생률이 낮아져 유치원 교사자리가 줄거나 또는 기술의 발전으로 인해 탄광 등의 사양 산업에서 발생하는 실업

focus

노동 3권(勞動三權) <2004 울산시, 2005 의정부, 2008 한국감정원·YTN, 2009 수도권 매관공·경기교육, 2011 한국산업단지공단·SH공사>

노동자의 「단결권」, 「단체교섭권」, 「단체행동권」 ⇒ 근로권

근로기준법, 노동조합법, 노동쟁의 조정법 ⇒ 노동 3법

focus

공무원 : 단체행동권 제한

기능직 공무원 : 단체행동권 인정(헌재결정)

님비증후군(NIMBY) <2005충남연기 · 삼성그룹, 2006용인시 · 안성시 · 충남농협, 2011 한국 전기안전공사, 2013 국립공원관리공단>

핵발전소, 쓰레기 매립장, 공해업소 같은 혐오시설에 대한 주민들의 집단 반발, 즉 「내 뜰에는 불가」 하다는 이른바 님비(not in my back yard) 의 신드롬.

독도 <2005 수원시 · 국체공단 · 의정부, 2009 경기농협, 2013 한국마사회>

명칭 : 우산도, 자산도, 삼봉도, 가지도, 요도, 석도, 독도

소속 : 강원도 울진현(현 경북 울릉군 울릉읍 독도리)

인물 : 이사부, 안용복, 홍순칠

☞ 이어도 관련 : 소코트라호, 파랑도, 해양과학기지, 쑤옌자오(중국명), 해양과학 기지 <2012 한국농어촌공사 · 한국보훈복지의료공단>

세계기록유산(한국) <2005 마사회 · 근로복지공단, 2006 경기, 2009 농어촌공사, 2010 한수원 · 대한지적공사, 2011 한국산업단지공단, 2012 한국노인인력개발원>

훈민정음 해례본(The Humin Chongum manuscript, 1997) : 1446년 음력 9월 출간된 필사본으로 세종대왕의 공포문과 집현전 학자들 의 해설 및 해례를 포함하고 있음.

조선왕조실록(The Annals of the Choson Dynasty, 1997) : 조선 을 개국한 태조부터 철종까지의 470여년간의 왕조의 역사를 담고 있는 기 록물. <2014 한국농어촌공사>

승정원일기(Seungdeongwon Ilgi, the Diaries of the Royal Secretariat, 2001) : 조선시대 왕명을 출납하던 승정원에서 매일 작성 한 일기로 국왕의 하루 일과와 지시, 명령, 각 부처의 보고, 국정회의 상 소자료들을 총망라하고 있음. 화재로 소실된 부분을 제외하고 1623~1910년 까지 3천2백43책, 2억4천2백50만자의 방대한 기록물임.

직지심체요절(Buljo Jikji simche yojeol, the second volume of "Anthology of Great Buddhist Priests" Zen Teachings, 2001) : 현존하는 세계최고의 금속활자로 선의 요체를 깨닫는데 필요한 역대 불조사들의 어록 중 중요한 대목을 초록한 책. 청주 흥덕사에서 금속활자인 주자로 찍어낸 것으로 상하 2권중 하권이 현재 프랑스 국립도서관에 소장되어 있음.

고려대장경 및 제경판(2007) : 1237년~1248년 경판 81,258장에 판각한 가장 완전한 형태의 불교 경전집. 합천 해인사에 소장되어 있음.

조선왕조 의궤(2007) : 조선왕조(1392년~1910)의 왕실 행사가 글과 그림으로 기록된 독특한 기록유산, 거의 4천권으로 구성.

동의보감(2009) : 허준(許浚, 1546~1615)이 선조 29년(1610) 우리나라와 중국의 의서(醫書)를 모아 집대성한 한의학의 백과전서. 25권 25책.

일성록(2011), 5.18광주민주화운동 기록물(2011)

난중일기(2013), 새마을운동 기록물(2013)

focus

한국의 세계문화유산

1. 석굴암, 불국사(1995)
2. 해인사 장경판전(1995)
3. 종묘(1995)
4. 창덕궁(1997)
5. 수원화성(1997)
6. 경주역사유적지구(2000)
7. 고인돌유적(2000)
8. 조선왕릉(2009)
9. 하회·양동마을(2010)
10. 제주 화산섬과 용암동굴(2007)

한국의 세계지질공원

제주도(2010)

한국의 세계무형유산

1. 종묘제례와 종묘제례악(2001) 2. 판소리(2003)

3. 강릉단오제(2005)

4. 강강술래, 남사당놀이, 영산재, 제주칠머리 당영등굿, 처용무(2009)

5. 한국의 전통가곡, 대목장, 매사냥술(2010)

6. 택견, 줄타기, 한산모시짜기(2011) 7. 아리랑(2012) 8. 김장문화(2013)

3대 국제 영화제<2005 근로복지공단, 2008 한국감정원, 2010 한수원, 2011 한국전기안전공사, 2012 한국노인인력개발원>

베니스(국제영화제 중 가장 오래됨), 칸, 베를린 영화제
세계 4대 영화제 = 3대 + 모스크바영화제

16. 필수암기사항

삼강오륜(三綱五倫) <2006 남양주시, 2008 서울·경기·대전·충남농협, 2009 수도권 매관공·인천관광공사, 2011 한국환경공단>

임금과 신하, 부모와 자식, 남편과 아내 사이에서 꼭 지켜야 할 세 가지 기본 도리.

focus

삼강 : 군위신강(君爲臣綱), 부위자강(父爲子綱), 부위부강(夫爲婦綱)이다. 이는 유교의 실천덕목이다.

오륜(五倫) : 지켜야 할 다섯 가지의 윤리인데, 부자유친(父子有親), 군신유의(君臣有義), 장유유서(長幼有序), 붕우유신(朋友有信), 부부유별(夫婦有別)을 말한다.

사단 : 측은지심(惻隱之心), 수오지심(羞惡之心), 사양지심(辭讓之心)·시비지심(是非之心)

칠정 : 기쁨(喜), 노여움(怒), 슬픔(哀), 두려움(懼), 사랑(愛), 미움(惡), 욕망(欲)

사서 : 논어·대학·중용·맹자 <2003 안양시, 2004 농업진흥청·근로복지공단, 2005 교통안전공단, 2008 한국산단, 2012 한국농어촌공사>

삼경 : 시경·서경·역경(주역)
오경 : 시경·서경·역경·춘추·예기   <2008 한국산단>
삼강 : 군위신강·부위자강·부위부강

오륜 : 부자유친, 군신유의, 부부유별, 장유유서, 붕우유신

나이<2004 창원시, 2005 파주시·진주시·국체공단·수원시·한수원·삼성그룹, 2006 용인시·남양주시, 2007 국회·경기교육, 2008 삼성그룹·서울·경기·대전·충남농협· SH공사, 2009 수도권매관공·SH공사, 2011 수도권매립지공사, 2012 한국농어촌공사 · 한국보훈복지의료공단>

15세 지학(志學) : 배움·학문에 뜻을 둠

16세 과년

20세 약관(弱冠) : 남자, 20세 안팎의 여자는 방년(芳年), 묘년(妙年)

30세 이립(而立) : 드디어 서다. 즉, 어느 정도 일가를 이루거나 학문적
성과를 거둠.

40세 불혹(不惑) : 의심이 없어지다. 곧 세상사물의 이치를 터득함.

50세 지천명(知天命) : 천명을 암, 지명(知命) 이라고도 함.

60세 이순(耳順) : 귀가 순해진다. 즉, 어떤 말에도 성내지 않는다.

70세 종심(從心) : 마음에 따른다(뜻대로 행하여도 도리에 어긋남이 없음).

<2000 법원>

망칠(望七) : 60살(일흔을 바라본다는 뜻)

망백(望百) : 백을 바라본다는 뜻으로, 나이 아흔(90) 살을 이르는 말.

희수(喜壽) : 77세, 산수(傘壽)   <2000 법원>

미수(米壽) : 88세   백수(白壽) : 99세   상수(上壽) : 100세

한 두름 : 20마리 <2004 창원시, 2005 철도공사, 2006 대구소방, 2007 삼성그룹· 한국자원공사, 2009 법원·서울시·경기농협>

두름 : 조기·청어 등 물고기 스무 마리를 열 마리를 두 줄로 묶은 것
고사리 등 산나물을 열 모숨 가량 엮은 것

한 축 : 말린 오징어 20마리   <2013 한국마사회>

한 톳 : 김 100장을 한 묶음으로 묶은 덩이   <2013 한국마사회>

한 쾌 : 북어 스무 마리   <2009 법원, 2013 한국마사회>

☞ 고등어 한 손, 김 한 톳, 버선 한 켤레, 바늘 한 쌈, 조기 한 두름.

- 한 마장 : 10리가 못되는 거리
- 한 갓 : 굴비 10마리, 말린 식료품의 열 모숨
- 한 필 : 명주 40자<2007 삼성그룹>   · 한 통 : 광목 60자
- 한 접 : 과일 · 채소 100개<2009 법원, 2011 한국공항공사>
- 한 손 : 고등어 2마리<2011 한국공항공사>
- 한 매 : 젓가락 한 쌍   <2013 한국마사회> · 한 모 : 두부
- 한 땀 : 바늘 한 번 뜬 눈
- 한 쌈 : 바늘 24개, 금 100냥쭝<2007 삼성그룹, 2009 법원, 2013 한국마사회>
- 한 죽 : 옷, 그릇 10벌   · 한 거리 : 오이, 가지 50개
- 한 우리 : 기와 2000장   <2006 대구소방>

17. 한 자

甘呑苦吐(감탄고토)   <2005 삼성그룹, 2009 SH공사 · 삼성그룹, 2010 인천도시개발>
신의를 돌보지 않고 사리를 꾀한다는 뜻.

牽强附會(견강부회)   <2004 근로복지공단, 2008 국가 · 삼성그룹, 2009 지방 · 국회 ·
삼성그룹>
이치에 맞지 않는 말을 억지로 끌어 붙여 자기에게 유리하게 말하는 것

矯角殺牛(교각살우)<광주일보, 2002 국가, 2005 삼성그룹, 2006 한전 · 삼성그룹,
2008 SH공사, 2012 서울농수산물공사>
뿔을 고치려다 소를 죽인다. 작을 일에 힘쓰다가 일을 망친다는 말이다.

群鷄一鶴(군계일학)　　　　　　　　　　　<2008 농협중앙, 2007 · 2008 · 2009 삼성그룹>
변변치 못한 사람 중에 홀로 뛰어난 사람.

囊中之錐(낭중지추)　<2003 국가, 2005 삼성그룹, 2006 경기도, 2007 삼성그룹,
2008 농협중앙, 2009 삼성그룹 · 교육, 2012 서울농수산물공사, 2013 한국마사회>
주머니 속에 든 송곳과 같이 재주가 뛰어난 사람은 숨어 있어도 저절로 사람
들이 알게 됨을 말한다.

螳螂拒轍(당랑거철) <2005 한국전력, 2007 국가, 2009 삼성그룹, 2010 인천도시개
발, 2011 SH공사>
제 역량을 생각하지 않고 강한 상대나 되지 않을 일에 덤벼드는 무모한 행동
거지를 비유적으로 이르는 말이다.

首丘初心(수구초심)<2005 삼성그룹 · 국체공단 · 석유개발공사, 2009 삼성그룹, 2010
대한지적공사>
고향을 그리워하는 마음을 일컫는 말.

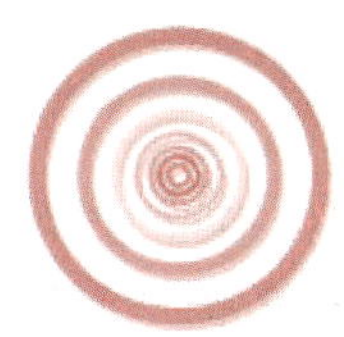

Chapter 2

경제 · 경영 · 금융 · 정치 · 법률

일사부재리(一事不再理)의 원칙 :

형사소송에 있어서 유죄, 무죄의 확정판결이 있은 후에는
같은 사건에 관해 다시 공소를 제기할 수 없다는 원칙
<2006 경기도, 2007 제주 · 충남 · 경기교육, 2013 국립공원관리공단>

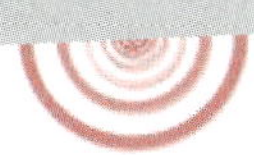

Ⅰ. 경제(무역 · 조세)

가격탄력성 <2005 경기교육, 2007 삼성그룹>

가격의 변화에 따른 수요나 공급의 변화량. 탄력성은 보석 · 자동차 등이 크다. 　「가격탄력성 = 공급량의 변화량 / 가격의 변화량」

감속시대 - 「한국 경제 전반의 발전 속도가 둔화된 현상」

원인: 글로벌 금융위기, 급격한 노령화, 산업구조의 재편 등

게임상황

어떤 행동의 결과가 자신의 행동뿐 아니라 동시에 상대방의 행동에 의해서도 결정되는 상황.

focus

게임이론 : 게임상황에서 합리적인 경제주체가 어떤 의사 결정을 하는가를 연구하는 것을 말한다. 　<2008 삼성그룹>

신호게임(Signalling game) : 자신이 가진 정보를 그것을 잘 모르는 상대에게 신호를 보낼 수 있는 상황까지 고려한 게임을 말한다.

경제성의 원칙 <2004 조무사>

상대적으로 적은 소비 또는 희생으로 상대적으로 큰 이득 또는 효과를 얻고자 하는 것

focus

경제적 한계 : 희생과 효과가 동일한 경우

경제성장율 - 「국민총생산증가율」 <2005 철도공사>

한나라의 경제가 일정기간(보통 1년)에 얼마나 성장했는가를 나타내는 지표.

실질국민총생산. 실질국민소득이 연간 또는 연도 간 증가율로 나타낸다.

경제성장율은 실질액의 증가율이므로 실질성장율이라고도 한다.

경제협력개발기구(OECD) <2005 의정부 · 삼성그룹 · 대구시>

「경제협력개발기구」로서, 민주주의와 자유 시장경제를 추구하는 유럽과 미국 등 20개국이 창설한 국제경제기구. 본부는 파리에 두고 있으며 우리나라는 29번째로 인준을 받아 회원국이 되었다.

경제활동인구 - 「실업자는 포함됨」 <2005 인천공항공사, 2013 국립공원관리공단>

노동시장에 노동을 공급함으로써 경제생활에 기여할 수 있는 인구

한나라의 생산연령인구 중 학생 · 주부 · 환자 · 종교인 · 취업준비자 · 불로소득자 등 생산 활동을 할 능력이나 의사가 없는 사람들을 제외한 인구

고센의 제2법칙 - 「재화의 한계효용균등의 법칙」 <2006 서울시 농수산물 공사>

고통지수(misery index)

한나라의 1년간 경제성과를 가늠하는 척도로 활용하는데, 고통지수가 커질수록 실업자는 늘고 물가가 비싸져 국민생활이 그만큼 어려워진다.

골디락스(goldilocks) - 「경제성장에도 불구하고 물가가 크게 오르지 않는 경제 상황」 <2013 국립공원관리공단>

과점시장 - 「카르텔이 가능한 시장」 <2009 수도권매관공, 2014 국민체육진흥공단>

☞ 과정시장의 특징 : 기업 간의 상호의존성, 가격의 경직성으로 인한 비가격경쟁의 심화, 비경쟁행위를 통해 의사결정이 이뤄짐, 높은 진입장벽의 존재, 경쟁시장과 독점시장 중간 정도의 양을 생산하며, 가격도 중간정도로 형성됨.

관세무역일반협정 <2004조무사>

GATT : General Agreement on Tariffs and Trade는 세계무역기구(WTO)체제 이전의 체제.

국민총생산(GNP, Gross National Product)

<2003 주공, 2006 서울시 농수산물 공사, 2009 삼성그룹>

한 나라의 국민이 일정한 기간(보통 1년)에 걸쳐 새로이 생산한 재화와 용역의 가치를 화폐단위로 평가해서 합산한 것.

ⓕⓞⓒⓤⓢ

국민총생산 = 국내총생산 + 해외수취소득 - 해외지불소득
국민순생산(NNP, Net National Product) : 국민순생산 = GNP - **감가상각비**
= 순부가가치의 합계
국민소득(NI, National Income) :
국민소득 = NNP - 간접세 + 보조금 = 요소소득의 합계액
국민소득은 결국 부가가치가 생산될 때마다 동시에 분배되었던 요소소득의 합계액으로 이를 좁은 의미의 국민소득이라 한다.
국민소득의 삼면등가 법칙 : 생산, 분배, 지출   <2014 국민체육진흥공단>
GPI : 기존의 국민총생산(GNP)이나 국내총생산(GDP) 개념에다 시장가치로 나타낼 수 없는 경제활동을 덧붙여 만든 경제지표

간접세 · 직접세

<2003 인천시, 2004 농어촌공사, 2005 인천공항 · 경기교육>

간접세 : 납세자와 담세자가 일치하지 않는 조세, 물품세 · 부가가치세 · 특별소비세 · 교통세 · 전화세 · 증권거래세 · 인지세 · 관세 · 주세 · 유류세 · 전기세 등
간접세의 확대 : 부가가치세 등이 확대되는 것
직접세 : 납세의무자가 곧 조세부담자가 되는 것, 소득세, 법인세, 상속세, 증여세, 재평가세, 부당이득세, 취득세, 등록세, 주민세, 재산세 등

공유경제

<2012 한국농어촌공사>

물품을 소유의 개념이 아닌 서로 대여해 주고 차용해 쓰는 개념으로 인식하여 경제활동을 하는 것

부가가치세

<2004 조무사, 2004 충주시, 2012 한국농수산식품유통공사>

기업이 재화의 생산·유통과정에서 상품에 부가하는 가치에 대해 정부가 부과하는 조세·간접세(소비와 관련 납세자와 담세자 불일치하는 경우)
부가가치세법 시행규칙 제24조에 따르면 쌀에 인산추출물, 아미노산 등 식품 첨가물을 첨가, 코팅하거나 버섯균 등을 배양시킨 것으로서 쌀의 원형을 유지하고 쌀의 함량이 90% 이상인 것은 가공되지 아니한 미가공 식료품은 부가가치세가 면제된다.

국제통화기금(IMF ; International Monetary Fund) <2004 충주시>

1944년 브레턴우즈협정에 의거 발족, 「단기자금대출」

focus

> 특별인출권 : SDR

그린라운드란 <2004 농어촌공사>

우루과이라운드 협정 이후에 생길 새로운 불씨이다. 지구를 보호하기 위해 갈수록 심해지는 환경문제를 교역과 결부시켜, 이를 「다자간 무역협상」 으로까지 발전시키는 것이다.

다자간 투자협정 <2010 한국농어촌공사>

우루과이라운드(UR) 타결로 무역분야에 새로운 질서가 수립된 후, 경제협력개발기구(OECD)에서 직접 투자장벽 제거를 위해 추진하고 있는 국제협약이다.

더블딥(double - dip) - 「이중침체·이중하강」 <2011공무원연금공단·한국산업단지공단, 2013 국립공원관리공단, 2014 국민체육진흥공단>

경기가 일시적으로 회복 조짐을 보이다가 다시 침체 국면으로 빠져드는 것, 짧은 시간에 성장하고 불황에 빠지는 것

W형 경기 : 두 번에 걸쳐 저점을 형성하는 것으로, 더블 딥을 말한다.

U자형 회복 : 경기가 급격하게 하강한 후에 상당히 오랫동안 바닥상태를 이어 가다가 서서히 회복되는 모습을 가리킨다.

디노미네이션(Denomination) – 「화폐 호칭 단위의 절하」 <2004 농어촌공사>

본래는 화폐단위의 호칭을 뜻하는 말이지만, 경제학적으로는 화폐단위의 하향 조정이라는 의미이다. 예컨대 50환을 5원으로 변경하는 것.

롱테일 법칙 <2014 국민체육진흥공단>

사소해 보이는 80%의 다수가 20%의 소수핵심보다도 뛰어난 가치를 창출하는 것

리디노미네이션(redenomination) <2005 국체공단, 2008 삼성그룹>

「화폐의 단위를 바꾸는 것」

리세션 – 「일시적으로 경기가 후퇴하는 경우」 <2005 수원시>

경기순환의 한 국면으로 호황이 중단되어 생산활동 저하·실업률 상승 등이 생기는 현상.

리콜제도(Recall) <2005 경기교육>

소비자의 생명·신체 및 재산상에 위해를 끼치거나 끼칠 우려가 있는 결함이 발견된 경우, 사업자 스스로 또는 정부의 강제명령에 의해 소비자 등에게 제품의 결함 내용을 알리고 수거, 파기 및 수리, 교환, 환급 등의 조치를 취함으로써 결함제품으로 인한 위해 확산을 방지하기 위한 제도.

머천다이징(merchandizing) – 「상품화 계획」

최근에는 머천다이징을 상품화 계획, 판매촉진, 광고선전 활동을 포함한 광의로 사용하고 있다. 단순한 상품과 계획은 프로덕트 플래닝(product planning)이라고도 한다.

멀티레벨 상법(multi-level marking system) - 「피라미드 판매방식」

본부가 상품을 판매할 출자자를 모집하고, 그 출자자가 다시 다른 출자자를 권유하여 가입시키면 보수를 받는 것이다. 우리나라에서도 물의를 빚은 바 있다.

메르트재(Merit Goods)

<2006 서울시 농수산물, 2009 수도권 매관공>

소득수준에 관계없이 모든 사람이 소비를 필요로 하는 것으로 간주하는 재화나 서비스다. 예컨대 교육·주택·건강·식품 등

모노컬쳐(monoculture) 경제

한 나라의 경제가 몇 개의 1차 상품의 생산에 특화되어 있는 단작 경제. 이러한 모노컬처 경제의 탈피는 민족발전의 관건이 되고 있다.

모라토리엄(moratorium) - 「일시금지조치(지불유예 ; 지급연기)」

<2005 인천공항, 2009 삼성그룹>

원래는 긴급한 경우 일정한 법령에 의해 일체의 지불을 중지한다는 경제용어이다. 최근에는 원자력 분야에서 자주 쓰이고 있다.

바이플레이션(biflation)

인플레이션(물가상승)과 디플레이션(물가하락)이 동시에 일어나는 현상.

방카슈랑스(Bancassurance)

<2005 철도공사·근로복지공단, 2007 국회, 2008 YTN, 2009 삼성그룹>

방카슈랑스(Bancassurance)는 은행(Banque)과 보험(Assurance)을 합성한 프랑스어

☞ 어슈어뱅크 : 보험과 은행의 합성어로, 보험회사가 은행상품 판매
　포타슈랑스 : 인터넷 포털 사이트에서 보험상품 판매

배타적 경제수역(exclusive economic zone)

영해의 폭을 측정하기 위한 기선으로부터 200해리에 이르는 수역내에서 연안국에 동수역의 모든 어업 및 광물자원에 대한 배타적 권한을 인정하는 제도.

벌처펀드(Vulture Fund)

<2008 서울·경기·대전·충남농협·한국감정원, 2009 농어촌공사>

벌처펀드는 부실기업을 저가에 인수하여 구조조정을 통한 인력정리, 부동산 매각 등의 방법을 통해 자산구조를 개선하여 「기업을 정상화시키고 되파는 기업 혹은 자금」

ƒocus

뮤추얼펀드(mutual fund) : 「투자자가 수익자인 동시에 주주가 되는 형태」

보복관세(報復關稅)

<2004·2007 삼성그룹>

외국이 자국의 수출품에 부당한 차별관세나 차별대우를 취하는 경우, 상대국으로부터 수입하는 상품에 대해 보복적으로 부과하는 고율의 차별관세.

부대입찰제(附帶入札制) - 「중소기업체의 보호세노」

정부나 공공기관이 발주하는 건설공사에 응찰할 때 반드시 중소하청업체에 줄 하도급 내용을 함께 기재토록 하는 제도

부동산 거래

<2003주공>

「부동산에 관한 권리의 발생·변경·소멸되는 행위」
즉, 소유권이전을 목적으로 하는 행위, 임대차를 목적으로 하는 행위, 채권담보를 목적으로 하는 행위 등이다. 예컨대, 부동산환매, 부동산교환, 부동산상속, 부동산증여 등이다. 감정평가나 개발은 거래가 아니다.

부메랑(boomerang)효과

<2006 충남농협, 2008 서울·경기·대전·충남농협>

선진국의 개발도상국에 제공한 경제원조나 자본투자의 결과 현지 생산이 이루어져 현지 시장수요를 초과하여 「선진국에 역수출되는 현상」

북미자유무역협정(NAFTA)   <2006 고양시>

미국, 캐나다, 멕시코 3국을 단일 자유무역경제권으로 묶은 북미자유무역협정.

브릭스(BRICs)   <2004 삼성그룹, 2005 한전, 2007 삼성그룹, 2009 수도권 매관공>

급속한 경제성장을 거듭하고 있는 「브라질·러시아·인도·중국」 등의 신흥경제 4국을 일컫는 말.

블루슈머 - 「경쟁자 없는 새로운 소비자 」   <2011 농수산물유통공사, 2013 국립 공원관리공단>

경쟁 없는 시장인 블루오션과 소비자 컨슈머의 합성어
☞ 메타슈머 - 「구매한 제품에 변화를 주어 새롭게 업그레이드시키는 소비자」

비경제활동인구

「만 15세 이상 남녀」로 생산에 참가할 능력이 있는데도 가사(주부), 학업(학생), 구직단념 등의 이유로 경제활동에 참가하지 않는 사람을 지칭
반면 취업자나 직업을 구하고 있는 사람(실업자)은 경제활동인구로 분류된다.

비교우위   <2005 충남연기, 2007·2008·2009 삼성그룹>

국제무역에서 한 나라의 어떤 재화가 비록 상대국의 것에 비해 절대 우위에서 뒤처지더라도 생산의 기회비용을 고려하였을 때 **상대적인 우위를 지닐 수 있는 것.**
☞ 비교생산비론 - 「리카르도」   <2007 삼성그룹, 2008 한국산단>
 · 생산비의 비교는 자국 내에서의 비교이고 타국과의 절대비교에서 싸다는 것이 아니다.
 · 교역이 각국에 이익이 된다.
 · 국가간에 비교생산비의 차이가 발생하는 구체적인 요인에 대해서는 설명하지 못했다.

비즈니스 서베이(business survey)

「기업가를 상대로 조사하는 경기 동향조사」
경영자로부터 경기예측, 경영상황에 관한 의견을 받아 그에 대해 집계하여 결과를 도출한다.

빅맥지수　　　　　　　　　　　　　　　　　　　<2014 한국농어촌공사>

국가별 상대적 물가수준을 비교하는 구매력 평가지수

빈곤의 악순환(Vicious Circle of Poverty)

가난하기 때문에 계속 가난해질 수밖에 없는 과정 : 넉시(Nurkse, R.)가
「저개발국의 자본형성론(1953)」에서 언급.

생산수율(生産收率) - 「원재료 투입에 대한 제품생산 비율」

이 같은 생산수율 비교표는 세무사찰 및 세무조사에 활용된다.

세계무역기구(WTO;World Trade Organization)　　　<2009 SH공사>

1993년 12월 타결된 우루과이라운드 이후의 세계무역질서를 이끌어 가는
「다자간 무역기구」이다. 1995년 1월 가트(GATT) 체제를 대체한 이
기구는 가트에 없었던 세계무역분쟁조정기능과 관세인하 요구, 반덤핑규제
등의 법적 권한과 구속력을 행사할 수 있는 거대한 기구이다.

세계 3대 신용평가기관　　　　　　<2010 인천도시개발 · 대한지적공사>

「무디스, 피치, 스탠다드 앤 푸어스」

세대생략이전(世代省略移轉)

부모가 자식에게 정상적으로 재산을 상속시키지 않고 조부모나 증조부모가
손자나 증손자에게 곧바로 상속하는 방식 「일종의 대습상속 방식」

센시티브 아이템(sensitive item)

요주의 수입품목, 즉 수입품의 유입으로 국내 산업이 중대한 피해를 입을
우려가 있는 경우에 수입제한, 수입금지 조치를 단행할 대상품목.

소비자 기대지수(Consumer expectation index)　　　<2006 중부발전>

앞으로 6개월 뒤의 소비자 동향을 설문조사를 통해 작성한 지수.

지수의 기준은 100이다.

> **소비자 신뢰지수(Consumer Confidence index)** : 미국의 민간 조사그룹인 컨퍼
> 런스보드가 매월 마지막 화요일 오전 10시에 발표하는 지수. 미국의 경기선
> 행지수의 하나. 현재의 지역경제 상황과 고용상태, 6개월 후의 지역경제, 고용
> 및 가계 수입에 대한 전망 등을 조사해 발표한다.

소셜덤핑(Social dumping) <2011한국산업안전보건공단, 2006 중부발전>

국제수준보다 현저히 낮은 임금수준을 유지함으로써 절감된 원가의 제품을
해외시장에서 염매하는 행위

> **공해덤핑(pollution dumping)** : 제품생산시 공해방지시설을 갖추지 않음으로써
> 비용을 줄여 싼 값으로 해외시장에 수출하는 행위
> **임금덤핑(wage dumping)** : 인력의 공급 과잉으로 인한 임금 하락 현상
> **반덤핑(anti dumping)** : 국내산업을 보호하기 위해 덤핑국가의 수출품에 높은
> 관세를 부과하여 수입을 규제하는 행위

수요변화 <2005 한수원>

변화요인으로는 가격의 변화, 수요자의 소득수준이나 기호의 변화, 대체
재·보완재의 가격변화, 인구의 증감

수요탄력성 <2004 삼성그룹, 2006 중부발전, 2009 경기교육>

수요량의 변화율을 수요변화를 일으키는 요인의 변화율로 나눈 값이다. 수
요의 탄력성은 0에서 무한대까지 존재한다. 필수품은 가격탄력도가 낮고,
사치품은 가격탄력도가 높다.

수요의 가격탄력성(E) = 수요량의 변동률 / 가격변동률
= (수요량 변화분 / 원래의 수요량) / (가격변화분 / 원래의 가격)

구 분	가격변화에 대한 수요량의 반응형태	탄력성의 수치
완전비탄력적	가격이 변화할 때 수요량이 전혀 변하지 않는다.	$Ep=0$
비탄력적	수요량의 변화율이 가격변화율보다 작다.	$0<Ep<1$
단위탄력적	수요량의 변화율이 가격변화율과 동일하다.	$Ep=1$
탄력적	수요량의 변화율이 가격변화율보다 크다.	$1<Ep<\infty$
완전탄력적	가격이 어떤 일정 수준에 있으면 소비자들은 얼마든지 구매할 의사가 있다.	$Ep=\infty$

focus

탄력성 크기의 결정요인

· 기간이 장기일수록 탄력성이 크다.

· 대체재가 많을수록 탄력성이 크다.

· 가격이 높을수록 탄력성이 크다.

· 부동산은 대체재가 거의 없으므로 비탄력적이다.

· 주거용 부동산이 다른 부동산보다 탄력적이다.

· 오래된 제품보다 신제품이 더 탄력적이다.

· 수요의 탄력성이 탄력적일수록 저가정책을 쓰고 비탄력적일수록 고가정책을 써야 한다.

수익자 부담금 – 「특별이익을 받는 자에게 지우는 부담금」

국가나 공공단체가 공익을 위한 특정사업의 경비로 충당키 위한 목적

수출 드라이브(export drive)

국내 경제의 불황으로 내수 부진에 따른 판매위축을 커버하기 위해 수출신장에의 압력이 가중되는 것.

수쿠크

이슬람 율법인 샤리아에 따라 이자를 금지하는 대신 임대료나 배당, 양도소득 등을 지급하는 이슬람국가만의 독특한 채권

슈바베법칙

<2006 용인시, 2008 서울·경기·대전·충남농협, 2009 수도권 매관공·삼성그룹, 2013 국립공원관리공단>

독일 통계학자 슈바베가 발견한 근로자의 「소득과 주거비에 대한 지출의 관계법칙」.

소득수준이 높으면 높을수록 집세에 지출되는 금액은 커지지만 전체생계비에 대한 주거비의 비율은 낮고, 소득이 낮을수록 전체 생계에 대한 주거비의 비율은 높아지는 것.

엥겔법칙 : 소득이 낮을수록 총 가계지출 중에서 식비가 차지하는 비율이 커진다는 법칙.

슈바베법칙과 슈바베지수 및 엥겔지수

슈바베법칙	슈바베(H. Schwabe)는 1868년 베를린시의 가계조사를 통해서 주민들의 가계소득이 증대할수록 가계의 소비지출 중 주거비에 대한 절대 지출액은 증가하나, 상대적 지출액인 지출비율은 감소한다는 법칙이다.
슈바베지수	가구의 생계비 중에서 주거비가 차지하는 비율을 말한다. 저소득계층일수록 슈바베지수가 높고, 이 경우 주택부담은 크며, 주택부담능력은 떨어진다. 슈바베지수 = (주거비/생계비)×100 = ________(%)
엥겔지수	엥겔지수 = $\dfrac{\text{음식비}}{\text{생계비}} \times 100$ = ________ (%)

· Y = C + S

  Y : 소득, C : 소비, S : 저축, Y-S : 생계비

  주거비가 높으면 저소득층은 소득이 전부 소비로 지출되고 저축은 거의 없다. 음식·주거비가 높으면 문화비가 없다.

슘페터
<2003 안양시, 2005 마사회, 2007 · 2008 삼성그룹>

경제학자 · 사회학자, 20세기의 가장 세련된 보수주의자, 창조적인 파괴, 혁신적 기업가 · 혁신적인 기술, 신제품 강조하였다.

☞ 창조적 파괴 : 낡은 것을 파괴하는 기술혁신과 새로운 것을 창조하여 변혁하는 기업가의 행위, 창조적 파괴에 의한 기업가의 혁신이 이윤을 창출하고 기업경제를 발전시키는 원동력임.

스털링(sterling) - 「영국의 화폐」
<2006 근로복지공단>

focus

> 스털링지역 : 영국의 파운드 화폐로 무역 결제가 이루어지는 나라
> 파운드스털링 : 영국의 법정통화인 파운드

스파게티볼 효과
<2012 한국보훈복지의료공단>

자유무역협정(FTA)이 동시다발적으로 행해짐에 따라 국가마다 서로 다른 원산지 규정, 통관절차, 표준 등에 제대로 대응하지 못해 효율성이 떨어지는 현상, 음식이 복잡하게 엉킨 모습과 비슷

슬럼프플레이션(slumplation) - 「불황하에서의 인플레이션」 <2008 삼성그룹>

불황의 뜻인 slump와 inflation의 합성어.

시장의 실패
<2005 마사회>

경제학에서 시장기구가 그 기능을 제대로 발휘하지 못하여 자원이 효율적으로 배분되지 못하는 상태를 지칭.
자원의 최적분배가 실패하는 경우이다. 예컨대 독과점의 발생, 환경오염, 공공시설의 부족, 불량상품이나 과대광고로 인한 소비자 피해 등

☞ 시장의 기능 : 효율적인 자원의 배분

신고포상금 종류
<2004 근로복지공단>

가짜휘발유 등 유류, 부정식품, 쓰레기불법투기, 가짜양주, 일회용품 사용, 교통사고 뺑소니, 불법 S/W 복제, 청소년 성매매, 환경오염, 약품불법 처

방, 부정선거, 미성년 주류, 임대주택 불법전대, 불법자판기, 고액과외 불법학원 강습, 부정축산물 신고, 청소년불법고용 등

신흥공업국 : NICs

<2005 한수원>

실질소득

<2006 안성시>

소득의 실질적인 구매력. 통화량의 증가는 물가상승을 가져오고 물가상승은 그만큼 실질적인 구매력 저하로 이어져서 실질소득의 감소를 가져옴

아시아 자유무역협정(AFTA) - ASEAN Free Trade Agreement의 약어.

인도네시아, 말레이시아, 타이, 싱가포르, 필리핀, 브루나이 등 ASEAN 6개국을 단일시장으로 1993년 1월 묶은 자유무역협정.

이 AFTA는 유럽의 단일시장화와 북미자유무역협정(NAFTA) 등의 블록하에 대응해 정치적으로 힘 있는 아세안을 건설하는 데 그 목적이 있다.

아시아 태평양 경제협력체(APEC)   <2012 경기신용보증재단, 2005 진주시>

Asia Pacific Economic Cooperation의 약어.

한국, 미국, 일본, 호주, 뉴질랜드, 캐나다와 동남아국가연합(ASEAN) 6개국 및 중국, 대만 등으로 구성된 「아시아 태평양 지역 최초의 범정부간 협력기구」 - 현재 21개국 참여 - 홍콩제외(1977)

☞ ASEAN : 동남아시아 국가연합, 한국비가입
   ASEM : 아시아유럽정상회의, 한국가입
   APPU : 아세아태평양우편연합, 한국가입

안드로이드법칙

<2011 국민연금공단>

제품의 라이프 사이클이 점점 빨라지는 현상

애그플레이션(Agflation)

<2012 한국보훈복지의료공단>

농업(Agriculture)과 인플레이션(Inflation)의 합성어. 곡물가격급등이 식료품 가격 상승으로 이어지고, 그 영향이 다시 전반적인 물가 상승으로

이어지는 상황.

엠바고(embargo) <2004 근로복지공단, 2005 안양시·교통안전공단, 2010 한수원>

한 나라가 특정 국가에 대해 직·간접교역, 투자, 금융거래 등 경제 부문의 모든 거래를 중지하는 금수조치 - 「경제봉쇄, 수출, 통상금지」

역모기지론(reverse mortgage loan) <2007 경기교육, 2009 수도권매관공>

주택은 있고 특별한 소득원이 없을 때 고령자가 주택을 담보로 사망할 때까지 자택에 거주하면서 노후 생활자금을 연금형태로 지급받고, 사망하면 금융기관이 주택을 처분하여 그 동안의 대출금과 이자를 상환하는 방식.

연착륙(소프트랜딩, soft landing) <2009 수도권 매관공>

부드럽게 지면에 닿아서 승객들이 착륙을 했는지 안했는지 조차 알 수 없을 정도로 안정감 있게 내려오는 것을 비유하여 사용되는 경제용어.

focus

> 경착륙(하드랜딩, hard landing) : 비행기가 급격하게 하강을 하게 되면 승객들은 엄청난 충격을 받아서 다치거나 사고가 생길 우려가 있는 것을 비유한 말로, 경기가 급속하게 냉각되고 소비가 위축되는 것을 말한다.

예외 없는 관세화 - 「우루과이라운드 협상에 적용된 새 용어」

어떤 품목도 관세 이외의 수입장벽을 인정하지 않는다는 대원칙.

옵션계약(option contract)

옵션계약은 계약의 성립조건을 충족하고 청약자가 청약 취소 권리를 제한하는 계약.

> 콜 옵션 : 수혜자가 승인자에게 합의된 가격에 재산권을 매도해 줄 것을 요구할 수 있는 것을 말한다.
> 풋옵션 : 수혜자가 승인자에게 합의된 가격에 재산권을 매도하겠다고 요구할 수 있는 것을 말한다.

우루과이라운드(UR)

한 마디로 미국 대자본의 이익 추구가 가트(GATT)를 통해 반영된 것이 1993년 12월에 타결된 UR이다. UR 타결은 우리나라에 수출확대 가능성을 높여 준 반면 쌀시장과 서비스시장의 개방이라는 엄청난 변화를 몰고 왔다.

윔블던 효과 – 「외국자본이 국내시장을 지배하는 현상」 <2006 남양주시, 2010 한국농촌공사>

한 나라의 금융시장에서 외국인의 영향력이 더 커지는 현상을 일컫는 말. 영국 윔블던 테니스 대회에서 주최국인 영국 선수보다 외국선수가 우승하는 횟수가 많은 것에서 유래된 용어

유동성함정 <2012 한국산업인력공단, 2011 한국전기안전공사, 2010 국민건강보험>

금리를 낮추어도 실물경제에 아무런 영향을 미지지 못하는 상태

유러시장(Euro–currency market)

각국의 은행이 유럽에서 갖고 있는 달러 등의 외화예금을 유러통화라 한다. 이 예금을 대상으로 한 각종 거래행위로 구성되어 있는 금융시장을 유러통화시장 또는 유러시장이라 부른다. 유러통화는 자유롭게 이동하는 거액의 국제단기자금 풀(pool)로서 각국의 금융정책에 영향을 주며, 국제통화 불안의 원인이다.

유럽연합(EU) <2004 근로복지공단>

대다수 서유럽 국가들이 공동경제·사회·안보정책의 실행을 위해 창설한
국제기구.

회원국 : 그리스·네덜란드·덴마크·독일·룩셈부르크·벨기에·스웨덴·스
페인·아일랜드·영국·오스트리아·이탈리아·포르투갈·프랑스·핀란드 등
27개국이다. 스위스는 EU국이 아니다.

유로화 – 「유럽연합(EU)의 공식통화」   <2005 마사회>

유로는 16개국의 유럽연합 가입국과 유럽 연합에 가입하지 않은 9개국에
서 사용되며, 이들 국가를 통틀어 유로존이라고 한다. 미사용국 : 영국·
덴마크

유통의 경제적 역할   <2006 서울시 농수산물공사>

산업발전의 촉매역할, 고용창출, 물가조정

의존효과(Dependent Effect)   <2009 수도권 매관공>

생산자의 선전광고에 의해 소비자의 욕망이 환기되는 것.

e – 마켓플레이스   <2014 한국농어촌공사>

실거래가 일어나는 온라인 장터, 가상시장

이머징 마켓(emerging market) – 「떠오르는 시장」이라는 뜻.

우리나라를 포함한 동남아시아, 라틴아메리카, 동 유럽 등으로 크게 나누
는데, 특히 중국, 말레시아 등 90년대 들어 연평균 10%가 넘는 경제성장
을 하고 있는 나라를 비롯해 싱가포르, 대만 등의 자본시장은 모두 이머징
마켓으로 주목을 받고 있다.

이스케이프 클로즈(escape clause) – 「면책조항」

협정의 실시와 법률의 적용에 의해 당사국이 매우 심한 불이익을 받게 될

때 예외적 또는 일시적으로 그 협정이나 법률의 적용을 유보시켜 주는 도피 규정이다.

이전소득(transfer income)
<2006 경기도>

재화나 용역의 급부와는 관계없이 이루어지는 이전지급에 의해 생기는 소득이다. 실업수당·생활보조금·연금·유족원호금·공무재해보상비·학교급식비 등

자유무역
<2003 안양시, 2011 농수산물유통공사>

정부가 수입에 제한을 두지 않거나 수출에 개입하지 않는 정책이다. 리카르도의 비교 생산비설에서 옹호, 애덤스미스의 국부론(시장의 기능 보이지 않는 손 주장)

자유무역협정(FTA)
<2005 파주시, 2006 서울농수산물공사>

특정국가간에 배타적인 무역특혜를 서로 부여하는 협정으로서 가장 느슨한 형태

focus

한국 FTA협정국 : 한·칠레·한·싱가포르, 한·EFTA 등
- 국가와 국가 사이의 무역장벽을 완화하거나 철폐하여 무역자유화를 실현하기 위한 것이다.
- 시장이 크게 확대되어 비교우위에 있는 상품의 수출과 투자가 촉진되고, 동시에 무역창출 효과를 거둘 수 있다는 장점이 있다.
- 2004년 체결된 한·칠레 자유무역협정(FTA)은 한국 최초이자 태평양을 사이에 둔 국가간에 체결된 최초의 FTA이다.

잠재성장률

한 나라의 생산자원을 모두 투입했을 때, 물가상승을 유발하지 않으면서 최대한 달성할 수 있는 경제성장률.

재정절벽(fiscal cliff)

미국의 여야 정치권이 올 연말에 끝나는 각종 세금 감면 정책에 대해 시한 연장 합의에 실패하면 내년부터 가계와 기업의 세 부담이 급격히 커지는 것.

저(低)신용자

현재 은행 등 금융회사에서 분류한 1~10등급 가운데 「7등급 이하로 신용등급이 낮은 사람」.

정맥산업 – 「산업쓰레기를 재생, 재가공하는 산업」 <2006 서울시농수산물공사>

제이커브 효과(J-curve effect) <2010 한수원>

변동환율제 하에서 환시세의 변화가 무역수지의 불균형을 단기적으로 확대시킴으로써 환시세의 오버 슈트를 야기시키는 효과

조세피난처 <2013 국립공원관리공단>

법인세 · 개인소득세의 전부나 상당부분에 대하여 면제, 조세피난처는 완전조세회피 무세지역인 텍스 파라다이스, 국외소득 면세국인 텍스 셀터, 특정 법인이나 사업소득 면세국인 텍스 리조트가 있다.

지급준비율 <2004 충주시>

은행으로 하여금 예금이나 당좌계좌의 일정액을 현금으로 보관하거나 중앙은행에 예치하도록 하는 제도.

FOCUS

지급준비율 인상 : 증가액만큼 은행비용증가, 일반인들에 대한 증가액만큼 대출감소. 단기예금금리하락, 장기대출유리, 경기과열진정
정부의 통화량 조절방식 <2006 경기도>
 ·직접조절 : 대출상한제, 이자율 규제정책 등
 ·간접조절 : 지급준비율정책, 재할인율정책, 공개시장정책 등

지니계수 <2013 국립공원관리공단>

소득분배의 불평등도를 나타내는 지수

지대추구행위(Rent-Seeking Behavior)

<2006 서울시 농수산물공사 · 한국농촌공사>

기업이 자신의 이익을 위해 로비 · 약탈 · 방어 등의 「비생산적 활동에 대한 경쟁적 자원낭비현상」

· 지대추구행위로 인하여 자원배분이 비효율적으로 된다.
· 경제주체들이 자기의 이익을 위해 비생산적인 활동을 하여 경쟁적으로 자원을 낭비하는 행위이다.
· 공급을 제한하거나 비탄력적으로 만들어 이윤을 추구하는 행위이다.

체크카드 – 「현금서비스 및 할부 기능」 <2012 경기신용보증재단>

☞ 신용카드 : 상품 및 서비스 대금 지불 일정기간 유예, 과소비 초래 가능성 있음

총부채상환비율 : DTI(Debt-to-Income ratio)

매년 금융회사에 갚아야 할 대출 원리금이 대출자의 연간소득에서 금융부채 상환액이 차지하는 비율을 뜻한다.

focus

> 담보인정비율(loan to value ratio, LTV) : 은행이 주택을 담보로 대출할 때 적용하는 담보가치 대비 최대대출 가능 한도를 의미한다.

추계과세(推計課稅)

장부를 갖추어 놓지 않은 사업자의 수입과 소득을 간접적으로 산출해 세금을 부과하는 것.

치킨게임 – 「자동차 게임이론」 <2012 한국산업인력공단, 2009 국민건강보험>

우리나라 반도체 업체들의 지나친 저가 경쟁, 이후 다시 상승세의 가격형성으로 연결.

☞ **제로섬게임** : 참가자들의 선택에 따라 각각 이득과 손해가 발생하고, 이득과 손해의 합이 제로(0)가 되는 것

컨슈머리즘(consumerism) – 「소비자 보호운동」

이는 소비자의 힘을 집결시켜, 왜곡된 현상을 시정하고 자신의 권리를 수호하려는 소비자 운동이다.

콜라보노믹스(collabonomics) <2012 한국농어촌공사>

협력의 경제학, 혁신적인 아이디어를 찾기 위한 기법, 기업간 노사간 협력을 요하는 것, 콜라보레이션에서 나온 신조어

☞ 콜라보레이션(collaboration) : 모두 일하거나 협력하는 것, 공동출연, 경연, 합작, 공동작업 등

쿠리어(courier)

고객이 원하는 물품을 발송인으로부터 직접 받아 수취인의 집 또는 사무실까지 신속, 정확히 배달해 주는 「운송 서비스업」.

크라우드소싱(crowdsourcing)

상품 생산과 서비스의 과정에 대중을 참여시켜 효율을 높이는 방식

탄력성 <2006 용인시>

경제학에서 탄력성이란 한 변수가 다른 변수에 의해 변동되는 정도. 탄력성은 보통 음의 값을 갖지만 부호와 상관없이 절대 값이 의미가 있으며, 그 값이 0인 경우는 완전 비탄력적, 무한대인 경우는 완전 탄력적이다.

토빈세 – 「단기성 외환거래에 부과되는 세금」 <2013 한국마사회>

노벨경제학상 수상자인 제임스 토빈이 외환 거래 등에 세금을 매기면 투기가 줄어들 것이란 아이디어에서 제안한 세금.

통화(Currency) <2006 중부발전>

현금과 은행의 요구불예금을 합한 통화.
현금 : 지폐 + 주화의 합계
요구불예금 : 당좌예금, 보통예금, 별단예금

통화 마피아

주요국의 재무장관, 중앙은행 총재 등 통화 당국자
이들의 토의내용이 누설될 경우 투기를 불러일으킬 소지가 있으므로, 밀실
에서 하기 때문에 여기에 참여하는 멤버를 빗대어 부르는 말이다.

통화정책
<2006 경기도>

금융정책(monetary policy) 또는 금융정책수단이라 고도함.

focus

전통적인 정책 : 「재할인정책」, 「공개시장조작」, 「지급준비율정책」
통화량 감소 - 한국은행의 국채매각　　　　　　　<2005 의정부>

트릴레마(trilemma)
<2013 국립공원관리공단>

「물가안정, 경기부양, 국제수지 개선의 세 가지의 삼중고(三重苦)」
물가안정에 치중하면 경기침체가 오고, 경기부양에 힘쓰면 인플레 유발과
국제수지 악화를 초래할 우려가 있는 등 서로 얽혀 있다.

특별소비세(excise tax)
<2006 남양주시>

사치성 상품이나 서비스의 소비에 대해서만 별도의 높은 세율로 과세하는
조세 - 「간접세·국세·소득재분배를 위한 세금」

파레토 최적
<2006 토공>

파레토 최적이란 하나의 자원배분상태에서 다른 사람들에게 손해가 가도록
하지 않고서는 어떤 한 사람에게 이득이 되는 변화를 만들어 내는 것이 불
가능할 때 이 배분상태를 파레토 효율적이라고 한다. 반면 파레토 비효율
은 파레토 개선이 가능한 상태를 말한다. 이탈리아 경제학자 파레토 이름

에서 유래하였다.

파생적 소득 – 「이전소득」 <2006 경기도>

공무원의 봉급, 의사, 변호사, 학자, 작가 등의 소득과 같이 직접생산에 참여하지 않고, 용역의 제공에 의해 발생한 소득.
이는 한 번 본원소득으로서 분배되었던 것 중에서 다시 나누어지는 2차 소득이므로 파생적 소득 또는 이전소득이라 부르며, 비생산적 소득이라 부르기도 한다. 따라서 국민소득의 계산에서 제외된다.

포괄적 관세화(comprehensive tariffication) – 「예외 없는 관세화」

무역장벽을 없애고 국제무역을 활성화하기 위해 각국의 다양한 비관세 장벽을 관세 형태로 통합시키되, 각국 사정에 따라 약간의 융통성을 주는 것으로, 우루과이라운드(UR)의 출발점이 된 개념이다.

폴사인(pole sign)제

석유제품의 거래질서 확립 및 고객보호를 위해 주유소가 특정 정유사의 이름을 표시해 그 제품만을 판매하는 「상표표시제」 – 「우리도 채택하고 있음」

필립스 곡선 <2003 주공, 2005 마사회, 2006 토공, 2013 한국마사회>

「임금상승률과 실업률은 반비례 관계에 있음을 보여주는 곡선」
실업률이 하락하면 임금상승률이 높아지고 반대로 실업률이 상승하면 임금상승률이 낮아지는 현상을 설명한 것으로 영국 경제학자인 필립스가 1862년과 1957년 영국의 경험을 분석대상으로 하여 도출한 것이다.

하이퍼 인플레(hyper inflation)

물가가 단시간 내에 수배 또는 수십배로 앙등하는 「격심한 인플레」. 이에 대해 완만한 인플레를 「마일드(mild) 인플레」라고 한다.

한계효용체감의 법칙 - 「많이 먹을수록 먹고 싶은 욕망이 줄어드는 것」

<2014 국민체육진흥공단>

처음 먹는 빵보다 두 번째 먹는 빵의 한계효용이 작고, 세 번째 빵은 더 한계효용이 작아지는 법칙

화폐

<2005 의정부>

본원적 기능 : 일반적 교환수단, 가치척도
파생적 기능 : 가치저장수단, 지급수단, 회계단위 등

협상가격차 - 「공산품 가격과 농산물 가격차」　　<2010 대한지적공사>

화폐단위　　<2006 화성시>

한국 원, 미국 달러, 영국 파운드, 프랑스 프랑, 독일 마르크, 사우디 리라 등

Green book　　<2012 대한주택보증>

「매월 1회씩 출간하는 경제동향보고서」, 기획재정부 발간

ISD(투자자·국가소송제도, Investor - State Dispute)

외국에 투자한 기업이 현지에서 불이익을 당할 때 국제기구의 중재로 분쟁을 해결토록 하는 제도
ISD의 중재기관은 세계은행 산하 국제상사분쟁재판소(ICSID)로, 분쟁발생시 ICSID 중재부 3명 가운데 양국이 1명씩 추천한다.

OGM

단순 주문자상표부착생산방식인 OEM에서 한 단계 더 나아가 다양한 글로벌 생산 기지를 두고 각 생산 기지에서 그때그때 상황에 맞게 효율적인 방식으로 상품을 생산하는 방식.

UL마크　　<2006 서울시 농수산물공사>

미국이 소비자보호와 소비용품의 안전을 위해 만든 인증제도
미국을 제외한 나라의 기업체는 이 마크를 얻지 않고는 미국 시장에 진출
할 수 없는 마크이다.

Ⅱ. 경영일반

가상기업(假像企業)

생산업체, 공급업체, 디자인업체, 유통업체들이 전략적 제휴나 합작관계를
통해 형성하는 기업 네트워크로서 특정의 목적을 달성한 후 해체되는 「한
시적인 기업형태」.

경영자

<2004 충주시>

이윤추구 목적

고객관계관리(CRM)

<2009 삼성그룹>

개별 고객의 정보를 활용해 「개별 맞춤 서비스」를 지원함으로써 고객만
족과 고객가치를 극대화하는 활동을 의미. 전사적 자원관리(ERP)와 연동
되면 업무를 더 효율적으로 처리할 수 있다.

공기업의 민영화

<2003 주공>

주식을 포함한 자산이나 서비스기능을 공공부문에서 민간부문으로 이전시
키는 것.

관리조직의 3대 원칙

관리조직의 3대 원칙은 책임과 권한의 한계를 명백히 하려는 책임과 「권
한의 원칙」 상호간의 이해와 의사소통으로 원활한 운영을 기하려는 「조
정의 원칙」 상위자에게 집중된 권한을 하위자에게 위양해 분산시키려는

「위임의 원칙」으로 나누어진다.

기업인수합병(M&A)
<2005 삼성그룹·한국감정원, 2008 삼성그룹>

기업의 외적 성장을 위한 발전전략으로, 특정 기업이 다른 기업의 경영권을 인수할 목적으로 소유지분을 확보하는 제반과정.

네트워크조직(Network Organization)
<2006 서울시 농수산물 공사>

· 업무를 아웃소싱이나 전략적 제휴를 통해 외부전문가에게 주로 맡긴다.
· 조직구성원의 자율성이 높다.
· 조직의 경계는 유동적이며 모호하다.

넷센티브 마케팅
<2011 SH공사>

기업자체의 홈페이지를 통해 각종 경품이나 할인혜택을 제공하는 것

니치마케팅(niche marketing)
<2013 한국마사회>

시장세분화를 통해 소비자의 수요를 소규모로 파악하여 특정성격을 지닌 소비자집단을 정하여 그 집단을 대상으로 판매목표를 설정하는 전략

focus

풀마케팅(pull marketing) : 광고에 고객들을 직접 주인공으로 참여시켜 벌이는 기법

임페리얼 마케팅(imperial marketing) : 소수의 고급 수요층을 위하여 우수한 품질의 제품을 높은 가격에 판매하는 기법

focus

플래그십 마케팅(flagship marketing) : 시장에서 가장 인기가 좋은 특정 상품에 초점을 두고 판촉활동을 벌이는 기법

그린마케팅(green marketing): 자연환경을 보전하고 생태계의 균형을 중시하는 시장접근전략

리스 산업 - 「시설임대산업」

일정한 자산을 구입해서, 일정기간 그 자산을 이용자에게 대여하고 그 대가로 사용료를 받는 산업.

리엔지니어링(reengineering) <2004 · 2005 근로복지공단>

기업들 간의 생존경쟁이 치열해지면서 미국, 유럽 등지의 기업들 사이에서 나타난 새로운 경영전략의 하나. - 「마이클 해머가 주장」

그 핵심은 생산성 향상을 위해 기업을 개선시키는 것이 아니라 원점에서 출발, 완전히 재창조하자는 것. 즉, 조직업무의 전반적인 과정과 절차를 축소하고 재설계하려는 전략. 「기술변화에 더욱 민감」, 「작업공정을 검토 후 필요 없는 부분 제거」

리오리엔테이션(reorientation) <2003 주공, 2009 수도권 매관공>

「새로운 관리목표 재설정」

focus

> 리스트럭춰링(restructuring) : 기업의 비전을 구체화하기 위한 급진적 사업구조 조정전략

리팩터리(Refactory) - 「공장진단 프로그램」

마인드컴퍼니(Mind Company) - 「정신적인 합자회사」 <2003 주공>

자본을 서로 투자해서 설립한 회사가 아니라 두 기업의 기업이념 · 사업방향 등의 합의정신, 무형의 자산을 투자해 설립한 회사다. LG그룹과 미국의 제너럴일렉트릭(GE)사가 마인드컴퍼니를 설립했다.

focus

> JV(Joint Venture) : 합작법인으로 복수의 투자자나 회사가 동일한 목적을 위해 설립하는 법인. 주로 경험이 없는 신규사업이나 시장에 진출할 때 사업리스크를 줄이기 위한 방법으로 그 분야에 경험이 있는 회사와 합작하거나 투자재원이 부족할 때 주로 사용되는 사업전략

마케팅 4P

<2011 한국잡월드>

유통(place), 제품(product), 촉진(promotion), 가격(price)

모듈(module)기업

<2006 한국농촌공사>

회사내에 생산시설을 갖고 있지 않거나, 생산시설을 갖고 있다하여도 최소한의 시설만 보유하고 거기서 오는 여력을 디자인과 마케팅 등의 핵심 부분에 집중투자 하는 기업

미스터리쇼퍼

<2011 한국전기안전공사>

고객인 것처럼 매장을 방문하여 직원의 친절도와 매장의 분위기를 평가하는 사람

뱀파이어 기업 - 「강시기업」

뱀파이어 기업이란 시장원리에 의해 퇴출돼야 하는데도 정부예산 및 보증기금의 지원으로 연명하면서 덤핑 등으로 다른 정상 기업들에 피해를 주는 「한계기업」

버즈마케팅(Buzz Marketing)

<2014 국민체육진흥공단>

대규모의 매스마케팅 기법을 이용하지 않고 개인적인 인적 네트워크(Social Network)를 통해 마케터가 원하는 정보를 소비자들에게 전달하는 일종의 구전 마케팅기법

벤처 캐피털(venture capital)

고도의 기술력을 갖고 있어 장래성은 있으나, 경영기반이 약해 일반금융기관에서는 리스크가 크기 때문에, 융자받기 어려운 벤처 비즈니스에 대해 주식 취득 등의 형식으로 투자를 실시하는 기업 또는 이러한 기업의 자본 그 자체.

보아뱀 M&A - 「자신보다 덩치 큰 기업의 인수·합병」

블루오션(blue Ocean)

<2006 경기도 · 시흥교육, 2007 경기교육, 2008 서울 · 경기 · 대전 충남농협>

기업이 성공하기 위해서는 경쟁이 없는 새로운 시장을 창출해야 한다는 이론.
☞ 레드오션(Red Ocean) : 치열한 경쟁으로 불꽃 튀는 시장   <2007 삼성그룹>

상장회사

증권거래소에 자기 회사의 주식이 매매되고 주식의 소유가 공개되어 있는
회사를 가리킨다. 즉 증권거래소에 상장된 주식.

생산의 3요소 - 「노동」, 「토지」, 「자본」   <2005 안양시, 2008 한국산단>

서번트 리더십(Servant Leadership) - 「헌신하는 리더쉽」

1977년 미국 AT&T사의 경영관련 교육, 연구 담당 로버트 그린리프
(Robert K. Greenleaf)에 의해 처음 제시. 1996년 4월 미국의 경영 관
련 서적 전문출판사인 조세이 바스사의 「서번트 리더 되기(On Becoming
a Servant-Leader)」의 출간이 계기. 헤르만 헤세(Herman Hesse)의
「동방으로의 여행」으로부터 아이디어를 얻음.

순환출자

대기업 집단의 계열사들이 꼬리에 꼬리를 무는 방식으로 출자관계를 맺고
있는 지배구조.

스트레치 타켓(stretch target)

「획기적인 도약을 위해 장기 목표를 세우는 새 운영기법」

시산표   <2005 마사회>

복식부기에서 원장에 올린 것의 정확성을 검산하는 표

실버산업(Silver 産業)

고령자를 대상으로 한 상품이나 서비스를 제조·판매하거나 제공할 것을 목적으로 하는 영리사업군

아웃소싱

<2003 인천시>

아웃소싱(outsourcing)은 기업의 내부 프로젝트나 제품의 생산, 유통, 용역 등을 「외부의 제3자에게 위탁·처리하는 것」

오픈 프라이스

<2012 한국농어촌공사>

- 판매자가 가격을 결정하여 표시하는 제도
- 가격이 저렴할 가능성
- 1999년 일부 가전제품과 의류 등을 대상으로 처음 도입
- 동일한 제품에 대해 매장마다 다른 가격

워크아웃(Workout) - 「기업의 재무구조 개선작업」

<2010 한수원>

6시그마(6 sigma)

<2013 한국마사회>

- 모토로라에서 개발하여 GE에 와서 극대화
- 전 방위 경영혁신 운동
- 6시그마 품질수준이란 3.4PPM
- 세계적으로 인정되는 기업의 경영혁신을 이루는 핵심방법론
- 모토로라의 마이클 해리가 창안

이익잉여금

<2005 마사회>

「영업활동에서 얻어진 이익을 바탕으로 한 잉여금」, 이익준비금, 임의
적립금, 이월이익금, 당기순이익금 등.

재무상태표 <2012 한국농수산식품유통공사>

어느 기업의 일정시점에서 재무상태를 표시한 회계보고서로, 회사의 현재
총재산과 부채 자기자본이 얼마인지를 설명하는 목록

전통적 마케팅 <2012 경기신용보증>

판매자 중심의 시장 형태를 기반으로 강압적·고압적·푸시(push)·후행
적 마케팅의 성격을 가짐.

준법지원인제도

대통령령이 정하는 규모의 상장회사에 내부 의사 결정과 업무와 관련된 법
률 자문을 해주는 '준법지원인'을 1명 이상 두도록 한 제도.

제로베이스 예산(ZBB : zero-based budget) <2008 YTN>

모든 예산항목에 대해 기득권을 인정하지 않고 매년 제로를 출발점으로 하
여, 과거의 실적이나 효과, 정책의 우선순위를 엄격히 사정해서 예산을 편
성하는 방법. - 「우리나라도 채택」. 「전년도의 불필요한 낭비요인 제거」

제3섹터

지방공기업법상 지방자치단체(자본금의 50% 미만을 출자)가 민간인과 공
동으로 설립한 주식회사를 통해 벌이는 민관합작 사업.

크레디트 뷰로(CB ; Credit Bureau)

개인의 신용 명세와 관련된 정보를 수집·보유·가공·판매하는 「신용평
가회사」

테크놀로지 어세스먼트(technology assessment)

기술혁신이 가져오는 사회적 영향을 사전에 모든 각도에서 분석, 개발의

방향이나 우선순위를 결정하기 위한 것.

특수법인(特殊法人)

정부가 행정기능의 대행기관으로서 법률에 기초하여 설립한 법인으로 공사, 공단, 사업단 등.

팃포탯(TFT, tit-for-tat) 전략

경영관리 및 비즈니스이론 중 하나로, 우리말로 「반드시 보복하기 전략」 4가지 행동양식, ① 신사적일 것, ② 반드시 보복할 것(상대가 'rule'을 깨지 못하게 예방), ③ 용서하되 성급한 용서는 배제할 것, ④ 행동을 명백히 할 것 등을 통하여 대외적으로 강력한 이미지를 얻고, 제3의 동업자에게 신뢰를 줄 것이다.

포스드코르브(POSDCORB)

포스드코르브(POSDCORB)란 행정이 갖는 7가지 기능의 첫 자를 말함.
계획(planning), 조직화(organizing), 인사행정(staffing), 지위(directing), 조정(coordinating), 보고(reporting), 예산(budgeting)

포이즌필(poison pill) < 2008 한국전력공사, 2011 한국전기안전공사, 2013 한국마사회>

적대적 M&A 시도자를 방어하기 위해 기존 주주들에게 시가보다 훨씬 싼 가격에 지분을 매입케 하는 것

focus

적대적 M&A : 상대기업의 동의 없이 공개시장에서 강행하는 기업의 인수합병전략
주식상호보유제 : 비슷한 상황의 기업끼리 상대방 기업의 주식을 보유하여 적대적 M&A 위협에 방어하는 것
의무공개매수제 : 적대적 M&A를 목적으로 공개매수시 반드시 특정비율 이상을 매수하여 인수부담을 증가시키는 것

> 황금낙하산 : M&A로 임기 전 사임하는 최고경영자에게 거액의 퇴직금, 스톡
> 옵션 등을 지급하도록 하여 공격자의 비용부담을 증가시키는 것
> 황금주 : 한 주만으로도 주요 경영 사안에 거부권을 행사하도록 하는 권리주

프로슈머마케팅(Prosumer Marketing) <2014 국민체육진흥공단>

앨빈 토플러 등 미래학자들이 예견한 상품개발 주체에 관한 개념
소비자의 아이디어가 신제품 개발에 직접 관여하는 것

프로젝트조직 <2006 토공>

어떤 정해진 목적을 완료하기 위해 한명의 관리자 아래 일시적인 전문가의
그룹이 일을 하는 것.

헤일로효과 <2011 한국전기안전공사>

어떤 대상을 평가할 때, 그 대상의 한 가지 특징으로부터 생기는 고정관념
이 전체적인 판단에 영향을 미치는 것

황금비 <2013 한국마사회>

1:1.618의 비율, 교과서나 엽서 등, 아름다운 감각을 주는 비율, 건축 회
화 조각 등에서 활용, 피타고라스가 주장

CI – Corporate Identity의 약자. 「회사의 로고와 심벌」 <2005 인천공항공사>

> BI : brand identity, 브랜드 로고와 심벌

DB마케팅

Data Base Marketing의 약어로, 멀티미디어 시대에 있어서의 새로운
「마케팅기법」
즉 컴퓨터와 통신을 이용해 1대 1의 마케팅을 하는 것이다. 통신판매회사,
신용카드사, 자동차, 비디오 대여업 등에도 적용할 수 있다.

「다우존스 지속가능경영지수 – 기업평가지수」
기업의 경제적인 활동 이외에 위기관리 · 인재 개발 · 노사관계 · 사회
공헌 등 사회적 측면과 환경적 측면을 종합 평가하여 지수에 편입할 우량
기업을 매년 선정, 발표함.

ISO 9000 – 「국제표준화기구 제정 품질 경영시스템에 관한 국제규격」
<2011 한국산업단지공단>

STP   <2014 국민체육진흥공단>
시장세분화의 S, 목표시장 선정의 T, 포지셔닝의 P 의 약자.
경쟁이 치열한 시장에서 효과적인 마케팅 전략을 수립해 경쟁을 이겨내기
위한 것.

focus

> 목표시장 선정(Targeting) : STP 중에서 각 세부시장의 장단점을 검토한 후 마
> 케팅 주체가 매력적이라고 판단하여 진입하고자 하는 세부시장을 선정하는 것

SWOT분석   <2014 국민체육진흥공단>
S – 경쟁기업에 비교 우위를 점하고 있는 것
W – 경쟁기에 비교 약세를 보이는 것
SW : 기업구조, 브랜드 및 기술, 조직문화 등

VMware   <2007 한국자원공사>
1998년 스탠퍼드대 멘델 로젠블럼 교수팀이 창립한 데스크탑 및 서버용
「가상화 소프트웨어 분야」의 선두업체로 마이크로소프트와 대결을 펼치
고 있는 기업

Ⅲ. 금융(채권 · 주식)

금융선물거래(金融先物去來)

<2008 삼성그룹>

공인된 거래소에서 외국통화, 채권, 주식 등 금융상품을 대상으로 장래의
약정된 시기(결제일)에 상품을 인도, 인수하기로 하고 계약을 현재 시점에
서 체결하는 것.

개인워크아웃제(Individual Workout System)

<2004 창원시, 2005 근로복지공단, 2009 인천관광공사>

「신용회복복지제도」. 개인채무자의 채무일부를 탕감해주거나 만기를 연
장해줌으로써 신용을 회복할 기회를 주는 제도.

focus

> 개인파산 : 능력에 비해 지나친 빚을 진 개인 채무자로 하여금 빚을 청산 · 탕
> 감해 빠른 재기를 도와주는 회생 제도.
> 워크아웃(Work out) : 「기업재무구조 개선작업」

개인회생제도 <2005 근로복지공단>

경제적 어려움으로 인하여 파탄에 직면하고 있는 개인채무자로서 장래 계
속적으로 또는 반복하여 수입을 얻을 가능성이 있는 자에 대하여 채권자
등 이해관계인의 법률관계를 조정함으로써 채무자의 효율적 회생과 채권자
의 이익을 도모하기 위하여 마련된 절차.

금융노마드(financial nomad) <2012 한국농수산식품유통공사>

금융상품들을 비교하여 자신에게 이익이 많은 상품으로 자산을 옮겨 다니
는 사람

기관투자가

은행, 보험회사, 투자신탁, 증권회사, 신용금고 등 주식투자를 주업무로
하는 법인.

기업경기실사지수(BSI, Business Survey Index) <2003 주공>

기업활동의 실적과 계획·경기동향 등에 대한 기업가 자신들의 의견을 직접조사, 지수화해서 전반적인 경기 동향을 파악하고자 하는 지표.
다른 경기관련 지표와는 달리 기업가의 주관적이고 심리적인 요소까지 조사가능하며, 정부정책의 파급효과를 분석하는데 활용되기도 한다.

기업지배구조펀드(CGF ; Corporate Governance Fund)

사모 방식으로 자금을 모아 기업의 내재가치가 높음에도 불구하고 지배구조가 낙후돼 「주가가 저평가된 기업에 집중적으로 투자하는 펀드」
연기금·보험·뮤추얼펀드 등 기관투자가 중에서도 투자대상 기업 주식의 가치를 극대화하기 위해 부실 경영진 교체, 투명성 확대 등 기업 경영에 적극적으로 개입하는 「행동하는 투자펀드」 이기도 하다.

기준금리 <2011 국민연금공단>

중앙은행의 금융통화위원회에서 매달 회의를 통해 결정
기준금리가 높아지면 시중통화량은 감소

기축통화 <2006 근로복지공단>

금과 더불어 국제간 결제나 금융거래에 있어서 국제간에 통용되는 통화.
이를 '키 커렌시(key currency)'라고도 한다. 미국의 달러와 영국의 파운드가 키 커렌시이다.

내부자(內部者)거래

상장기업의 임직원, 대주주 등의 내부자가 그 직무, 직위 덕택에 얻은 「내부정보를 이용하여 자기 회사주식을 매매」함으로써 부당이득을 취하는 것.

데드라인(deadline) <2004 경남, 2013 국립공원관리공단>

취재된 기사를 신문사 또는 방송국에 넘겨야 하는 기사마감시간.

디폴트(default) <2006 중부발전, 2009 삼성그룹, 2011 공무원연금공단·한국산업단

지공단>

「**채무불이행**」 일반적으로 공·사채에 대한 이자지불이나 원금 상환이 불
가능한 상태.
　☞ 모라토리엄(moratorium) : 국가의 지급유예(일시적 연기)<2013 국립공원관리공단>

리스케줄링(rescheduling) – 「**채무조정**」 또는 「**채무상환 연기**」
즉 외국으로부터 돈을 빌려온 나라가 대출국에 상환할 시기를 당초 계약보
다 뒤로 미루는 것이다.

리츠펀드(REITs) <2012 한국농수산식품유통공사>
소액투자자들로부터 모은 자금으로 부동산 투자를 전문적으로 하는 일종의
뮤추얼펀드
　☞ 퀀트펀드(quantitative fund) : 펀드매니저의 주관적 판단이 배제되고 컴퓨터 프로그
　　램에 의해 매매 매도하는 펀드
　　스풋펀드(spot fund) : 단기투자로 목표수익률을 이루기 위한 펀드
　　브릭스 펀드(BRICs fund) : 브라질, 러시아, 인도, 중국 같은 신흥경제대국의 주식
　　채권에 투자하는 펀드

매칭 펀드(matching fund)
내국인에게 수익증권을 발행하여 조성된 투자자금으로 국내증권과 해외증
권에 동시에 투자하여 운용하는 펀드.

모기지(mortgage) – **주택담보대출** <2003 주공, 2007 경기교육>

배드뱅크(Bad Bank) <2004 조무사, 2005 의정부, 2009 삼성그룹>
「금융기관이 가지고 있는 부실채권이나 자산을 처리하는 기관」

백지신탁제도(blind trust) <2006 용인시, 2009 수도권 매관공>
「**폐쇄펀드**」 공직자의 재산을 공직과 관계없는 제3의 대리인에게 명의신
탁하게 하는 것.
자신의 소유주식이라도 간섭할 수 없는 것.

뱅크런 - 「은행예치금 인출이 대규모로 발생하는 현상」 <2011 수도권매립지관리공사>
 ☞ 배드뱅크 : 금융기관의 부실자산이나 채권만을 사들여 전문적으로 처리하는 기관

버블(bubble)현상

실체가 없는데도, 가격이 상승하기 시작하면 투기를 유발하여 가격은 더욱 상승으로 치닫게 되지만, 이윽고 거품이 터지는 것처럼 급격히 원래의 상태로 되돌아가는 현상.

변동환율제
<2013 한국마사회>

장점 - 독자적인 통화정책 운용가능
 - 국제자원 사용의 배분효과를 증대시킴
 - 경제상황에 급작스런 충격이 올 경우 위험성 감소
 - 중앙은행은 신축적인 통화정책 가능
단점 - 통화가치의 변동성이 높음
 - 대외교역에서 불확실성이 커짐
 - 무역과 투자 위축

브릭스 펀드(BRICs Fund)

브라질·러시아·인도·중국 등 세계 4대 신흥국의 주식이나 채권에 투자하는 펀드.

블루칩(Blue chip)
<2004 삼성그룹, 2006 고양시, 2009 경기농협>

수익성·성장성·안정성이 높은 대형우량주
☞ 레드칩 : 우량 중국 기업들의 주식
　옐로칩 : 중저가 우량주
　밀레니엄주 : 21세기 인터넷 사회의 산업을 대표하는 기업의 주식

블랙스완(Black swan)
<2012 한국농수산식품유통공사>

통념에 빠져 전혀 예측할 수 없었던 일이 발생하는 것

사모사채(私募私債)

채권의 발행자가 공개모집의 형식을 취하지 않고 특정 개인이나 보험회사, 은행, 투자신탁 등 기관투자가들과 직접 접촉해서 발행증권을 인수시키는 형태를 취하는 사채를 말한다.

> 사모펀드(PEF) : 소수의 투자자들로부터 자금을 모아 주식이나 채권 등에 운용하는 펀드

사이드카(Side Car) <2005 인천농협, 2006 근로복지공단>

뉴욕증권시장에서 주가의 급락사태가 일어날 경우에 컴퓨터를 이용한 자동 「매매 주문이 5분간 보류」 되는데 이러한 특별프로그램 장치.

서브프라임(Sub-prime Mortgage)사태 <2007 경기교육>

2008년 미국의 집값이 크게 떨어지고 연체율이 상승하여 비우량 주택담보대출(서브프라임모기지)에 투자한 펀드와 금융회사가 연쇄적으로 손실을 입고, 증시가 폭락하면서 그 파급으로 인하여 세계 금융위기로 번진 현상.

선물환거래(先物換去來) - 「환리스그를 보선(補塡)하는 제도」

우리나라 1994년 5월 당시 서울은행이 처음 도입.

신디케이트론 <2006 서울시 농수산물공사>

두 개 이상의 은행이 차관단 또는 은행단을 구성하여 공통의 조건으로 일정금액을 융자해 주는 중장기 대출

양적완화(QE) - 「통화정책」 <2012 한국농어촌공사>

중앙은행이 국채나 다른 자산을 사들이는 직접적인 방법으로 시장에 통화량 자체를 늘리는 것, 자국의 통화가치를 하락시켜 수출경쟁력을 높이려는 것, 통화량이 증가하면 통화가치가 떨어지고 원자재 가격이 상승하여 물가 상승으로 이어짐.

미국의 양적완화
- 원화가 평가절상
- 원자재 가격 상승률이 평가절상된 것보다 클 수 있음
- 다른 나라에도 큰 영향을 미침
- 달러가치가 하락하여 미국 내 구매력 감소, 원화가치 상승으로 국내 제품
  의 수출경쟁력 약화
- 외국 자금 국내 유입으로 주가가 상승

유니버셜보험
<2006 서울시 농수산물공사>

「은행예금처럼 입출금이 자유로운 보험상품」

유로본드

원래는 어떤 주체가 특정 국가에서 다른 나라의 통화로 발행하는 채권. 가령 한 은행이 독일에서 영국의 파운드화로 표시된 채권을 발행하는 방식.

유동부채(current liabilities)
<2003 주공>

1년이나 정상영업주기 중 보다 긴 기간을 기준으로 하여 그 기간 내에 자원의 이전 또는 다른 부채의 발생으로 상환될 예정인 채무다. 외상매입금, 지급어음, 선수금, 예수금, 소득세예수금, 미지급금, 미지급비용 등

유발투자

경제변동에 따라 타기업 또는 타부문에 유발되어 변화하는 투자.

자산담보부기업어음 ABCP(Asset-Backed Commercial Paper)

매출채권·회사채·부동산처럼 유동화하기 어려운 자산을 담보로 발행하는 기업어음(CP)으로, 대개 3개월 만기로 발행되는 단기 유동화증권.

정크본드(Junk bond) - 「쓰레기 채권」
<2005 마사회>

신용등급이 아주 낮은 회사가 발행하는 「고위험 · 고수익 채권」

캐리 트레이드(carry trade)
금리가 낮은 국가의 통화를 차입·환전해 금리가 높은 나라의 통화·주식·채권 등에 투자하는 것.

코리아 펀드
우리나라 증권시장에 투자할 것을 목적으로 미국에 설립된 투자회사 The Korea Fund Inc.의 약칭. 그 투자자금을 가리킨다.

콜금리(Call Rate) <2009 삼성그룹>
콜금리는 금융기관들 상호간에 극히 짧은 기간 동안 자금을 대차해 주는 콜(call, 단기자금)의 금리.

통화스와프(currency swap)
현재 환율을 기준으로 자국통화와 상대방의 통화를 교환하고, 일정 기간이 지나면 당초 거래 때 정한 환율로 원금을 다시 교환하는 거래.

트리플웨칭데이 - 「선물 · 옵션 동시만기일」 <2006 근로복지공단, 2010 한수원>

펌뱅킹(Firm Banking) - 「은행이 기업에 서비스하는 자금관리」
은행과 기업이 컴퓨터로 연결, 입금 · 잔액 · 지불지시 등의 업무연락이 이루어진다.

포트폴리오(portfolio) <2013 한국마사회>
투자자가 보유하는 주식이나 채권 등을 투자할 때 위험을 최소화 하기 위해 이를 분산 투자하는 것

폰지 게임

채무자가 돌려막기 식으로 돈을 갚아 나가면서 빚이 계속 불어나는 상황.

표지팩토링 어음

단자사들이 팩토링 금융을 통해 기업으로부터 확보한 원어음을 근거로 액면을 분할, 통합하거나 기간을 조정해 고객들에게 새로 발행하는 어음.

프라이머리 CBO

CBO란 다수 기업의 회사채를 담보로 발행된 채권담보부증권.
이미 유통되고 있는 채권을 담보로 하는 「세컨더리 CBO」와 달리 새로 발행한 채권을 담보로 한다는 의미에서 「프라이머리 CBO」라 한다. 신용 등급이 낮아 개별기업이 자체적으로 회사채 발행을 하기 어려울 때 공동으로 위험을 부담해 자금을 조달하는 금융기법이다.

프루프 주화(Proof Coins)

유통을 목적으로 한 통상주화가 아닌 증정 또는 기념, 수집용으로 특수가공 처리해 만든 주화. 「광복 50주년」 또는 「88올림픽」 주화 등이다.

프리이빗 뱅킹(private banking)　　　　　　　　　　　　<2009 수도권매관공>

은행이 거액 자산가들을 대상으로 일대일로 자산을 종합관리해 주는 서비스

하왈라(Hawala) – 「아랍어로 신뢰란 뜻인, 비공식적 송금 시스템」

한국은행　　　　　　　　　　　　　　　　　　　　　　　<2003 서울시>

· 은행권 및 주화독점발행(화폐발행)　· 통화정책 수립
· 은행의 은행　· 정부의 은행
· 외화자금의 집중적 관리

핫머니(hot money)
<2004 삼성그룹, 2005 철도공사>

투하자본의 회수불능이나 가치상실 등을 염려하여 다른 나라에 자본의 도피처를 구함으로써 유출국·유입국 쌍방에 경제적 혼돈을 야기시키는 「국제부동자금」

focus

> 하드머니 : 미국의 정치자금으로, 특정선거의 특정후보에만 사용할 수 있도록 한 자금
> 소프트머니 : 포괄적 당운영비 형태의 자금
> 블랙머니 : 사회의 공식적인 통로를 통하지 않고 음성적으로 유통되는 돈

협동조합
<2012 한국농어촌공사>

조합원 1인 1표의 권한을 행사할 수 있으며, 조합원끼리만 혜택을 보면서 민주적으로 운영되는 형태, 국내의 경우 농협이나 약사신협 등이 대표적임. 2012년 12월부터 조합원 5명 이상만 모이면 제한 없이 설립가능

BOT(Build Operate Transfer)
<2003 주공>

민간기업이 사회간접자본(SOC) 시설을 하고 일정 기간 무상으로 운영을 한 다음 국가에 그 소유권을 귀속케 하는 제도.

BTL(Build Transfer Lease)
<2006 남양주시>

정부 예산 대신 국민연금기금 등 민간자본이 사회간접자본(soc)시설을 건설한 뒤 관리운영권을 정부에 임대해 투자 원리금을 회수하는 방식.

CB
<2006 서울시 농수산물공사>

일정한 조건에 따라 채권을 발행한 회사의 주식으로 전환할 수 있는 권리가 부여된 채권

Ⅳ. 정치

공무원의 의무　　　　　　　　　　　　　　　　　　　<2006 고양시, 2007 경기교육>

선서의무, 성실의무, 직무상의무(법령준수의무·복종의무, 직무전념의무, 친절·공정의무, 비밀 준수의무, 품위유지의무 및 청렴의무)

공직자윤리법　　　　　　　　　　　　　　　　　　　　<2006 서울시 농수산물공사>

재산공개 공직자에 해당하지 않는 자로 경찰서장이 있다.

교섭단체　　　　　<2004 경남, 2012 한국보훈복지의료공단, 2013 국립공원관리공단>

국회에서 의사진행에 관한 중요한 안건을 협의하기 위하여 일정수의 의원들이 구성한 단체

『국회법』 제33조에 따라 『20명 이상의 의원을 가진 정당』이나 다른 교섭단체에 속하지 않은 20명 이상의 의원으로 구성된다.

국가의 3요소 – 「국민, 주권, 영토」

<2004 서울시농수산물, 2008 삼성그룹, 2009 수도권매관공>

국가인권위원회　　　　　　　　　　　　　<2008 한국감정원, 2009 수도권매관공>

입법부·행정부·사법부에서 독립된 인권기구(국가의 독립기관)

국가정체성 – 「국가가 나아가야 할 방향」　　　　　　　　　　<2003 인천시>

국민소환제(國民김還制)　　　　　　　　　　　　<2012 한국보훈복지의료공단>

선거로 뽑은 국가기구의 공직자를 일정 수 국민들의 동의를 얻어 임기만료 전에 해임을 청구할 수 있게 하는 제도.

☞ 주민소환제 : 자치단체장이나 지방의회 의원, 지방 기관장 등을 대상으로 함.
　「주민소환제」와 「국민소환제」는 소환 대상이 다르다는 점에서 구분됨.

국민 정책투표   <2011 국민연금공단>

대통령은 필요하다고 인정할 때에는 「외교·국방·통일 기타 국가안위」에 관한 중요정책을 국민투표에 붙일 수 있다(헌법 제72조).

국적취득   <2005 철도공사>

취득 : 혈통주의, 출생지주의, 혼인, 인지, 귀화 기타 망명은 취득요건 아님.

상실 : 외국인과 결혼하여 그 배우자의 국적취득시, 외국인 양자로 그 국적을 얻을 때, 외국인 부모에게 인지된 때

국회 – 「조세의 종목과 세율을 정하는 기관」   <2003 인천시>

국회동의(행정기관) – 「대법원장, 국무총리, 감사원장 등」   <2005 철도공사>

중앙선거관리위원회 위원장은 국회동의가 필요 없음

focus

> **국회동의(사항)** : 조약체결, 비준, 선전포고, 국군의 해외파견, 외국군대의 대한민국 안의 주둔
>
> **국회승인** : 예비비의 지출

국회만의 기능 : 「법률안 의결」, 「예산안의 심의·확정」   <2003 안양시>

국회법   <2006 서울시 농수산물공사>

- 정기회는 매년 9월 1일에 집회한다. 그러나 그 날이 공휴일인 때에는 그 다음날에 집회한다.
- 국회의원이 의장으로 당선된 때에는 당선된 다음 날부터 그 직에 있는 동안은 당적을 가질 수 없다.
- 체포 또는 구금된 의원의 석방요구를 발의할 때에는 재적의원 4분의 1 이상의 연서로 그 이유를 첨부한 요구서를 의장에게 제출하여야 한다.

국회의결정족수와 의결방법   <2004 울산시, 2009 경기농협>

국회는 헌법 또는 법률에 특별한 규정이 없는 한 재적의원 과반수의 출석과 출석의원 과반수의 찬성으로 의결. - 「가부동수인 때 부결」

권력분립 - 「삼권분립, 몽테스키외(Montesquieu) 등이 주장」
권력분립이란 권력이 개인이나 집단에 집중되지 않게 분립하는 제도.

focus

> 삼권분립 : 국가의 권력을 **입법, 사법, 행정**으로 **분권**시키는 것

그리스 민주정치 <2009 경기기능>

아테네 중심, 클레이스테네스가 독재를 막기 위해 도편추방제도입, 페리클레스 시대가 전성기임.

네오뎀(neodems) <2012 한국보훈복지의료공단>
- 미국 민주당 내 보수적 성향의 의원 지칭
- 낙태에 반대하고 총기사용에 찬성
- 보호무역주의 주장
- 세금인상 반대
- 이라크 전쟁 반대, 줄기세포 연구에 부정적

네포티즘(nepotism) <2012 한국농어촌공사>
- 조카와 편애의 합성어
- 혈연, 지연 등을 중시한 친족 중용주의를 의미(혈연 등 인사시스템)
- 중세 로마 교황들이 권력강화를 위해 활용한 것에서 유래
- 1692년 법으로 최종금지

닉슨독트린(Nixon Doctrine) <2005 인천공항공사>
1969년 7월 25일 괌에서 미국 대통령 리처드닉슨이 밝힌 미국의 동맹국, 아시아 국가들에 대한 외교정책. - 「베트남전 이후 아시아 고립을 위한 미국선언.」

당 3역 – 「사무총장, 원내대표, 정책위의장」 <2004 수도권매관공>

마스트리히트 조약
네덜란드 마스트리히트에서 열린 EC(유럽공동체) 12개국 정상회담에서 타결, 합의한 「유럽통합조약」.

마키아벨리 <2004 경남>
르네상스 시대의 이탈리아 정치사상가, '군주론' 저술.

매니페스토 – 「실행가능성을 전제로 한 선거공약」
<2008 서울·경기·대전·충남농협, 2009 SH공사>

밴드왜건효과(Band Wagon effect)
<2005 인천공항공사, 2007 한국수원, 2008 YTN>

편승효과로도 불리며, 선거과정에서 특정인이 유력후보로 부상하면서 그쪽으로 표가 몰리는 편승현상.

focus

언더독효과(Under Dog effect) : 경쟁에서 현저하게 뒤처지는 사람에게 동정표가 몰리는 현상

북방한계선(NLL) – 「항공·해상경계선」 <2006 한국농촌공사, 2011 한국산업안전보건공단>

「바다위에 그어진 남북 경계선」, 해상의 군사분계선(MDL) 이라고 할 수 있다. 1953년 정전협정 직후 당시 마크클라크 주한 유엔사령관이 설정해 북측에 통보하고 북한이 묵시적으로 승인했다.

focus

JSA(joint security area) : 공동경비구역
NLL(northern limit line) : 북방한계선
EEZ(exclusive economic zone) : 배타적 경제수역
MDL(military demarcation line) : 군사분계선

블라인드 트러스트   <2011 근로복지공단>

도덕적 위험을 방지하기 위하여 공직자가 재임 기간 중에 재산을 공직과 무관한 대리인에게 맡기고 간섭할 수 없도록 하는 제도

☞ 인베스트먼트 트러스트 : 계약형 투자신탁이 회사형으로 변화한 것, 급속한 발전을 통한 폐쇄형 투자신탁

  씨빅 트러스트 : 국가나 지방자치단체의 재정상 어려움이 있을 경우, 주민이나 기업이 자금을 출자한 민간 환경운동

블루리본(Blue Ribbon)   <2005 인천공항공사>

인터넷에서 의사표현과 정보교환의 자유를 주장하는 운동.

비례대표 비율   <2012 한국보훈복지의료공단>

한국 : 18%,　　독일 : 50%,　　　　네덜란드 : 100%,

미국 : 없음,　　이스라엘 : 100%

비자금 – 「세금추적이 불가능한 특별관리 자금」   <2013 한국마사회>

기업이 리베이트나 회계조작 등으로 생긴 부정한 돈을 세금추적이 불가능하도록 특별히 관리하는 자금

비정부기구(NGO)   <2008 서울 · 경기 · 대전 · 충남농협, 2009 경기교육>

우리나라의 환경연합, 총선연대, 참여연대와 관련

선거공영제   <2003 주공, 2006 시흥교육>

선거운동의 무분별함으로 인한 폐단을 방지하고 **선거의 공정성을 견지하기** 위한 제도

선거구제   <2006 용인시, 2009 경기교육, 2011 국민연금공단>

선거구는 전체의 선거인을 일정단위의 선거인단으로 구분하는 **표준이 되는** 단위지역.

선거구제는 1개의 선거구에서 선출하는 대표자의 수에 따라 소선거구제,

중선거구제, 대선거구제로 구분된다.

focus

소선거구제 : 한 선거구에서 한 사람의 당선자만을 선출하는 선거제도.
☞ 소선거구 장점 : 군소정당의 난립 방지로 정국의 안정 도모
중선거구제 : 한 선거구에서 2~5명의 대표를 선출하는 제도.
대선거구제 : 한 선거구에서 2인 이상의 대표를 선출하는 제도.

아베노믹스

<2013 국립공원관리공단>

엔화를 무제한으로 공급하여 일본 경기를 부양하려는 아베 정부의 새로운 경제 정책

악의 축(axis of evil)

<2005 마사회>

미국의 대통령 조지 W. 부시가 2002년 1월 29일 연설에서 '테러를 지원하는 정권(regimes that sponsor terror)'를 가리키며 쓴 말. 부시는 이 연설에서 이라크, 이란, 북한을 언급했다.

여성 선거권 – 1893년 뉴질랜드 세계최초 여성선거권 인정

<2006 한수원>

오스트라시즘 – 「도편추방제」

<2009 수도권매관공>

고대 그리스 아테네의 10년간 국외 추방제도, 6000표 이상자 해당

오픈 프라이머리(open primary) – 「일반국민이 직접선출」

<2013 한국마사회>

대통령 등의 공직후보를 선발할 때 일반국민이 직접 참여하여 선출하는 방식, 단점은 당원의 존재의미가 약화되고, 정당정치의 실현이 어려워지는 점이다.

외국인에게 제한되는 기본권

<2006 서울시 농수산물공사>

참정권(청원권 · 신체의 자유 · 종교의 자유 인정)

워터게이트 <2005 안양시>

1972년의 미국 대통령 선거에서 닉슨 대통령의 공화당 행정부의 불법 활동
이 폭로되어 발생한 미국의 정치 스캔들

의사협회 · 변호사협회 · 경제인협회 <2005 경기 교육>

정부와 의회의 매개적 역할단체

의원제 내각제 <2006 토공, 2013 한국마사회>

「의회중심주의」 내각의 존립이 의회에 의존, 내각이 행정권 장악, 의회의
내각불신임권, 내각의 의회해산권, 의회와 내각의 밀접성, 로크의 2권분립
의 영향을 받음

focus

> 대통령제 : 한국 · 미국 · 프랑스 채택, 행정부의 국민에 대한 책임, 대통령
> 은 국민이 선출, 엄격한 권력분립(법률안 거부), 견제와 균형의 원리에 충실,
> 대통령에 실권 있음.

이너캐비넷(Inner Cabinet) - 「소수내각」 <2006 중부 발전>

재선거와 보궐선거

재선거는 선거의 전부나 일부에 대해 무효 판결이 난 경우 실시한다. 또
당선자가 임기 시작 전 사망 또는 사퇴하거나 선거 결과 당선인이 없을 경
우에도 재선거를 한다. 반면 보궐선거는 선거에 의해 선출된 사람이 임기
중 사직, 사망, 자격상실 등으로 빈자리가 생길 경우 실시한다.

재외국민선거

대한민국 국적을 가지고 있는 19세 이상 국외 영주권자(시민권자 제외)에
게 대통령 선거와 국회의원 선거(비례대표에 한정)에 대한 투표권을 부여
해 치러지는 선거.

정당의 역할 <2003 주공, 2014 국민체육진흥공단>

대표자 배출, 여론의 형성·조직화, 정부와 국회의 매개역할

focus

정당의 성격 : 정권획득, 목표의 공개, 국민이익의 도모, 민주적 조직, 정부구성 능력구비

공식적 정책과정 참여자 : 국회, 행정기관, 대통령

비공식적 정책과정 참여자 : 정당, 이익집단, 일반국민, 언론, 전문가

제1공화국 – 최초 지방자치 실시공화국 <2009 수도권 매관공>

주민 소환제 – 「직접민주주의 한 형태」 <2006 한국농촌공사>

주민들이 법령에 따라 지방의원이나 지방자치단체장을 소환할 수 있도록 하는 제도.

우리나라는 2007년 7월부터 시행. 소환대상자는 유권자의 3분의 1 이상투표, 과반수의 찬성으로 해임된다.

주민투표제 – 「지방자치단체의 주요 정책을 주민투표로 결정하는 제도」

중앙선거관리위원회 기능 <2003 안양시>

· 선거사무관리   · 정당사무관리   · 국민투표관리

지방자치단체 <2004 충주시>

관할구역의 발전과 주민의 복리를 증진시키기 위해 자치사무를 처리하는 공공단체

focus

지방자치법상 지방자치단체

광역자치단체 : 특별시·광역시·도·특별자치도

기초자치단체 : 시·군·자치구   읍·면 : 지방자치단체 아님

차티스트운동(chartism) <2005 인천공항공사, 2005 경기교육>

영국 노동자 계급의 「선거법 개정 운동」

천부인권설 <2006 안성시>

모든 사람은 태어나면서부터 하늘이 준 자연의 권리
곧 자유롭고 평등하며 행복을 추구할 수 있는 권리를 가진다는 학설, 홉스
나 로크와 같은 18C 계몽사상가들이 주장하여 미국의 독립 선언이나 프랑
스의 인권선언의 사상적 배경이 되었다.

콘센서스(consensus) 방식

회의에서 어떤 결정을 할 때 투표에 의하지 않고 의장 제안에 대해 반대의
사의 표시가 없는 것으로 보고 결정이 성립된 효과를 거두고자 하는 방식.
이 결의의 채택을 위해서는 사전에 비공식 협의를 거쳐 의결조정을 꾀하는
것이 그 전제가 된다.

탄핵소추 <2005 토공, 2006 관광공사, 2009 경기교육>

탄핵소추권은 대통령을 비롯한 고위직 공직자를 대상으로 불법행위 등에
대한 법적인 책임을 추궁하는 제도로 국회의 고유권한. 국회 재적의원 3분
의 1 이상의 발의가 있어야 하고, 그 의결은 재적의원 과반수의 찬성이 있
어야 하며, 대통령에 대한 탄핵소추는 국회 재적 의원 과반수의 발의와 3
분의 2 이상의 찬성이 있어야 한다. 현행 헌법은 「대통령, 국무총리, 국무
위원, 행정 각부의 장, 헌법재판소 재판관, 법관, 중앙선거 관리위원, 감사
원장 및 감사위원」 등을 탄핵대상으로 규정하고 있다.

☞ 탄핵제외대상 : 국회의장, 국회의원

포퓰리즘 <2011 한국환경공단, 2012 한국보훈복지의료공단>

정책본래의 목적을 잃고 대중적 인기를 얻는 것에 목적을 둔 정치형태

☞ 에고이즘(egoism) : 이기주의, 자기중심주의
　시오니즘(zionism) : 유대인만의 국민국가 건설을 달성하려는 운동
　페미니즘(feminism) : 여성해방 운동을 지향하는 것

폴리스 라인

시위나 폭동 등 경찰이 진압을 위해 필요하다고 인정되는 곳에 폴리스 라인이란 줄을 치게 된다. 그러면 누구를 막론하고 해당 수사관 이외에는 그 라인을 넘어설 수 없는 일종의 출입금지지역을 말한다.

폴리페서(Polifessor)- 「정 · 관계로 진출하려는 교수」 <2013 한국마사회>

정치(politics)와 교수(professor)를 결합한 말. 현실 정치에 직접 뛰어들거나 자문 활동 등을 통해 정 · 관계로 진출하려는 교수를 지칭.

☞ 폴리저지(polijudge) : 사법부 판사로서 특정 정치이념과 정당들에 치우쳐 정치적 발언을 공개적으로 하는 판사

폴리터리안(politerian) : 정치인과 트위터 사용자의 합성어, 소셜네트워크 서비스로 정치적 성향 및 의사를 노골적으로 표출하는 네티즌

폴리테이너(politainer) : 정치인과 연예인의 합성어, 정치적 소신을 가지고 특정 정당을 지지하는 정치적 행위를 하는 연예인

풀뿌리민주주의(Grassroots democracy) <2006 안성시>

기존의 중앙집권적이고 엘리트 위주의 정치행위를 지양하고 지역에서 평범한 시민들의 자발적인 참여를 통해 권력의 획득보다는 자신이 살고 있는 지역과 실생활을 변화시키려는 「참여 민주주의의 한 형태」이다. 지방자치와 분권 강조한다.

프레임 업(frame up)

정적(政敵)을 대중으로부터 고립시켜 탄압, 공격하기 위한 구실로 삼기 위해 만들어낸 사건. - 원래의 뜻은 「날조」이다.

피선거권 <2004 조무사>

선거에 의해 대통령 · 국회의원 · 지방의회의원 등 일정한 **국가기관의 구성원으로 선출될 수 있는 자격.** - 현행 만 25세이다.

햇볕정책(Engagement Policy ; Sunshine Policy)

햇볕 정책은 조선민주주의인민공화국에 대한 대한민국의 대외정책으로 북조

선에 협력과 지원을 함으로써 평화적인 통일을 목적으로 하는 정책.
일명 '대북화해협력정책'이다.

V. 법률

가처분(假處分)

금전 채권 이외의 특정물의 급부 또는 인도를 보전키 위해 또는 분쟁 중에 있는 권리관계에 관해 임시적 지위를 정하기 위해, 본재판이 있기 전 법원의 결정에 그 동산 혹은 부동산을 처분치 못하도록 법원의 잠정적·가정적 처분.

감치명령(監置命令) <2008 YTN>

법정의 질서를 유지키 위해 재판부의 명령에 위배되는 행위나 폭언, 소란 등으로 재판심리를 방해한 사람을 재판부가 직권으로 구속시키는 제재조치.

강간죄 <2005 인천공항공사, 2013 국립공원관리공단>

폭행·협박으로 사람을 강간한 자 - 『친고죄 폐지』

고소불가분의 원칙 <2013 국립공원관리공단>

친고죄에서 고소의 효력이 미치는 범위, 일부취소 불가

공소시효(公訴時效) <2013 국립공원관리공단>

확정판결 전에 시간의 경과로 인해 형벌권이 소멸하는 제도
사형 : 25년, 무기 : 「15년」 등

공판중심주의 <2007 한국자원공사>

재판에서 사건의 실체에 대한 모든 심증을 공판 절차 과정을 통해 형성해야 한다는 것

과실상계(過失相計)

불법행위나 채무불행이행으로 인한 손해배상청구에 있어 그 손해의 발생, 증대에 대해 피해자(채권자)에게도 과실이 있으면 배상책임의 유무 및 손해액을 정할 때 그 과실을 참작하는 것

과태료 – 「행정상의 질서유지를 위하여 과하는 일종의 벌과금」

<2003 서울시, 2010 인천도시개발, 2011 농수산물유통공사>

focus

> **행정질서벌** : 행정법상의 의무위반에 대한 제재로써 형법에 죄명이 없는 벌이다. 즉, 과태료를 과하는 행정벌을 말한다.

구속적부심(拘束適否審)

누구든 체포·구금을 당하였을 때 구금당할 만한 범죄가 없거나 증거인멸이나 도주의 염려가 없는데 구금되었다고 생각되는 경우에, 그 구금의 적법 여부를 관할 법원에 청구하는 것.

낙태(落胎)

임신 24주 이전에 인공적으로 임신을 종료시켜 태아를 희생시키는 것.
모자보건법에 따르면, 임신부에게 유전학적 정신장애가 있거나 전염성 질환이 있거나 근친상간이나 강간 등에 의한 임신, 임신이 지속되면 산모건강이 위험해 지는 경우의 5가지 사유의 낙태만 허용된다.

대법원

<2005 수원시>

우리나라의 최고법원이며, 상고사건·재항고사건, 최종심

대통령

<2004 경남, 2006 서울시 농수산물공사>

· 국가의 원수로서 국가를 대표한다.
· 국회에 출석하여 발언하거나 서한으로 의견을 표시할 수 있다.
· 임기는 5년으로 하며, 중임할 수 없다.

대통령제의 장·단점 <2009 수도권 매관공>

장점 : 정국안정, 강력한 행정, 다수당의 횡포견제, 소수자 권익보호
단점 : 독재화 우려, 대립해소곤란, 신속입법곤란

대통령 탄핵 <2004 농어촌공사>

· 탄핵기관은 국회다. 탄핵소추는 국회재적의원 과반수의 발의와 국회재적의원 3분의 2이상의 찬성이 있어야 한다.
· 탄핵 소추의 의결을 받은 자는 탄핵심판이 있을 때까지 그 권한행사가 정지된다.
· 탄핵결정은 공직으로부터 파면함에 그친다. 다만, 민사상이나 형사상의 책임은 면제되지 않는다.
· 탄핵심판기관은 헌법재판소이다.

등기 – 「부동산 물권변동의 공시방법」 <2003 주공, 2005 경기 교육·근로복지공단>

focus

동산 : 점유
등기대상 권리 : 소유권, 지상권, 지역권, 전세권, 저당권, 권리질권, 임차권, 환매권, 부동산점유권·질권·유치권은 등기대상권리가 아니다.

등기부 <2005 진주시>

부동산에 관한 권리관계(소유권, 제한물권)를 기재하는 공적 장부, 소유자, 부동산주소, 물권변동 내역 등을 알 수 있음.

로스쿨(Law-School) – 「법조인을 선발·양성하는 법학전문대학원」

리걸 클리닉(legal clinic)

로스쿨(법학전문대학원)에서 운영하는 실습식 교육방식

면소(免訴) <2003 주공>

소송조건 중 실체적 소송조건(형사소송법 제326조)이 결여되어 공소가 부적당하다고 판단해 소송을 종결시키는 재판을 면소하고 한다. 소송을 진행시키는 실체판결을 하기 위한 조건을 소송조건이라 한다. 이 면소판결은 기판력(일사부재리의 효력)이 있다. 면소의 사유에는 무죄, 유죄, 면소의 확정판결이 있을 경우, 공소시효가 완성된 경우, 범죄후의 법령개폐로 형이 폐지된 경우, 사면이 있는 경우 등이다.

명예훼손죄
<2011 한국공항공사>

주체: 자연인과 법인, 단체
사자명예훼손죄 가능
피해자의 고소 없이 기소 가능
진실한 사실로 공공의 이익에 관한 것 불처벌

무과실책임주의(無過失責任主義)

민법상의 책임에 있어서 고의 또는 과실이 없으면 손해배상책임이 없다는 것을 과실 책임주의라 한다. 예컨대, 노동자 재해보상, 광해(鑛害)배상, 원자력손해배상 등이 있다.

문리해석 -「법률해석 방법의 하나」
<2004 농어촌공사>

법문의 문구에 나타난 의미에 중점을 두고 해석하는 방법

미란다 원칙(Miranda Rule)
<2004 경남, 2005 삼성그룹>

피의자가 「변호사 선임의 권리」와 「묵비권행사의 권리」, 모든 발언이 법정에서 불리하게 작용할 수 있다는 것을 피의자(용의자)가 **「충분히 고지 받을 권리」**. 고지 받지 못한 상태에서 이루어진 자백은 배제된다.

미성년자
<2006 경남, 2007 전남교육>

대한민국의 민법상으로는 만 19세에 달하지 않은 자(민법 제4조).

미필적 고의

어떤 행위로 범죄 결과가 발생할 가능성이 있음을 알면서도 그 행위를 행하는 심리 상태.
통행인을 칠 수 있다는 것을 알면서도 골목길을 차로 질주하는 경우, 상대편이 죽을 수도 있음을 알면서도 총을 쏜 경우 등이다.

민법

<2004 조무사>

사법 중에서 일반적으로 적용되는 법으로, 개인간의 생활관계를 규정한 법규

반의사불벌죄

<2013 국립공원관리공단>

피해자가 가해자의 처벌을 원치 않을 경우 처벌하지 못하는 범죄

법관기피

형사, 민사 재판에서 법관이 구체적 사건에 특수한 관계를 가진 경우 등 재판의 공정성을 의심케 하는 사유가 있는 경우 당사자의 신청에 따라 재판을 거쳐 그 법관의 재판담당을 배제하는 것.

법의 안정성

<2006 용인시>

법에 의하여 질서가 안정되어 있는 것 및 개개의 법규가 안정되어 있는 것
'악법도 법이다', '점유취득과 소멸시효' 등

법의 특성

정의구현 · 타율성(강제가능성) · 강제성(강제규범) · 외면성(행위와 결과) · 양면성(권리와 의무)

focus

> **도덕의 특성** : 선의 실현 · 자율성(강제불능성) · 자유성(자유규범) · 내면성(양심과 동기) · 편면성(의무)

법 적용의 원칙

법 상호간의 효력의 충돌이 발생할 경우, 어떤 법을 적용할 것인지에 대한 일반원칙. 「상위법 우선의 원칙」, 「신법우선의 원칙」, 「특별법 우선의 원칙」, 「법률불소급 원칙」

법해석

일반적 · 추상적으로 규정되어 있는 법규범을 구체적인 사건에 적용하여 집행하기 위해 그 의미와 내용을 명확히 밝히는 것.

focus

> 유권해석 : 국가기관이 주어진 권한에 기하여 하는 해석
> 학리해석 : 법학자가 학문적인 입장에서 행하는 법해석
> 문리해석 : 법령을 구성하고 있는 자구나 문장의 뜻을 문법규칙 및 사회통념에 따라 밝혀 확정하는 해석방법
> 논리해석 : 법령의 의미 내용을 논리학의 법칙에 따라서 해석하는 방법
> 반대해석 : 법문에서의 내용으로 보아 일정한 사항은 인정되지 아니한다고 해석하는 방법
> 물론해석 : 법문이 일정한 내용을 금하고 있을 때, 명확히 기재되지 않은 사항일지라도 그 성질로 보아 내용 중에 포함하고 있는 것은 물론이라고 이해될 때 포함하는 것으로 해석하는 방법
> 확대해석 : 조문의 의미를 문리적 의미 이상으로 해석하는 방법 ⇒ 축소해석과 반대되는 해석
> 유추해석 : 당해 사항에 관하여 명문의 규정이 없는 경우에 입법이유가 동일한 유사사실을 정하고 있는 다른 규정을 당해 사항에 적절하게 적

용시키는 해석방법

보정해석 : 법조문이 입법자의 의사에 반하여 잘못 표현되고 있는 것이 명백
한 경우에 그를 바로잡아 옳게 해석하는 방법

별건체포(別件逮捕)

어떤 사건의 혐의자로 체포한 자에 대해 그 사건에 대한 유력한 증거가 없
을 때 다른 혐의로 체포하는 것.

부작위범(不作爲犯)

아무런 행위를 하지 않고 부작위로 새 범죄를 행할 수 있는 경우. 예컨대
남의 집에서 퇴거요구를 받고도 불응하고 퇴거하지 않는 경우를 말한다.

불고불리(不告不理)의 원칙 – 「기소독점주의」 <2007 경기교육>

형사소송법상 법원은 검사의 공소제기가 없는 사건에 관해 심판할 수 없다
는 원칙이다.

비약적상고(飛躍的上告)

제1심 판결에 대하여 제2심(항소심)을 거치지 않고 곧바로 대법원(상고심)
에 상고하는 것.

사법(私法) <2003 안양시, 2012 한국농어촌공사>

민법·상법·어음법·수표법 등 개인간 거래를 규정한 법률로 공법에 대비
되는 개념.

공법 : 헌법·형법·행정법·소송법 등

사법경찰리 – 경사·경장·순경 <2006 중부발전>

산업재산권 – 특허권·실용신안권·상표권·의장권 · 디자인권 등 <2009
수도권 매관공, 2013 한국마사회>

<2008 SH공사, 2013 한국마사회>

focus

> **지적재산권(무체재산권)** : 저작권(산업재산권이 아님), 산업재산권(특허권, 실용
> 신안권 등)
> **유체재산권** : 부동산·동산 등

상사시효(商事時效)

상행위로 인해 생긴 채권은 5년간 행사하지 않으면 소멸시효가 완료.

focus

> **민법상 채권의 소멸시효** : 원칙적으로 10년

상소제도　　　　　　　　　<2005 진주시, 2006 안성시>

하급법원의 재판에 잘못이 있다고 하여 패소한 당사자가 그 정정을 구하고
상급법위에 불복을 신청하는 것.

focus

> **판결** : 제1심에서 항소, 제2심에서 상고, 대법원
> **결정·명령** : 제1심에서 항고, 제2심에서 재항고, 대법원

상속분 – 어머니(배우자) : 1.5, 자녀 각 : 1　　　<2006 경기도, 2007 경기교육>

☞ **상속인의 유류분**
　· 직계비속 : 법정상속분의 2분의1　　· 배우자 : 법정상속분의 2분의1
　· 직계존속 : 법정상속분의 3분의1　　· 형제자매 : 법정상속분의 3분의1

소명(疏明)

당사자가 주장하는 사실에 대해 법관에게 확신을 가지게 하기까지는 이르
지 못하나, 일단 확실하다는 개연적 추측을 가지게 하는 것.

소송구조제도

억울한 피해를 받고도 법을 잘 모르거나 경제적으로 법적인 권리구제에 어려움이 있을 때 상담, 소송비용 대여, 소송대행 등 법률구조 서비스를 받게 하는 제도.

소원(訴願)

행정처분의 위법 또는 부당함을 주장하는 자가 그 취소 또는 변경을 구하기 위해 일정한 **행정청에 제기하는 재심사요청 절차.**
심사청구, 이의신청 등 불복신청 절차를 모두 포함하지만, 좁게는 「소원」으로 소원법의 적용도 받는다.

업무상 횡령죄 <2005 파주시>

업무상의 임무에 위배하여 타인의 재물을 보관하는 자가 그 재물을 횡령하거나 그 반환을 거부함으로써 성립하는 「**형법**」 제356조의 범죄.

예고등기 <2003 주공>

법원에 등기원인의 무효 또는 취소를 이유로 한 등기의 말소나 회복을 요구하는 소송이 제기된 경우. 이를 제3자에게 경고해 선의의 피해자가 없도록 법원이 직권으로 행하는 등기.

유류분(遺留分) 반환 청구 소송

유류분 반환 청구 소송이란 상속인이 사망한 피상속인으로부터 물려받을 재산을 법적 기준보다 못 받았다고 주장하며, 형제 등 다른 상속인이 받은 재산 중 일부를 돌려 달라고 법원에 제기하는 소송.

음주운전 <2005 교통안전공단>

음주 후 0.05 이상의 혈중알콜농도가 나오는 경우 면허 등의 처분을 받게 되는데, 이처럼 『**도로교통법상**』 처분이 가능한 의미있는 음주운전

인정상여(認定賞與)

기업에 들어온 수익이 어디로 갔는지 불분명할 때 대표자가 가져간 것으로 처리하는 것.

일사부재리(一事不再理)의 원칙 <2006 경기도, 2007 제주·충남·경기교육, 2013 국립공원관리공단>

형사소송에 있어서 유죄, 무죄의 확정판결이 있은 후에는 같은 사건에 관해 다시 공소를 제기할 수 없다는 원칙.

일사부재의(一事不再議)　　<2003 인천시, 2006 경기도, 2007 경기교육>

의회의 회기 중에 부결된 안건은 같은 회기 중에 다시 안건으로 올리지 못한다는 원칙

자력구제(자구행위)　　<2005 마사회>

사인이 자기의 권리를 보호 또는 실현하기 위하여 국가의 힘을 빌리지 않고 스스로 사력을 행사하는 것 - 「민법은 일정한 경우 점유자에게 인정」

자연채무(自然債務)　　<2009 농어촌 공사>

채무자가 자발적으로 급부하지 않더라도 채권자가 그 이행을 소로써 청구하지 못하는 채무.
소구가능성이 없다는 점에서 자연채무는 소구할 수 있으나 강제집행이 불가능한 책임 없는 채무와는 구별된다.

자유형　　<2005 경기교육, 2010 한국농어촌공사, 2011 SH공사>

자유의 박탈을 내용으로 하는 형벌
징역·금고·구류 3종이 있음
- 약시명령 부과형벌 처분 : 벌금, 몰수, 과료, 추징
☞ 집행유예는 형벌의 종류가 아님

재결신청

< 2010 한국농어촌공사>

「행정상 분쟁시 제3의 행정청에 그 판정을 청구하는 것」

저작권
<2006 남양주시>

문학·음악·연극·미술 작품의 내용과 형식의 복제·출판·판매 등에 대하여 법적으로 보장된 배타적 권리·저작권에는 인격권과 재산권이 있다. 50년 양도불가

접견권(接見權)

모든 피해자, 피고인은 법원 판결이 있기까진 무죄로 추정되며, 법률의 전문지식을 갖지 않은 피의자가 공권력에 대항해 자기 인권을 지키기 위해 변호인의 조력이 불가피하여, 변호인이 피의자를 만나 사실을 알아내는 면담.

정당방위(正當防衛)

형법상 자기 또는 타인의 법익에 대한 현재의 부당한 침해를 방위하기 위한 상당한 이유가 있는 행위. – 이는 위법성이 조각되어 처벌받지 않음.

focus

> 정당행위 : 법령이나 업무상 허용된 행위로 사회상규에 위배되지 아니하여 처벌받지 않음.

정상(情狀) – 「있는 그대로의 사정과 형편」
<2005 한수원>

딱하거나 가엾은 상태로, 구체적 범죄에서 구체적 책임의 경중에 영향을 미치는 일체의 사정

조례
<2003 안양시, 2005 경기교육·철도공사>

지방자치 단체가 법령의 범위안에서 지방의회의 의결을 거쳐 그 지방의 사무에 관하여 제정하는 법

조세법률주의 – 「대표 없으면 과세도 없다」

국민에게 부과하는 조세의 종목과 세율은 국회에서 법률로써만 정하도록
한 원칙.

존 스쿨(John School) - 「성매매 범죄자 재범방지 교육」   <2007 경기교육>
성구매 초범은 존 스쿨에서 교육받는 조건으로 기소유예처분을 받는 재범
방지 교육프로그램

죄형법정주의   <2006 경기도>
어떠한 행위가 범죄가 되고, 또 그 범죄에 대해 어떠한 형벌을 가하느냐를
미리 성문의 법률로서 규정해두어야 한다는 형사법의 대원칙 '법률이 없으
면 범죄도 없고 형벌도 없다'는 표어, 성문의 법률, 법률불소급의 원칙, 유
추해석금지

주소   <2005 의정부>
실질적으로 생활의 근거가 되는 곳을 말하며, 동시에 두 곳 이상 가능

준수(遵守) - 전례나 규칙, 명령 등을 그대로 좇아서 지킴   <2005 한수원>

준항고   <2003 주공>
민사소송법 : 수명법관이나 수탁판사의 재판에 불복하는 당사자가 소송법
　　　원에 신청하는 이의
형사소송법 : 법관이 행한 일정한 재판이나 검사 및 사법경찰관이 행한 일
　　　정한 처분에 대하여 불복하는 경우에 그 법관이 소속한 법원 또는 그
　　　직무집행지의 법원이나 검사의 소속 검찰청에 대응한 법원에 대하여
　　　그 재판이나 처분의 취소 또는 변경을 요구하는 청구
특별항고 : 일반적인 절차로는 불복신청을 할 수 없는 결정이나 명령에 대
　　　하여 특별한 경우에 대법원에 하는 항고이다. 헌법이나 법률의 적용에
　　　위반이 있는 경우에 해당된다.

증인보호 프로그램

형사 공판에서 결정적인 증언을 해야 하는 증인이나 참고인에 대해 신변 위협 등의 우려가 있을 경우 증인보호 프로그램을 가동.

지역권 <2006 토공, 2012 한국농수산식품유통공사>

일정한 목적을 위하여 타인의 토지(승역지)를 자기토지(요역지)의 편익에 이용하는 권리.

지적재산권 <2004 농어촌 공사>

지적활동으로 인하여 발생하는 모든 재산권, 특허권, 실용신안권, 의장권, 상표권, 상호권 등

☞ CCL : 저작권자가 자신의 저작물 사용조건을 미리 제시해 저작권자에게 따로 묻지 않고도 창작물을 사용할 수 있게 한 것. 일종의 오픈라이선스 <2014 한국농어촌공사>

질권 <2009 SH공사, 2014 한국농어촌공사>

채무자가 돈을 갚을 때까지 채권자가 담보물을 간직할 수 있고, 채무자가 돈을 갚지 아니할 때는 그것으로 우선변제를 받을 수 있는 권리.

☞ 유치권 : 채권변제시까지 물건이나 유가증권을 유치할 수 있는 권리 – 법정담보물권, 불가분성, 물상대위성 없음.
　저당권 : 목적물을 채무자 또는 제3자에게 그대로 둔 채 일반 채권자에게 우선하여 변제받을 수 있는 담보물권
　용익물권 : 타인의 토지나 건물을 사용·수익할 수 있는 물권-지역권, 지상권, 전세권
<2014 국민체육진흥공단>
　점유권 : 물건을 사실상 지배할 권리

집단소송 – 「대표 소비자소송」

다수의 피해자 가운데 일부가 대표로 소송을 내더라도 판결의 효력이 나머지 피해자에게도 미치는 제도. 미국에선 1938년에 도입돼 주로 공해나 제품결함 관련 소송에 적용.

집행유예(reprieve) <2005 철도공사, 2008 YTN>

일단 유죄를 선고하는 정상을 참작하여 일정한 요건하에 일정기간 동안 그

형의 집행을 유예한 후 특별한 사고 없이 그 기간을 경과하면 형의선고의
효력을 상실하게 하는 제도

징계종류 <2005 경기교육>

- **파면**(공무원관계로부터 배제 5년)
- **해임**(공무원관계로부터 배제 3년)
- **정직**(신분유지, 직무정직 1~3월)
- **감봉**(승진기간에서 제외 기본12월 + 1~3월)
- **견책**(6월간 승진제한)

친고죄 – 「고소가 있어야 공소를 제기할 수 있는 범죄」 <2013 국립공원관리공단>

〔강간죄, 강제추행죄, 준강간·준강제추행죄, 미성년자등 간음죄, 업무상
위력 등에 의한 간음죄, 혼인빙자간음죄(위헌으로 폐지), 미성년자에 대한
간음·추행죄〕의 친고죄는 폐지되었음.

친권(親權)

부모가 공동으로 또는 그 중 일방당사자가 자식에 대해 가지는 신분상, 재
산상의 감독, 보호, 교육을 내용으로 하는 권리·의무.

카피레프트(Copyleft) –「공중사용허가서」 <2006 토공>

독점적인 의미의 저작권에 반대되는 개념이며, 저작권에 기반을 둔 사용제
한이 아니라 저작권을 기반으로 한 정보의 공유를 위한 조치.

탄핵소추대상 <2003 안양시, 2004 조무사, 2005 인천공항, 2006 토공>

대통령·국무총리·국무위원·행정각부의 장, 헌법재판소 재판관·법관·
중앙선거관리위원회위원·감사원장·감사위원 기타 법률이 정한 **공무원**

파산선고(破産宣告)

채권자 또는 채무자의 신청에 의하여 또는 법원이 직권으로 파산의 개시를 명하는 결정.

파산선고를 받고 그 재산에 대하여 파산절차가 진행되고 있는 자를 「파산자」라 한다.

「파산절차」는 채무자의 자력이 불충분한 경우에 개개 채권자의 개별적인 소송이나 강제집행을 배척하고 모든 채권자를 위하여 채무자의 모든 재산으로부터 공평한 만족을 꾀하기 위한 절차를 말한다.

「파산재단」이란 파산절차에서 배당에 의하여 모든 파산채권자에게 변제하여야 할 파산자의 재산을 말한다.

포괄근보증제(包括根保證制)

금융기관과 거래하는 연대보증인이 책임져야 할 특정채무보증, 한정근보증, 포괄근보증 가운데 포괄근보증은 보증의 범위가 가장 광범위한 것으로 보증을 선 해당 거래뿐 아니라 채무자가 앞으로 하게 될 모든 거래까지 책임지는 제도.

플리바겐(Plea Bargain) - 「사전형량조정제도」 <2005 철도공사, 2010 SH공사, 2011 대한장애인체육회 · 한국전기안전공사>

검찰이 수사편의상 주요 관련자 또는 피의자에 대해 유죄를 인정하거나 증언을 하는 대가로 협상을 통해 형량을 경감하거나 조정하는 것으로 주로 미국에서 시행되고 있는 제도이다.

☞ 미란다 원칙 : 용의자 검거 시 변호인의 도움을 받을 수 있는 권리, 진술을 거부할 수 있는 권리 등을 미리 고지 받을 권리

기소편의주의 : 검사가 기소 여부에 대한 재량권을 갖는 것

항고 <2004 경남>

법원의 결정 및 재판장의 명령에 대해 불복이 있는 자가 특히 법률이 정하는 경우에 한해 상급법원에 대하여 취소·변경을 구하는 불복신청. **판결불포함.**

행정상 손해배상 <2005 마사회>

행정상의 손해배상이란 공무원의 직무상의 불법행위나 영조물설치·관리하자로 인하여 개인에게 손해가 발생한 경우에 국가 또는 지방자치단체가 배상하는 것.

헌법 – 「국가의 기본이 되는 법」 <2003 서울시, 2013 한국마사회>

국가의 기본이 되는 통치조직, 국민의 지위·권리·의무, 국가의 기본정책 등에 관하여 정하며, 다른 법령의 바탕이 되는 최고의 법이다.

focus

헌법 제1조 제1항 – 대한민국은 민주공화국이다.
<2004 경남, 2013 한국마사회>
제3조 – 대한민국의 영토는 한반도와 그 부속도서로 하다.
제4조 – 대한민국은 통일을 지향한다.

focus

제5조 – 대한민국은 국제평화의 유지에 노력하고 침략적 전쟁을 부인한다.
제8조 – 정당의 설립은 자유이며, 복수정당제는 보장된다.

형벌의 종류 <2006 경기도, 2007 경기교육, 2010 인천도시개발>

사형·징역·금고·자격상실·자격정지·벌금·구류·과료·몰수(형법 제41조) : 9종

재산형 : 벌금 · 과료(과태료 형벌 아님) · 몰수
명예형 : 자격정지 · 상실

확신범 <2006 토공>

도덕적, 종교적, 정치적 의무 등의 확신이 결정적인 동기가 되어 행해지는
범죄 또는 그 범인. - 사상범, 정치범, 국사범 등

Ⅵ. 국제외교

가자-예리코 자치협정 - 「이스라엘과 팔레스타인 해방기구 사이 협정」

<2008 서울 · 경기 · 대전 · 충남농협>

이스라엘과 PLO(팔레스타인 해방기구) 사이에 1993년 10월에 체결된 가자
지구와 요르단강 서안에 있는 예리시코시에 대한 PLO 자치에 관한 협정

국제사면위원회(Amnesty International)

국가권력에 의해 처벌당하고 억압받는 각국 정치범들을 구제하기 위하여
설치된 저촉

국제연합(UN) <2005 안양시>

제2차 세계대전 후 국제평화유지와 안전의 유지를 위해 설립된 국제평화기
구

국제투자보증기구(MIGA) - 「다자간 투자보증기구」

IMF-IBRD 서울 총회(1985)에서 「서울협약」으로 채택, 설립한 국제개발
기구이다. 비상업적 위험에 대한 보증과 광범위한 투자진흥 활동으로 개도
국에 대한 투자촉진을 목적으로 하고 있다.

덤버튼오크스회담 <2005 국체공단>

국제연합의 기초가 된 헌장으로, 조직과 목적을 규정한 문서이다. 제1차세계대전 후 국제연맹이 붕괴된 모순점을 해결하고 다시 세계평화를 재건하려는 노력의 일환으로서 1941년 대서양헌장, 1942년 연합국공동선언을 거쳐 1943년 모스크바선언, 1944년 덤버튼오크스회담을 열어 미·영·소·중 등이 일반국제기구의 창설에 합의하여 국제연합헌장의 기초 작업에 들어갔다.

들로르 백서

유럽경제의 현주소를 진단하고 앞으로 나아갈 방향을 밝힌 보고서로서, EU(유럽연합) 집행위원장이 준비하여 1993년 말에 EU에서 채택되었다.

마빈스(MAVINS) <2010 대한지적공사, 2011 국민연금공단>

멕시코, 호주, 베트남, 인도네시아, 나이지리아, 남아프리카공화국의 신흥시장

모사드 – 「이스라엘 정보기관」 <2011 국민건강보험>

미통상법 301조

미국 통상법 중에 무역상대국의 불공정 무역관행의 시정, 「보복조치를 규정한 조항」

반기문 – 「제8대 UN 사무총장」 <2007한국자원공사>

반둥회의(Bandung Conference) <2005 한수원 · 철도공사>

「아시아-아프리카 회의」.

1955년 4월 18일부터 4월 24일까지 아시아와 아프리카의 29개 독립국 대표들이 인도네시아의 반둥에 모여 양 대륙과 세계의 현안을 논의한 국제회의다. 이는 유색 인종만의 회의이기도 하다.

배타적 경제수역(EEZ)

<2007 전남교육>

영해의 외측에 접한 영해측정 기선으로부터의 200해리까지의 해역.
영해 끝으로부터 200해리이다.

focus

> 접속수역(contiguous zone) : 연안국은 영역 내에서의 관세·재정·출입국관리·위생상의 규칙의 위반을 방지하고 처벌하기 위하여 영해에 접속한 일정범위의 수역이다. 영해 끝으로부터 24해리이다.
> 공해(high seas) : 배타적 경제수역, 영해, 내수 또는 군도수역에 포함되지 않는 모든 해역이다.

베른조약(Berne Convention)

<2005 인천항공, 2006 서울시 농수산물공사>

1886년 스위스 베른에서 저작권의 국제적 보호를 목적으로 체결된 조약.
「국제문학 예술작품저작권협약」

베세토(BESETO)

<2011 한국환경공단>

동북아시아의 경제 문화권 지역을 말함. 한· 중 ·일 삼국

북대서양조약기구 –「NATO」

<2004파주시>

세계은행의 5대기관

<2012 한국농어촌공사>

국제투자보증기구(MIGA), 국제부흥개발은행(IBRD), 국제개발협회(IDA), 국제금융공사(IFC), 국제투자분쟁해결본부(ICSID)

아그레망(agrement)

<2005 안양시·국체공단, 2013 국립공원관리공단>

접수국이 파견국의 특정인물을 외교사절로 받아들인다는 동의.
원래 아그레망은 프랑스어로 동의 또는 승인이라는 뜻이다.

아이디드파

소말리아 민족연맹(SNA)의 지도자 모하메드 파라 아이디드가 이끌고 있는

알리마흐디파와 쌍벽을 이루고 있다. 1993년 미국이 소말리아에 진주하면서 유엔평화유지군과 적대관계를 유지하고 있다.

유엔평화유지활동(PKO) <2005 근로복지공단>

유엔이 관계 당사국의 동의를 얻어 평화유지군이나 감시단 등을 현지에 파견하여 휴전, 정전의 감시 또는 재발방지 등의 역할을 한다. 현재 PKO활동이 이루어지고 있는 곳은 캄보디아, 유고, 소말리아, 모잠비크, 앙골라 등 13곳이다. 우리나라도 PKO를 1994년 인도·파키스탄, 1994년 그루지야, 2007년 레바논, 소말리아 등에 파견했었다.

이스케이프 클로즈(escape clause) -「면책조항」

협정의 실시와 법률의 적용에 의해 당사국이 매우 심한 불이익을 받게 될 때 예외적 또는 일시적으로 그 협정이나 법률의 적용을 유보시켜 주는 도피규정이다.

이중과세방지협정(double tax avoidance agreement)

소득발생지와 소득귀속자의 국적이 다른 경우, 소득발생지국과 소득귀속지국의 국내조세체계가 달라 동일한 원칙으로부터의 소득에 대해 양국에서 중복적으로 과세할 가능성이 있다. 이를 배제하고 과세방법의 상이에 따른 탈세 가능성을 막기 위해 국가 간에 체결한 조약을 말한다. 우리나라는 현재 미국, 일본 등 34개국과 이 협정을 체결하고 있다.

케도(KEDO) <2009 경기농협>

북한의 핵확산금지조약(NPT) 탈퇴 후 핵압력으로 얻어낸 한국형 경수로 지원을 위한 「한반도 에너지 개발기구(KEDO)」.
정부간 국제기구의 지위를 갖는 「케도」는 「한국, 미국, 일본」 3개국으로 구성되는 최고의사 결정기관인 전원합의제 집행이사회와 모든 회원국이 참여하는 총회, 그리고 경수로 사업, 대체에너지 공급 등을 담당하는 소관 자문위원회로 구성된다.

페르소나 논 그라타(persona non grata) <2005 근로복지공단·삼성그룹, 2013 국립공원관리공단>

대사나 그 밖의 외교관을 접수국이 이유를 붙여 받아들일 수 없을 경우, 특정행위를 문제 삼아 「기피인물로 선언하는 것」, 「좋아하지 않는 인물」, 「기피인물」

프로토콜(Protocol) <2005 국체공단>

외교용어로는 조약의 원안(原案), 회담의 결과를 정리한 잠정협정, 조약이나 협정의 부속문서 또는 외교 의례(儀禮).

☞ 프로토콜(protocol) : 서로 다른 기종의 컴퓨터 간에 데이터를 교환하기 위한 약속된 규약

하마스 <2004 조무사, 2005 근로복지공단, 2012 한국농어촌공사>

팔레스타인 점령지를 중심으로 독립목적, 반이스라엘 투쟁을 전개하는 이슬람 원리주의 조직. 이슬람 저항운동의 약칭. 야흐메드야신이 1987년 창설.

한·칠레 FTA

자유무역협정(FTA)인 한·칠레 FTA가 2004 4월 1일부터 발효됐다. 발효 즉시 자동차를 포함해 2,450개(전체의 41.8%) 품목이 칠레에 무관세로 수출되었다. - 우리나라 최초 FTA 체결국

해리먼 민주주의상

미국 민주당의 국제문제연구소(NDI)가 매년 민주주의 발전에 공헌한 미국 및 외국 지도자 1명을 선정해 수여하는 상.
알폰신 전 아르헨티나 대통령, 부토의 파키스탄 전 총리, 토머스 폴리 미국 하원의장, 하벨 체코 대통령 및 김영삼 대통령이 수상한 바 있다.

Chapter 3

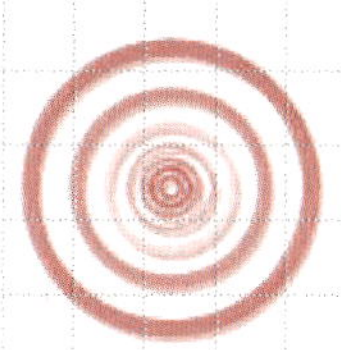

언론 · 사상 · 한국사 · 세계사

사회계약설
사회나 국가가 자유롭고 평등한 개인들의 합의나 계약에 의해
발생하였다는 학설, 홉스(리바이어던), 로크(통치이론), 루소
(사회계약론), 국민주권론, 자연법과 자연권
<2009 수도권 매관공, 2010 인천도시개발, 2012 한국농어촌공사>

Ⅰ. 사상(종교 · 윤리 · 교육)

감성지수(EQ)
<2009 수도권매관공 · 경기교육, 2011 한국환경공단>

IQ : 지능지수　　　　SQ : 사회성지수

PQ : 인간의 강력한 의지의 근간이 되는 인간성 지수

감정조절지능(EI ; Emotional Intelligence)
감성지수(EQ)로 유명한 미국 심리학자 대니얼 골맨 박사가 만들어낸 개념. 어떠한 상황에 직면해서도 감정노출을 자제하는 능력을 말한다. 심리학에서는 EI가 높은 사람일수록 자신감이 강하며, 팀플레이어로서 협동심도 적극적으로 발휘한다고 보고 있다. 최근 월 스트리트 저널(WSJ)은 기업 내 최고위직까지 올라간 최고경영자(CEO)들의 공통점은 EI가 매우 높은 것으로 나타났다.

계몽주의(enlightenment)　　　　<2006 중부발전>
17 · 18세기 유럽의 지적운동.

신 · 이성 · 자연 · 인간 등의 개념을 하나의 세계관으로 통합한 사상운동으로서 사람들 사이에서 넓은 공감대를 형성하고 예술 · 철학 · 정치에 혁명적인 발전을 가져왔다. - 이성중심주의

고슴도치 딜레마　　　　<2011 한국환경공단>
다른 사람과 어울리지 않고 일정한 거리를 두면서 자기를 방어하려는 사람들의 심리

교육제도(educational System)　　　　<2006 용인시>
교육은 사회생활에 필요한 지식과 기술을 가르치고 인간의 내면에 잠재하고 있는 능력을 최대한으로 발휘할 수 있도록 도와주는 제도.

국민공통교육과정　　　　<2004 조무사>

국민공통기본 교육과정은 초등학교 1학년에서 시작하여 고등학교 1학년에 끝마친다.

국제선 비행기의 반입제한 품목 <2007 한국자원공사>
술 등 액체류, 샴푸·치약 등 젤류, 헤어스프레이 등 스프레이류

귀납법(歸納法) <2008 한국산단>
하나하나의 구체적 사실로부터 시작, 그것들에게 공통되는 보편적 원리에 도달하려는 사고방식.
아리스토텔레스는 이를 완전귀납법과 불완전귀납법으로 구분했으며, 베이컨에 의해 그 의의가 밝혀졌고, 밀에 의해 이론이 완성되었다.

나르시시즘 <2014 한국농어촌공사>
정신분석학에서 자아의 중요성이 과장돼 자신을 너무 사랑하는 것

남북공동선언순서 <2010 한수원, 2012 한국산업인력공단>
7·4 남북공동성명 발표(1972.7.4), 민족자존과 통일번영에 관한 특별선언(7·7선언)(1988.7.7), 6·15남북 공동선언(2000.6.15, 김대중/김정일)

뉴리치현상 - 「중류의식 확산현상을 지칭하는 말」

다원주의 <2009 수도권매관공>
개인이나 여러 집단이 기본으로 삼는 원칙이나 목적이 서로 다를 수 있음을 인정하는 태도

담임선택제 - 「학생들이 원하는 담임을 선택하는 제도」

도덕적해이(Moral Hazard) <2006 남양주시>

법에 위배되지는 않지만 무언가 잘못된 행위.
원래 이 용어는 보험시장에서 사용한다.

도산 안창호 선생이 주장한 4대 정신 <2005 철도공사>

무실(진실, 성실주의), 역행(실천주의), 충의(애국사상, 신의주의), 용감
(진취주의, 적극주의)

Focus

무실역행(務實力行) : 참되고 실속 있도록 힘써 실행함

디지털디바이드 <2005 인천공항공사, 2011 한국환경공단>

디지털 경제에서 나타나는 계층간의 불균형.
정보격차가 소득격차를 가져오고 나아가 계층의 격차를 가져오는 현상

라마교(Tibetan Buddhism, 나마교, 라마불교, 티베트불교, 티벳불교)

<2004 울산시>

티베트를 비롯하여 만주·몽골·네팔 등지에 퍼져 있는 불교의 한 갈래

랄프다렌돌프(R. Dahrendorf) <2004 근로복지공단>

절대적 희소가치의 박탈상태보다 오히려 전반적 생활수준이 호전되는 상황
에서 생기는 기대수준의 상승에 견주어 상대적 박탈감이 크게 느껴질수록
과격한 사회적 갈등과 근본적인 구조 변동이 발생할 개연성이 크다는 사실
에 주목하여 'J 곡선이론'을 전개한 사회이론가

러다이트운동 <2005 진주시>

「기계파괴운동」, 1811년 영국의 중부와 북부의 섬유공업지대에서 일어
난 노동자의 반자본주의 운동.

루소 <2004 충주시, 2012 한국농어촌공사>

프랑스 사상가. 인간불평등기원론, 「사회계약론」, 국민주권론, 성선설

루키즘(lookism) <2003 주공>

외모가 개인간 우열과 인생의 성패를 가르는 기준이라고 믿으며 집착하는
외모지상주의 또는 외모차별주의

리비도(libido) <2006 용인시, 2014 한국농어촌공사>

지그문트 프로이트가 성적 충동 및 후기 저술에서는 인간의 모든 건설적
행동과 관련된 본능적인 생리적·심리적 에너지를 표현하기 위해 만들어낸
개념.

멘토링(Mentoring) <2007 삼성그룹>

멘토링은 경험과 지식이 풍부한 사람이 구성원을 1대1로 전담해 지도·조
언하면서 실력과 잠재력을 개발시키는 것.
이 경우 조언자의 역할을 하는 사람을 멘토(Mentor)라 하고, 조언을 받
는 사람을 멘티(Mentee)라 한다.

모라토리움신드롬 – 독일 심리학자 에릭슨이 처음 사용한 용어 <2006 용인시>

1960년대에 들어 지적·육체적·성적인 면에서 한 사람의 몫을 할 수 있
으면서도 사회인으로써의 책임과 의무를 짊어지지 않는다는 것을 의미한
다. 이는 성인이 되어서도 그 이전단계의 자아에서 머물러 있으려고 하고
사회적 자아를 확립시키지 못하는 것이 특징이다.

focus

> 번아웃신드롬 : 현대사회의 탈진증후군을 말하는 신조어. 오직 한 가지 일에만
> 몰두해 오던 사람이 신체적·정서적인 극도의 피로감으로 인해 무기력증이나
> 자기혐오, 직무거부 등에 빠지는 증후군이다.

목표설정이론 <2013 한국마사회>

증거를 찾을 필요 없이 결과가 중요하며, 목표의 설정이 동기부여요인이
된다는 이론 – 에드윈 로크

XY이론 : 인간본성에 대한 가정을 X, Y 두 가지로 대별해 각기 특성에 따른 관리전략을 처방한 맥그리거의 동기부여 이론
동기이론 : 매슬로우의 욕구단계설 <2009 경기교육, 2013 한국마사회>
공정성이론 : 노력과 직무만족은 업무상황의 지각된 공정성에 의해서 결정된다는 이론 – 스테이시 애덤스
ERG이론 : 인간의 동인(motive)에 관한 체계적인 연구를 통하여 높은 수준의 욕구나 낮은 수준의 욕구 모두가 어느 시점에서는 동기부여의 역할을 한다는 이론 – 클레이턴 알더퍼

몽테스키외 – 「프랑스의 정치철학자」 <2006 중부발전, 2012 한국농어촌공사>

《법의정신》, 3권분립 주장(입법권·행정권·사법권), 프랑스 인권선언과 미국헌법에 영향

문화상대주의 <2006 용인시, 2009 경기기능·경기교육>

인류문화는 일원적으로 진화하는 것이 아니라 제각기 독자적인 방향으로 발전하기 때문에 문화의 우열을 가릴 수 없다고 보는 관점, 「문화의 다양성을 인정」, 「각각의 독특한 환경·역사·사회이해」, 인도암소숭배, 한국의 개고기 섭취 등

문화융합 <2005 경기교육>

문화융합사례 : 김치스파게티, 불고기 피자 등의 퓨전음식

문화전파(Culture Diffusion) <2005 충남연기, 2011 국민연금공단>

한 사회의 문화요소와 사상이 다른 사회로 확산되어 타 문화권 속에 스며드는 현상.

문화접변 : 서로 다른 문화전통을 가진 여러 사회가 접촉할 때 일어나는 인공물·관습·믿음의 변화과정 및 그 결과

> 문화적 사대주의 : 다른 나라의 문화에 무의식적으로 따르거나 다른 나라의 문화를 무조건 우수하다고 보는 것이다. <2009 경기교육>
>
> 문화적 국수주의 : 자국의 문화는 무조건 우수하고, 무의식적으로 따르는 것을 말한다.
>
> 문화지체현상 : 급속히 발전하는 물질문화와 비교적 완만하게 변하는 비물질 문화간에 변동속도의 차이에서 생겨나는 사회적 부조화현상이다. 문화의 결합으로 다른 문화에 대한 적응이 필요할 때 이런 적응이 지연된다. 사회학자 오그번이 사용했다.
>
> 자문화중심주의 : 자기집단의 문화를 과대평가하여 우월하다고 여기며 다른 집단의 문화를 열등시하고 무시하는 경향 – **문화적 국수주의** <2006 안성시>
>
> 문화제국주의 : 다른 민족을 정복하여 자기집단의 우월성을 과시하려는 경향

밀(James Mill) – 「스코틀랜드 철학자 · 역사학자 · 경제학자」

<2009 수도권 매관공>

인간본위로 정치 · 경제를 다룰 것과 철학에 과학적 기초가 있어야 한다고 강조한 철학적 급진주의 또는 공리주의로 알려진 학파의 대표자이다.

바나나 현상(banana syndrome)   <2003 인천시, 2004 삼성그룹>

지역이기주의의 한 현상으로 "Build Absolutely Nothing Anywhere Near Anybody" – 「어디에든 아무것도 짓지 마라」

백지설   <2006 서울시 농수산물공사>

· 인간은 출생 시 본능이라는 것을 가지고 있지 않고, 환경의 자극을 수동적으로 받아들일 수 있는 태세만 갖추고 있다.

· 주장자는 「고자, 로크, 듀이」 등이다.

· 인간의 정신 상태는 주변 환경에 따라서 인격이 결정된다.

· 백지설과 유사한 동양의 학설로는 성무선악설이 있다.

베이컨(F · Bacon)   <2005국체공단, 2008 한국산단, 2009 수도권매관공 · 경기교육>

경험론자, "아는 것이 힘이다", <신기관>, 귀납적사고, 과학적 지식배양의 중시, - 4대 우상 참된 인식을 방해하는 선입견과 편견을 우상(idola)라 부르고 그의 저서 《노붐 - 오르가눔》에서 우상을 4가지로 나누었다.

focus

종종의 우상 : 인류공통의 편견, 맹목적 습관
동굴의 우상 : 개인특유의 편견, 성격·환경에서 오는 편견
시장의 우상 : 사교적인 교제·언어 등의 무비판적인 사용에서 오는 편견
극장의 우상 : 여러 가지 권위나 전통·명성을 비판 없이 믿는데서 오는 편견

북크로싱(Bookcrossing) - 「책 돌려보기 운동」」

읽기(Read), 쓰기(Register), 양도(Release) 등 「3R」이 모토가 됨.

북한의 교육   <2005 인천공항공사>

1975년 이후 현재까지는 11년제 의무교육(무상교육)

focus

북한교육제도의 특징 : 취학전 교육, 11년제 의무교육제도, 완전 무상교육, 학교교육과 사회교육의 결합, 근로자를 위한 성인교육 등

불교(Buddhism)   <2005 안양시>

BC 6세기말에서 4세기 초경 동북인도에서 창시된 종교

블러드 엘리트(blood elite)   <2006 한국농촌공사>

「혈연(血緣)으로 엘리트가 된 사람」. 이에 반해 자신의 실력으로 엘리트가 된 사람을 「파워 엘리트(power elite)」라 한다.

사회계약설   <2009 수도권 매관공, 2010 인천도시개발, 2012 한국농어촌공사>

사회나 국가가 자유롭고 평등한 개인들의 합의나 계약에 의해 발생하였다는 학설, 홉스(리바이어던), 로크(통치이론), 루소(사회계약론), 국민주권론, 자연법과 자연권

☞ **로크** : 2권 분립, 계몽철학 및 경험론철학의 원조, 인간백지설주장, 17세기 영국의
철학자
<2012 한국농어촌공사>

상호작용주의 이론(interactionism) <2006 경기도>

기능주의 이론과 갈등주의 이론이 사회현상을 거시적 차원에서 접근하고
분석하려는 입장과는 대조적으로 관심의 초점을 개인간의 상호작용과정과
상호작용이 개인과 사회에 미치는 결과에 두는 이론적 견해.

focus

> **구조기능주의** : 생물의 해부학적 구조와 생리적 기능을 연구하는 방법을 사회
> 에 대한 분석에 적용하려는 태도

석유정점이론 <2007 환경자원공사>

전세계 석유의 절반이 연소된 시점부터 석유 생산량이 지속적으로 감소하
기 시작해 세계 경제가 붕괴하기 시작한다는 이론

소크라테스 – 「무지의 자각」 <2003 인천시>

쇼비니즘 <2005 수원시, 2006 고양시, 2012 한국보훈복지의료공단>

「배타주의」를 일컬음(극단적 애국주의), 극단적이고 비이성적으로 외부
인을 배제하려는 집단의식 ⇔ (반대용어) : **사대주의**

수정확대가족 <2006 용인시>

부모와 자녀의 가족이 각기 별개의 가구를 마련하여 근거리에 살면서 한집
에 사는 것과 같이 왕래와 협조를 하며 사는 형태

아나크로니즘 – 「시대착오」, 「시대에 뒤떨어진 사람」

다른 뜻으로는 기시착오(시대나, 연, 월, 일 등을 실제보다 더 이전으로
기록하는 일)를 의미.

아노미(anomy) - 「무규범·무질서」 <2005 국체공단, 2006 경기교육>
가치관이 붕괴되어 목적의식이나 이상이 상실됨에 따라 사회나 개인에게
나타나는 「불안정한 상태」

아놀드 토인비 <2005 마사회>
영국의 역사가. 역사의 연구(A Study of History), 도전과 응전의 역사.

아카페(agape) - 「거룩하고 무조건적인 사랑」 <2009 수도권 매관공>

focus

아가페의 생활 : 자기를 희생하고 타인이나 영원한 존재를 위해 사는 「타자
본위의 생활」 이다. 현세에서는 타인을 위해 헌신하나 현실을 초월한 데서 영
원한 가치를 기대한다.

아타락시아(ataraxia) <2006 토공>
잡념에 사로잡히지 않고 「동요가 없이 고요한 마음의 상태」 이다. 에피쿠
로스의 철학에서 이것은 행복의 필수조건이며 철학의 궁극적인 목표.

아파르트헤이트(apartheid)
남아프리카 공화국의 「인종차별 인종격리 정책」
그러나 1994년 5월 실시된 다인종 자유총선거 결과 만델라가 첫 흑인 대
통령에 당선됨에 따라 철폐되었다.

아포리즘(aphorism) <2005 근로복지공단, 2006 대한지적공사>
간결하면서 압축된 형식으로 표현된 격언·금언·잠언·경구 등

에듀넷(EDUNET) <2005 수원시>
중앙교수 학습센터, 「교육정보 종합서비스 시스템」

에코스패즘(eco-spasm) - economy(경제)와 spasm(발작)의 합성어.

고도성장, 공업국가 중심의 세계가 정정불안이나 전쟁, 혁명 등이 원인이
되어 상승작용을 일으키고, 연쇄반응으로 세계적인 경제위기를 야기시킨다
는 뜻이다. 앨빈 토플로의 「에코스패즘」으로 유명해 졌다.

엔큐(EnQ:Entertainment Quotient) - 「엔터테인먼트 능력」

엘렉트라컴플렉스 - 「어머니를 경쟁자로 인식하는 것」 <2005 수원시, 2011

공무원연금공단, 2012 한국농어촌공사>

정신분석학에서 딸이 무의식적으로 어머니를 미워하고, 아버지를 좋아하는
경향이다.

☞ 오이디푸스 콤플렉스 : 남자 아이들이 어머니에게 애정과 욕망을 느끼고 아버지를
　　적대시 하는 것

오상(五常)

오상이란 유교에서의 모든 덕의 근본을 다섯 가지의 덕목으로 삼고 있다.
즉, 「인(仁), 의(義), 예(禮), 지(智), 신(信)」 이다.

Y이론　　　　　　　　　　　　　　　　　　<2006 토공, 2009 삼성그룹>

X-Y 이론은 맥그리거가 인간관을 동기부여의 관점에서 분류한 이론.
맥그리거는 전통적 인간관을 X이론으로, 새로운 인간관을 Y이론으로 지칭
하였다.

focus

X이론 : 인간은 본래 일하기를 싫어하고 지시받은 일밖에 실행하지 않는다.
경영자는 금전적 보상을 유인으로 사용하고 엄격한 감독, 상세한 명령으로 통
제를 강화해야 한다.
Y이론 : 인간에게 노동은 놀이와 마찬가지로 자연스러운 것이며, 인간은 노동
을 통해 자기의 능력을 발휘하고 자아를 실현하고자 한다. 경영자는 자율적이
고 창의적으로 일할 수 있는 여건을 제공해야 한다.
W이론 : 한국 실정에 적합한 경영철학을 확립하기 위해 서울대 이면우 교수

가 주장한 이론이다.
현재 상황을 획기적으로 돌파해 나가기 위해 우리 본래의 기질인 신바람·흥을 산업현장과 우리 생활에서 불러일으키고 경영자 등 사회 지도층이 그 역할을 맡아야 한다는 것이다.

이드(id)
<2006 용인시>

프로이트 정신분석이론에서 자아·초자아와 함께 인간성격을 구성하는 요소

자아 : 원초아(id)와 초자아를 모두 부분적으로 만족시키는 타협점을 찾으려 하며 현실원칙에 따라 행동한다. 정신분석학자 프로이트가 말한 인간의 3가지 성격요소 중 하나다.

이슬람교(Islam)
<2005 충남연기, 2010 한수원>

610년에 아라비아의 예언자 마호메트가 창시한 세계3대 종교의 하나. 경전 코란, 성지순례, 유일 신 '알라', 코란의 신앙·기도중시, 수니파 다수파(정통), 라마단 기간 음식·흡연·성교 금함.

☞ 이슬람교 : 중세에 그리스 문화계승, 아랍·유럽 등에 영향을 미침.

인물과 연결
<2012 한국보훈복지의료공단>

· 위르겐 하버마스(juergen habermas) - 의사소통적 권력
· 슈미트(carl schmitt) - 예외상황
· 프로이트(freud) - 무의식
· 마셜 맥루한(marshall mcluhan) - 바보상자의 도사
· 아비투스(habitus) - 일정하게 구조화된 개인의 성향체계

자본주의의 구분(소프트웨어 버전에 비유)
<2012 한국보훈복지의료공단>

· 자본주의 1.0 ⇒ 자유방임의 고전자본주의
· 자본주의 2.0 ⇒ 1930년대의 정부의 역할을 강조한 수정자본주의

· 자본주의 3.0 ⇒ 1970년대 말 시장의 자율을 강조한 신자유주의에 이어 등장한 극한의 경쟁주의

· 자본주의 4.0 ⇒ 시대의 교육은 성공한 사람이 더 큰 성공으로 나아가도록 장려하되, 낙오자들을 격려하여 이끌어가는 책임강조

잡 로테이션(job rotation)

제조·판매·총무 등 다른 직무를 차례로 경험토록 하여 능력·자질을 높이는 방법. - 「인재육성법의 하나」

재스민혁명 - 「이슬람 민주화 혁명, 이집트, 리비아 」 <2012 한국마사회>

절대정화구역 - 학교출입문으로부터 직선거리 50미터까지 지역 <2005 파주시>

focus

금지시설 : 학습장애 소음, 환경시설, 위험시설, 극장, 도축, 화장장, 폐기물 수집장소, 가축처리, 가공시설, 전염병원, 격리소, 가축시장, 유흥시설, 호텔, 여관, 여인숙, 당구장, 경마장, 게임시설, 만화가게, 무도학원, 음반, 비디오시설, 담배자동판매기

상대적 정화구역 : 학교경계선으로부디 직선거리로 200미디까지 지역

제자훈련

평신도를 수동적인 객체가 아니라 교회의 주체로 보고 그들을 일깨워 직분에 합당한 역할을 수행하도록 가르치는 과정.

준거집단 - 「개인이 자기의 행위나 규범의 표준으로 삼는 집단」

<2005 근로복지공단, 2009 수도권매관공, 2011 한국잡월드>

개인이 소속되어 있는 집단과 반드시 일치하는 것은 아니며, 한 개인이 동시에 여러 개의 준거집단에 속하는 경우도 있다.

질문지법

<2004 충주시, 2005 진주시>

조사·연구하려는 내용에 대해서 서면으로 질문을 작성하고 조사대상자에게 기입하는 방법이다. 맹인에게도 사용 가능

청소년기 <2004 조무사>

대체로 11세 ~ 19세로 제2차 성장이 출현하기 시작하여 신체의 성장의 정지할 때까지의 시기.
교량적 시기, 일생을 살아가기 위한 준비기, 사회에 적응해 나갈 준비기, 합리적, 이성적인 반응, 행동, 사회적 관계의 확대, 제2차 성장기, 새로운 인생의 장 전개, 「주변인」, 「질풍노도의 시기」, 심리적 이유기, 자아의식이 성장하는 시기이다.

체게바라 – 「게릴라전의 이론가·전술가. 쿠바혁명성공」 <2006 중부발전>

컴퓨터크라시(computocracy)

컴퓨터와 권력·지배력을 뜻하는 크라시(cracy)가 합성된 말.
정보사회에서는 컴퓨터를 조작하는 테크너크라트(technocrat)가 사회를 지배한다는 것을 말한다.

코쿠닝(Cocooning)

현대인들이 외부 세상을 피해 집이나 교회 같은 「안전한 장소로 몸을 피하는 사회 현상」을 일컫는다. 누에고치를 뜻하는 '코쿤(cocoon)'에서 유래했다.

focus

코쿠닝족 : 누에고치처럼 밖에 잘 안 나가는 사람

콘클라베(conclave) – 교황을 뽑는 전 세계 추기경들의 모임 <2005 수원시>

콩트 – 「사회학·실증주의의 창시자」 <2003 안양시, 2005 파주시>

콩　　트 : 백문이 불여일견
사르트르 : 실존은 본질에 앞선다.
보조국사 : 깨달은 뒤에도 수행 계속(돈오점수)
성철스님 : 깨달은 뒤에는 수행불필요(돈오돈수)

템플턴상(Templeton Prize) - 「종교분야의 노벨상」

종교 분야에서 인류를 위해 큰 업적을 이룬 사람에게 매년 수여되는 상.
노벨상에 종교상이 없는 것을 아쉬워 미국의 J.M 템플턴이 창설했다. 상금은 약 102만 달러(약 8억원)로 상금 중 가장 많으며, 테레사 수녀, 빌리 그레이엄, 솔제니친, 우리나라의 한경직 목사가 수상했다.

파르메니데스(Parmenides)　　　　　　　　　　<2005 철도공사>

「이탈리아 태생 그리스의 철학자」
파르메니데스는 존재하는 다수의 사물과 그들의 형태 변화 및 운동이란 단하나의 영원한 실재(존재)의 현상일 뿐이라고 주장하고 '모든 것은 하나'라는 이른바 파르메니데스 원리를 세웠다. '존재만이 실상이다'

투사　　　　　　　　　　　　　　　　　　<2014 한국농어촌공사>

스트레스와 불안을 일으키는 자신의 감정이나 사고를 타인에게 그 원인이 있는 것처럼 전가하여 자신을 방어하는 심리적 현상

파스칼 - 『인간은 생각하는 갈대다』　　　　　　　<2007 국회>

포스트모더니즘(post-modernism)

모더니즘 뒤에 나타난 예술, 문화의 운동.
모더니즘이 기능주의와 결부되어 비교적 단순한 요소로 이루어졌던 것에 비해, 포스트 모더니즘에서는 이질적인 요소를 겹쳐 맞추기도 하고 과거의 작품에서 인용하기도 한다. 그런 의미에서 포스트모더니즘은 사상영역의

후기 구조주의와 대응하고 있다.

프로이드의 성격발달이론 <2004 충주시>

구강기(영아기 0~1세) : 빨기·물기·삼키기, 즐거움의 근원
항문기(유아기 1~3세) : 성만족의 근원·배설
남근기(유아기 3~5세) : 와디프스 컴플렉스, 엘렉트라 컴프렉스, 생식기에 관심, 동성부모 동일시, 거세불안
잠복기(아동기 6~11세) : 동성의 부모 동일시, 사회성발달, 지적 활동에 에너지투입
생식기(청년기 12~18세) : 성인적 책임감 발달, 독립성향, 사춘기 시작
성년기(19~24세) : 성인은 발달이 완료된 상태

플라시보(placebo) 효과 <2008 삼성그룹, 2013 국립공원관리공단>

약효는 없으나 환자에게 효능이 있는 것처럼 투여하는 약. 위약(爲藥)이라도 심리적 효과로 효험이 나타나는 것.

플라톤 <2004 경남, 2008 한국산단>

고대 그리스 철학자, 이성주의적 윤리학, 소크라테스의 제자, 「이데아」, 「국가론」, 「정의의 실현」

focus

플라톤의 4주덕 <2005 인천공항공사>
지혜(통치계급)·**용기**(방위계급, 군인)·**절제**(생산계급) ⇒ **정의**

필랜스러피(Philanthropy) - 「박애행위나 자선사업을 의미」 <2006 중부발전>

일반적으로 기업시민주의의 뜻으로 사용된다. 즉, 기업이 이윤을 사회에 환원한다는 정신으로 각종 기부활동을 통해 사회에 적극적인 공헌을 다해야만 한다는 사고방식을 가리킨다.

핌비(PIMBY) 현상 - Pease In My Back-Yard의 약어.<2013 국립공원관

리공단>

지방자치 시대가 되면서 지자체에서 투자나 시설들을 유치하는 새로운 현상이다.

focus

님투(NIMTOO) : 공직자가 자신의 임기 중에 일을 무리하게 추진하지 않고 무사안일하게 시간이 흐르기만 기다리는 현상
핌투(PIMTOO) : 자치단체장들이 선호시설을 자신의 임기 중에 유치하려는 현상

학교운영위원회 <2004 창원시>

공급자 위주로 설계되었던 교육체제를 수요자 중심으로 변화시키는 요소

합리론 <2013 한국마사회>

이성적 · 논리적 · 필연적인 것을 중시하는 철학적 태도, 이성을 통해 진리 파악

헤일로(halo) 효과 - 「심리적 오류현상」 <2005 · 2008 삼성그룹>

피평정자(물)의 전체적인 인상이나 첫인상이 개개의 평정요소에 대한 평가에 그대로 이어져 좋은 또는 나쁜 영향을 미치는 등 객관성을 잃는 현상 - 「광배효과」

헬싱키 선언(Declaration of Helsink) <2005 진주시>

1964년 핀란드 헬싱키에서 열린 세계의사협회 총회에서 채택된 「의료윤리선언」. 인체실험의 윤리규범, 황우석 박사가 위배한 윤리협약.

현충일(6월6일) <2003 서울시>

애국선열과 전몰장병의 숭고한 호국정신을 추모하는 기념일. 국경일 아님.

혈족(血族) - 「혈연관계에 있는 사람」 <2003 서울시>

조모와 어머니는 혈족.

홍익인간(弘益人間)

홍익인간, 재세이화의 정신은 단군이 개국이념으로서 민족정신의 구심점이 되고 정교의 이념이 되어 왔다. 홍익인간이라 함은 「널리 인간 세상을 이롭게 하라」는 뜻이다. 단군은 홍익인간의 이념을 실현하기 위하여 숭천·경조·애인의 3대 인륜을 세웠다고 한다.

focus

> 홍익인간 : 인본주의, 인도주의, 인류애, 인간애정신, 만민평등주의, 이타주의, 대아(대승)주의
>
> 인내천 : 동학, 사람이 곧 하늘, 손병희

히포크라테스 – 「인생은 짧고 예술은 길다」 <2005 인천공항>

CPI(Corruption Perceptions Index)

· CPI는 95년 처음 발표되었다.
· 「국가별 부패인식지수」다.
· IBRD 등 7개 독립기구가 실시한 국가별 공직자의 부패 정도에 관한 설문조사를 종합 분석해 평가한다.

CRO – 「최고위기관리자(chief Risk Officer, CRO)」 <2006 고양시>

잠재적인 경영위험을 파악, 측정하고 이에 대한 계획을 세워 관리하는 기업의 임원이다.

NEIS <2003 서울시, 2004 창원시, 2005 파주시>

「교육행정정보시스템」(National Education Information System, 나이스, 네이스)

UNESCO : 국제연합교육과학문화기구 <2006 고양시, 2009 SH공사, 2011 한

FAO : 국제연합식량농업기구	ICAO : 국제민간항공기구
ICPO : 국제형사경찰기구	IL0 : 국제노동기구
UNICRI :유엔지역간범죄처벌조사기관	WIPO : 세계지적재산권기구

Ⅱ. 언론(방송)

가두녹음(VOX-POP) – The voice of people란 뜻
「거리에 나가 직접 일반인들의 의견을 취재 녹음하는 것」

가이드 라인(guide-line) – 「언론보도에 대한 정부당국의 보도지침」
경제정책에 있어서 정부의 지도방침을 나타내는 말이기도 하다.

가청취권(Service area) – 「특정 라디오 방송의 청취가 가능한 지역」

게인(gain) – 「볼륨(volume)」
방송시에 게인을 올리고 내린다고 하는 것은 오디오의 소리를 크게 하거나
작게 한다는 뜻.

광고 3B 요소   <2012 한국마사회>
Beauty(미인), Baby(아기), Beast(동물)

그래프 저널리즘(graph journalism) – 「사진을 중심으로 편집된 간행물」
내용으로는 뉴스 도큐먼트를 주로 하여 패션 등의 경향이나 미술, 음악,
영화 소개까지 포함하고 있다.

기획소송 - 변호사가 소송을 기획해 원고가 될 피해자를 모아서 내는 소송

나 메시지(I-Message)

상대방의 감정을 상하지 않게 배려하면서 내가 이야기하고자 하는 내용을 전달하는 의사소통법.
미국의 임상심리학자 토마스 고든이 창시한 부모역할훈련(Parent Effectiveness Training)모델 중 하나로 소개됐다.

네임애드　　　　　　　　　　　　　　　　<2011 근로복지공단>

광고를 통해 제품보다는 기업의 이미지로 소비자에게 다가 가는 것

더블업 광고(double effect of advertisement)　　<2014 한국농어촌공사>

「광고속의 광고」, 특정 제품을 개발하여 소비자들에게 널리 알릴 때에 어떤 소품을 활용하여 펼치는 광고 기법.

돌비시스템(Dolby System)

테이프 녹음재생 시에 소음을 감소시키는 녹음방식으로 발명자 Ray Dolby의 이름을 딴 상표.

디스코뉴스　　　　　　　　　　　　　<2011 한국전기안전공사>

뉴스의 내용보다는 형식에 비중을 둔 TV 저널리즘을 비판하는 용어

디스크 쟈키(Disk Jockey : D. J) - 「음악 프로그램의 진행자」

DJ는 아나운서와 에디터믹서의 역할을 복합적으로 수행하여 일한다.

디지털 방송전환　　　　　　　　　　<2012 한국농수산식품유통공사>

 - 지상파만 의무적으로 디지털 방송으로 통일
 - 2012년 12월 31일부터 디지털 방송전환
 - 기존 아날로그 방송의 5~6배의 고화질

- TV를 통해 증권, 교통 등 정보획득 가능

런닝오더(Running Order)
「프로그램의 아이템을 시간 순으로 정리한 목록표」

레인코트 프로그램(Raincoat program)   <2005 인천공항공사>
스포츠 실황중계 등이 날씨 등의 이유로 중계방송이 불가능 할 때, 이에
대비하여 「미리 방송 준비를 해두는 프로그램」
우리나라에서는 스탠바이(stand-by) 프로그램이라고도 한다.

르포르타주(reportage) -「르포」,「르뽀」
                        <2004 근로복지공단, 2009 삼성그룹, 2010 인천도시개발>
프랑스어로 탐방·보도·보고를 뜻하는 말.
사회현상을 충실히 기록하거나 서술하는 보고기사 또는 기록문학.
☞ 미디어 모포시스(Media Morphosis) : 매체를 통해 전달되는 사실이나 사상이 매체
  의 특성에 따라 왜곡되는 것을 가리키는 것

리더 테이프(Leader Tape)
녹음테이프 중 녹음이 시작되는 부분이나 끝나는 부분 또는 어떤 특정한
부분을 표시하고자 할 때 편집해서 끼워 넣는 테이프로 플라스틱, 금속류,
종이류의 리더 테이프가 있다.

리퀘스트 아워(Request hour)
청취자들이 전화나 우편으로 방송에 참여해서 진행되는 프로그램

매거진 포맷(Magazine format)
한 프로그램 안에 잡지처럼 다양한 화제와 다양한 주제를 다루는 형식의
프로그램

매디슨 애비뉴(madison avenue)

뉴욕에서 광고 대리업 방송국 등이 집중되어 있는 시가 구역.

모노드라마 - 「독백」　　　　　　　　　　　　　<2005 삼성그룹, 2006 중부발전>
연기자가 자신의 내면의 감정이나 의사를 「혼자서 말하는 것」

미디어렙　　　　　　　　　　　　　　　　　　　<2005 근로복지공단>
방송사를 대신해 광고를 유치하고 수수료를 받는 「방송광고 판매대행사」
우리나라는 한국방송광고공사(KOBACO)만 지상파 방송 광고를 판매할 수
있었지만, 헌법재판소가 헌법불합치 결정을 내리면서 민간 사업자(민영 미디
어렙)도 지상파 방송 광고를 판매하고 있다.

방송 전용선(Program line)
「중계방송시 중계현장과 방송시간을 연결하는 전용회선」

방풍필터(Wind filter)
마이크의 내부나 혹은 외부에 장착되어 바람에 의해 발생되는 「소음을 제
거하는 장치」

focus

스크래치(scratch) : 레코드나 테이프 표면에 흠집이 있는 것. 레코드는 이 스
크래치로 인해서 잡음이 발생한다.

버라이어티쇼(Variety show)
노래, 춤, 개그, 토막극 등 다양한 형태를 하나로 묶은 형식의 연예 프로
그램

브레인 스토밍(brain storming) <2005 마사회, 2006 서울시 농수산물 공사,
2011 SH공사>
한 가지 문제를 집단적으로 토의, 제각기 의견을 말하는 가운데 정상사고로
는 도저히 낼 수 없는 독창적인 아이디어가 튀어나오도록 하는 것.

· 다른 사람의 아이디어를 비판하지 않는다.
· 회의에는 리더를 두고, 구성 원수는 10명 내외를 한도로 한다.
· 광고의 카피 부문이나 크리에이티브 부문의 아이디어 개발에 많이 적용
  된다.

블라스팅(Blasting)

「호흡할 때 훅 하는 소리로 인해 발산하는 마이크 잡음」

빌보드(Billboard)

프로그램 처음부분이나 끝부분에 스폰서를 간단히 밝히는 것.

focus

빌보드지 : 미국의 최대음악잡지로 주1회 발행하고 있다.

사회자(M.C) - Master of Ceremony, 「프로그램 진행자」

생방송(Live broadcasting) - 「프로그램의 제작과 동시에 방송되는 것」

수신호(Hand signal)

유리로 차단된 스튜디오 안팎에서 출연자나 제작자 사이에 손을 이용해서 의사소통을 하는 신호.

스탠바이(Stand-by) - 「출연자나 스텝에게 방송준비를 알리는 시간」

스캔들광고

<2011 한국마사회>

여성화장품 광고에 남성모델을 등장시키는 일반 형식에서 벗어난 광고

스파트(spot)

프로그램과 프로그램 사이에 들어가는 광고, 공지사항 프로그램 안내.

스플라이싱 테이프(Splicing Tape) - 「녹음테이프를 편집할 때 사용하는 접착테이프」

스필오버(spill-over)
「방송위성의 전파가 영역을 넘어 주변국까지 미치는 것」
다른 나라의 문화에 대해 영향을 주게 되어 국제문제가 되고 있다.

시즐(sizzle)
어떤 제품의 광고효과를 위해 그 제품의 핵심 포인트가 될 만한 「소리」를 활용하는 광고기법.

시트콤(sitcom) - 시츄에이션 코미디를 줄인 말.
성격이나 움직임에 의존하기보다는 상황의 초점을 맞추어 이야기를 끌어가며 그 속에서 「웃음을 유발시키는 코미디의 형식」을 말한다. 미국의 「코스비가족」이 대표적이다.

싸인 온(Sign on) - 「방송개시」
우리나라 경우에는 애국가, 네트워크 표시, 심의규정준수, 방송책임자와 광고 책임자명 등으로 방송의 시간을 알린다.

아이드마(AIDMA)의 원칙
광고에 주목(attention)토록 하고, 흥미(interest)를 일으키고, 다시 욕망(desire)을 일으켜 그 상품명을 기억(memory)시킴으로서 구매행동(action)으로 옮아가게 한다는 과정의 머리글자.
이는 미국의 R. 홀이 제창한 「광고효과의 심리적 단계」를 나타내는 말이다.

액세스권(right of access)

신문·방송 등 매스미디어가 거대화되고 정보가 일방적으로 흐를 우려가 있는 현대 사회에서 「일반시민이 매스미디어에 접근하여 비판이나 반론을 제기할 수 있는 권리」

앰프(amplifier) -「볼륨이나 입력 신호의 강도를 증가시키는 장치」

앵커(Anchor), 앵커맨(Anchor Man) - 「뉴스 프로그램 진행자」

어카운트 이그제큐티브(account executive) - AE의 약칭.
「광고대리점의 기구」. 가장 이상적인 광고활동을 위한 기구이다. 광고대리점 내부에서는 고객인 광고주에 대해 광고대리점을 대표하고, 광고대리점에 대해서는 광고주를 대표하는 특수한 존재이다.

엠바고(embargo) - 「시한부 보도중지」 <2007 삼성그룹, 2013 국립공원관리공단>
첫째, 보충 취재용 엠바고는 뉴스가치가 높은 정부기관 등의 발표가 전문, 복잡해서 취재원과 취재기자와의 합의하에 이루어지는 것이고,
둘째, 조건부 엠바고는 뉴스가치가 있는 사건이 있을 수 있을 것이라는 확신을 가지고 있으나 정확한 시간을 모르므로, 사건이 일어난 뒤에 기사화한다는 조건으로 보도자료를 제공받는 것이고,
셋째, 공공이익을 위한 엠바고는 국가안전 등으로 인해 그 사건이 해결될 때까지 보도를 하지 않는 시한부 보도중지를 말하며
넷째, 관례적 엠바고는 외교관계를 고려하여 인사이동 등 주재국 정부가 아그레망을 부여할 때까지 또는 양국이 동시에 발표하기로 한 협정, 회담 개최 등에 관한 기사를 공식발표가 있을 때까지 일시적으로 보도중지한 것을 말한다. 최근 쓰레기 만두사건에 대하여 이를 적용한 적이 있다.

엠비엔트 노이즈(Ambient noise)

「오디오에서 녹음된 음이 재생될 때 나타나는 잡음」

옐로저널리즘 <2008 한국전력공사, 2011 근로복지공단>
독자의 시선을 끌기 위해 흥미 위주의 내용을 보도함으로써 선정주의적 경향의 저널리즘
- ☞ 블랙저널리즘 : 특정 개인·집단의 약점으로 협박해 이득을 얻는 것
  가차저널리즘 : 유명한 사람의 실수 등을 흥미위주로 보도하는 것
  경마저널리즘 : 선거보도에서 객관적 보도보다 흥미위주의 보도

오디오 믹서(Audio mixer)
여러 가지 음원의 오디오 신호를 받아서 그 여러 가지 소리를 상대적인 레벨로 조정하여 하나의 혼합된 신호를 만들어내는 전자회로 및 장치

오프 더 레코드(off the record) <2005 근로복지공단, 2013 국립공원관리공단>
인터뷰나 기자회견 때 지상발표를 하지 않는다는 조건을 붙여 하는 발표.
즉 정보로서 참고할 뿐 「기사화하지 않는다는 조건」을 말한다.
- ☞ 게이트키퍼(gatekeeper) : 뉴스 미디어 조직에서 전략적인 의사결정자의 위치에 있는 편집자 등을 지칭
  언플러그드(unplugged) : 전자음이 사용되지 않은 음악

오픈 릴(Open reel) - 「녹음테이프를 걸어 담은 형태의 테이프」

오피니언 저널리즘 - 「주관저널리즘」 <2006 중부발전>

온 마이크(On mic) - 「출연자가 마이크에 접근하여 말하는 것」
출연자가 마이크로부터 30cm 이내에 위치하는 것을 콘택트 마이크라고 한다.

와이드 프로그램(wide program) <2006 중부발전>
텔레비전에 대항하기 위해서 라디오가 개발한 「장시간의 프로그램」. 24

시간 방송하는 경우도 있다. KBS-TV 특집 '이산가족 찾기' 프로그램 등

위키피디아

위키백과(위키피디어, 위키백과사전, 위키페디아)로 모두가 함께 만들어
가며 「누구나 자유롭게 쓸 수 있는 다국어판 인터넷 백과사전」

육하원칙

기사 작성의 필수조건으로 누가, 언제, 어디서, 무엇을, 왜, 어떻게의 여섯
가지 기본이 되는 조건.

인스턴드 뉴스(instant news)

뉴스원(源)이 원(原) 정보를 자기에게 유리한 방향으로 가공하여 완성된
형태로 제공하는 것.

제4매체(The fourth medium)

신문광고, 잡지광고, DM광고 등 인쇄물 광고와 다른 판매촉진적인 인쇄
물 또는 문헌 같은 것.
연차 보고서 소책자, 카달로그, 기관지, POP광고용 인쇄물, 설명표 등이다.

제4의 권력 – 「언론」

<2010 한수원>

종합편성채널

<2012 한국마사회>

JTBC : 중앙일보, 채널A : 동아일보, TV조선 : 조선일보, MBN : 매일
경제

주파수(frequency) – 「단위시간(보통 1초)당 한 점을 통과하는 파동의 숫자」

1초에 천 개의 파동이 지나가면 천 Hz가 된다.

초상권(肖像權)

<2012 한국농어촌공사>

 – 「자기의 초상이 허락 없이 촬영, 공표되지 않을 권리」

- 저널리즘과 관련, 신문사진, TV에 문제가 일어나는 경우가 많음.
- 프라이버시권 포함
- 퍼블리시티권 포함
- 목격자나 제보자의 사전승낙 또는 동의가 있어도 초상권 보호가능
- 눈에 띄는 행동을 하는 것은 묵시적으로 촬영에 동의한 것으로 간주

커스텀 커뮤니케이션(custom communication)
신문, 라디오, TV 같은 대중매체로 정보를 전달시키는 것이 아니라 유선방송처럼 특정 소수를 상대로 전달되는 통신체제.

컷(cut) - 「방송을 위하여 사전에 준비된 일정 분량의 음향자료」
취재된 음성일 수도 있고 음악의 한 부분일 수도 있다. 녹음테이프에서 필요하지 않은 부분을 잘라내는 것

컷 아웃(Cut out)
내보내고 있던 음악이나 말, 화면 등을 갑자기 줄이거나 없애버리는 것

콘솔(Console)
사운드 레코딩, 믹싱, 조명기계 조작 등을 하는 조정실의 스윗칭 데스크
크롬 테이프(Chrome Tape) : 초미립 자성체를 기본 자성재료로 사용하는 테이프로 고음역의 감도가 매우 높고 재생할 때 매우 선명한 음질이 유지된다. 따라서 클래식 음악에 많이 사용되는 고급 테이프이다.

큐(Cue, Q)
대사, 연기, 음악, 효과 등의 시기 등을 지시하기 위해 정해놓은 사인, 몸짓, 손짓, 인터컴 등의 **통화장치** 등을 통해 지시를 전달.

크로마키(chroma-key)
<2011 국민건강보험>
색상 차이를 이용하여 움직이는 물체를 다른 화면에 합성하는 텔레비전의 화면 합성기법

키 스테이션(Key station)

네트워크에서 가장 중요한 곳으로 네트워크 프로그램의 송출을 수행한다.

타블로이드 페이퍼 - 「일반신문의 2분의 1 크기 신문」 <2005 철도공사, 2008 한국산단, 2010 대한지적공사>

텔레텍스(teletext) - 「문자다중방송」

텔레비전 전파의 지극히 짧은 간격을 이용하여 문자정보를 전달하는 다중방송.

통신사 - 「신문, 잡지, 방송 등에 뉴스를 공급하는 언론사」 <2006 중부발전, 2008 한국산단, 2011 방송통신심의위원회>

전세계적으로 잘 알려진 통신사로는 로이터, AP, AFP, DPA, UPI 등이 있으며, 대한민국의 연합뉴스, 중국의 신화통신(중국의 대표적인 통신사), 러시아의 이타르타스, 일본의 교토통신, 북한의 조선중앙통신 등이 있다.
☞ 세계 4대 통신사 : AP, UPI, 로이터, 타스

특종(Scoop) - 「스쿠프」 혹은 「특종기사」 <2005 진주시>

타신문사나 방송국에서 미처 방송하지 않은 이슈가 되는 기사를 단독으로 처음 공개하는 기사를 말하는 용어이다. - 독점적 뉴스

티저(teaser Ad) 광고 <2004 근로복지공단, 2005 삼성그룹, 2013 한국마사회>

처음 광고할 때에는 어떤 광고인지를 모르게 광고주나 상품을 숨기면서, 광고 횟수를 늘려가면서 천천히 상품이나 광고주를 조금씩 나타내 가는 기법의 광고. - 「궁금증 유발의 상품광고」

패닝(Panning) : 카메라의 위치를 고정시키고 좌우로 앵글을 움직이는 것

팩 저널리즘(pack journalism)

취재방법이나 취재시각 등이 획일적이어서 개성이 없는 저널리즘. 이는 1

차적으로 권력에 의한 제도적 및 자의적 제한 등에 그 원인이 있기가 쉽다. 즉 「보도지침」, 「협조요청」으로 행해지는 강압적 조치 등이다.

포럼(forum)

<2005 진주시>

고대 로마에서 행하던 「토의방식의 하나」, 사회자의 지도 아래 한 사람 또는 여러 사람이 연설을 한 다음, 그에 대하여 청중이 질문하면서 토론을 진행한다.

프라임 타임(Prime time)

시청 청취율이 가장 높고 따라서 「광고비도 가장 비싼 방송시간대」(주로 출, 퇴근시간)

프레스 리마크스(press remarks)

수뇌회의 등에서 그 결과를 공표하는 「신문발표의 일종」으로, 공동성명 이나 공동신문 발표보다 약식의 형태를 취한다.

프레스 캠페인(press campaign)

언론기관이 어떤 주장을 계속적으로 선전, 계몽하는 운동. 전통적 사회규범 에 관한 것과 민족적, 국가적 이익에 관한 것이 주가 되어 있다.

프로덕션(production)

프로그램을 만들기 위해서 구성된 스텝. 또는 그 회사.
라디오, 텔레비전 프로그램의 제작, 구성, 연출의 과정을 말한다.

필터(filter)

라디오나 텔레비전의 오디오에서 사람이 얘기하는 소리를 전화를 통해서 하는 것처럼 들리게 하는 전자장치,
그때 사용하는 마이크를 필터마이크라고 한다.

하울링(Houling)

스피커에서 마이크로 피드백 될 경우 발생하는 「"뿌"하는 듣기 싫은 저주

파」 발진.

하이파이(hi fi) – High Fidelity의 준말
라디오, 녹음기, 텔레비전 등 소리재생장치를 통해서 재생되는 소리나 원음에 가깝고 음역이 넓어서 저음부와 고음부가 모두 잘 나는 앰프를 말함.

헤드라인 뉴스
<2006 고양시, 2010 인천도시개발>
독자의 눈길을 끌기 위해서 기사의 내용을 「**압축해서 표현한 뉴스**」

focus

> 핫뉴스(hot news) : 현장에서 막 보내온 생생한 뉴스
>
> 스폿뉴스(spot-news) : 라디오나 텔레비전 방송에서 프로그램의 진행을 잠시 멈추고 방영하는 아주 짧고 간단한 뉴스

호리전트(Horizont) – 「스튜디오 벽면에 만든 공간을 표현하는 배경」
하늘 같은 공간감을 주어 스튜디오가 시원하고 넓게 보이는 느낌을 준다.

ABC(Audit Bureau of Circulations) 제도
신문, 잡지, 웹사이트 등 언론매체가 자진해 보고한 간행물 부수나 접촉자 수를 일정 기준에 따라 객관적인 방법으로 조사하고 확인해 공개하는 언론 제도.

공개항목은 발행부수, 발송부수, 유료부수 등 세 가지로 나뉜다. 이렇게 공개된 부수는 신문 구독자, 광고주, 광고회사가 소중한 자산으로 활용한다. 광고주와 광고회사에서는 정확한 발행부수를 기준으로 광고료를 매길 수 있기 때문에 광고시장 거래질서가 바로 선다.

DMB
<2004 산업인력, 2006 시흥교육 · 경기교육, 2008 한국산단 · YTN>
음성 · 영상 등을 디지털 방식으로 변조하여 고정 또는 휴대용 수신기에 제공하는 「이동방송서비스」 – 디지털멀티미디어방송, 「내 손안의 TV」

NIE
<2004 조무사>

신문을 활용한 교육. newspaper in education의 약칭.

Promotainment <2012 한국보훈복지의료공단>

연예, 오락방송 형식의 광고

Ⅲ. 한국사

가야 <2012 한국산업인력공단>

백제와 신라에 분할 점령, 일본 낙랑과 빈번하게 교류, 가야토기는 일본의 스에키 토기에 직접적인 영향, 연맹체 주도 김해 금관가야

간도협약 <2009 경기교육>

을사조약을 통해 조선의 외교권을 박탈한 일본이 불법적으로 1909.9.4 청나라 흠명외무부상서 양돈언과 일본 특명전권공사 이주인 히코키치 사이에 '간도에 관한 일·청간 협약'(간도협약)을 맺어 간도의 영유권을 청국 측에 양도했다.

2009년 9월 4일이 100주년이 되는 날이다. 이 협약으로 청은 조선과의 오랜 분쟁거리였던 간도영유권을 일본으로부터 인정받고, 일본은 남만주철도 부설권과 탄광채굴권을 얻어 대륙진출의 교두보로 활용했다.

백두산정계비(1712, 숙종38), **정계비해석**(1883) : 이중하(토문감계사), 서북경략사 : 어윤중, 북변간도관리사(1902) : 이범윤

감사(관찰사) <2004 파주시>

종2품, 현재의 도지사, "평양감사도 부럽지 않다."

갑신정변·동학혁명·갑오개혁의 공통점 : 세재개혁 <2004 근로복지공단>

갑오경장(1894) <2005 인천농협·서울메트로, 2007 서울교육>

일본의 정치세력 강화를 위한 내정개혁의 강요, 대원군으로 하여 민씨세력 축출(김홍집 내각), 군국기무처 설치(개혁안의결)

	정치면: 청의 종주권부인,	경제면: 재정의 일원화,	사회면: 신분제도폐지
	왕실·정부의 분리	은본위화폐제도	조혼금지
	과거제도 폐지	조세금납제	과부재가 허용
	사법권독립	도량형통일	고문·연좌제폐지

강감찬 – 「귀주대첩」

<2012 한국노인인력개발원>

고려 현종 때 귀주에서 거란 격퇴

강희안

<2006 화성시>

조선초기의 문신·서화가. 양화소록, 고사관수도, 산수인물도, 강호한거도 등

갖바치 – 예전에 가죽신을 만드는 일을 직업으로 하는 사람. <2006 중부발전>

거북선

<2005 한수원, 2011 대한장애인체육회>

조선시대에 사용되었던 전투함의 하나. 조선수군의 지휘관 이순신이 임진왜란 직전에 건조하여 임진왜란 중 사천해전에서 첫 출전.

☞ **노량해전** : 1598년 11월 이순신 장군이 전사한 전투 <2012 한국농수산식품유통공사>

경인선 – 「최초의 우리나라 철도」

<2005 철도공사>

고려구호시설

<2006 한국농촌공사, 2009 수도권매관공>

제위보 : 빈민구제	흑　창 : 빈민구제
의　창 : 빈민구호기관	대비원 : 빈민 환자 무료치료기관
구제도감 : 질병 치료 빈민구제관청	혜민국 : 빈민무료 의약제공

고려무신의 정치기관 – 「중방·도방(경대승)·정방(최우)」

<2006 토공>

고려시대   - 「서희 : 강동 6주」   <2012 한국농수산식품유통공사>

고려시대 신분해방운동   <2005 철도공사>

- 공주명학소의 난 : 천민 망이 · 망소이가 중심
- 전주 관노의 난   · 만적의 난   · 김사미 · 효심의 난

고려시대 성종 - 억불정책   <2011 국민건강보험>

 승려들의 궁중출입 금지, 불상 금은 장식금지, 연등회 팔관회 축소, 최승로의 시무 28조 상소

고려시대 토지제도   <2006 서울시 농수산물 공사>

- **공음전** : 5품 이상의 관리에게 지급되는 토지이다.
- **구분전** : 고려시대 6품 이하의 하급관리와 군인의 유가족에게 지급한 토지   <2009 수도권 매관공>
- **한인전** : 6품 이하 하급 관료의 자제로서 관직에 오르지 못한 사람에게 지급하는 토지이다.
- **내장전** : 왕실의 경비를 충당하기 위한 것이다.
- **전시과** : 문무관리를 18등급으로 나누어 전지, 시지(연료채취지)를 지급 퇴직시 반납
- **공해전** : 중앙과 지방관청의 경비충당을 위해 지급
- **공신전** : 공신에게 지급(세습인정)
- **군인전** : 2군 6위 중앙군에 지급(세습인정)
- **외역전** : 향리에게 지급

고조선 - 「우리나라 최초 국가(청동기시대), 8조금법」 <2011 한국환경공단 · 국민건강보험공단, 2013 국립공원관리공단, 2014 한국농어촌공사>

☞ 청동기 시대유물 : 고인돌, 비파형동검, 반달돌칼(농경사회)

골품제도 - 「신라 신분제도」   <2011 한국환경공단>

광무개혁　　　　　　　　<2006서울시 농수산물공사·대한지적공사, 2009수도권 매관공>

1896년 2월 11일 아관파천 직후부터 1904년 러일 전쟁 발발까지 주로
보수파에 의해 추진된 제도 개혁.

9주 5소경 - 「통일신라 지방통치 체제」　　　　<2011 한국연구재단>

균역법　　　　　　　　　　<2008 한국감정원, 2010 한국농어촌공사>

군역대신 연 베2필을 1필로 감소, 역의 균등화, 양반의 군포부담으로 재
　　　　　정 강화, 농민부담 감소,
감액분 보충 : 어세·염세·선세 국고 이관, 양반에게 군포징수(선무군관)

기인제도　　　　　　　　　　　　　　　<2005 한수원>

고려 때 지방의 호족 자제를 인질로 상경 숙위케 하는 제도

노비안검법　　　　　　　　　　　　　　<2005 한수원>

고려 광종 때 사노비 가운데 본래 양인이었던 자들을 노비신분에서 해방시
키고자 시행한 법.

Focus

> **노비환천법** : 노비신분에서 해방되어 양인이 된 자들을 다시 노비로 돌리는 법

대한민국 임시정부　　　　　　　　　　<2009 수도권매관공>

1919년 4월, 대한민국의 광복을 위하여 중국 상하이에 세운 임시 정부다.
사법권은 없다.

Focus

> **국내** : 한성정부(천도교·기독교·유교·불교대표와 13도 대표가 모여 정부수
> 립선포)
> **시베리아** : 대한국민의회
> **간도** : 군정부(북로군정서·서로군정서)

대한제국 - 「아관파천 이후 경운궁 환궁시 사용」　　　<2011 한국환경공단>

아관파천(1896년) 이후 1년 만인 1897년 경운궁으로 환궁한 고종이 대
한제국 수립을 추진하여 황제칭호 및 국호를 조선에서 대한제국으로 사용

독립신문 <2004 농어촌공사, 2008 한국산단, 2012 한국농어촌공사>

1896년 독립협회의 서재필, 윤치호가 창간한 「우리나라 최초의 민간신
문」, 「최초 한글신문」, 영자판과 함께 발간, 1899년 폐간됨.

focus

> 한성순보 : 1883년 우리나라에서 처음으로 펴낸 「최초근대신문」, 정부, 순한
> 문신문

독립협회 <2009 수도권매관공, 2012 한국농어촌공사>

독립협회는 「민족의 자주독립」과 「근대화를 지향」하기 위한 계몽운동
의 성격을 띠면서 성립되었다. 독립협회는 국민참정권의 실현을 위해 중추
원을 개편한 「의회의 설치를 최초로 주장」하였다.

독립문 건립·독립신문발행·자주호국선언의 선포·「만민공동회의 개최」
를 하였다. 「대중적, 자주적 근대화 운동」이다. 반청 친일적 성격이 있다.

focus

> 자주독립의 실현목표 : 중립외교 실시, 이권양여의 반대
> 자유민권의 신장목표 : 국민 기본권과 참정권의 확대(언론자유허용과 입헌 군
> 주제실시)
> 자강개혁의 추구목표 : 근대산업의 진행, 신교육의 실시, 국방력의 강화

동북공정 <2005 국체공단·마사회, 2008 한국감정원·YTN>

중국사회과학원 산하 동북변강역사여현상계열연구공정(東北邊疆歷史與現狀
系列硏究工程)를 줄인 말.

동북변경지역의 역사와 현상에 관한 체계적인 연구 과제를 뜻한다. 이 연
구를 통해 중국은 『고구려의 역사를 중국역사로 편입』하려고 시도하고
있다. 고구려와 발해의 역사 역시 중국의 역사라고 주장한다.

허준(1539-1615)의 동의보감이 2009년 7월 30일(목) 13:00(현지시간), 한국시각 7월 31일 02:00 바베이도스(브리지타운)에서 열린 제9차 유네스코 세계기록유산 국제자문위원회에서 「세계기록유산」으로 등재되었다.

동의보감의 세계기록유산 등재로 우리나라는 1997년의 「훈민정음과 조선왕조실록」, 2001년 「직지심체요절과 승정원일기」, 2007년의 「고려대장경판과 제경판, 조선왕조 의궤」와 함께 총 7건의 세계기록유산을 보유하고 있다.

동학혁명(1894년) <2005 교통안전공단·철도공사, 2009 수도권 매관공, 2011 한국산업안전보건공단>

교조신원운동, 폐정개혁안 12개조 제시, 점령지에 집강소를 설치하여 개혁 시도, 반봉건 반외세적 항쟁, 고부군수 조병갑의 착취원인

focus

> 성격 : 역사상 최대 규모의 농민혁명으로서 하층민 계급사회 개혁운동이며, 농민중심의 근대화 운동이자 근대적 민중운동이다. <반봉건>, <반제국주의>
> 결과 : 갑오경장 실시, 청일전쟁
> 폐정개혁안 : 《12조》 서정협력, 탐관오리 엄정, 횡포부호엄징, 불량유림 징벌, 노비문서 소각, 칠반천인 대우개선, 청춘과부 재혼, 무명잡세폐지, 지벌타파, 왜소통자 엄징, 공사채 무효, 토지평균 균작.

무령왕릉 – 「벽돌무덤으로 22담로를 설치」 <2011 한국산업안전보건공단>

- 문무왕릉 : 사적 제158호, 신라문무왕의 해중왕릉, 경북 경주소재
- 경순왕릉 : 사적 제244호, 신라 경순왕릉, 경기 연천소재
- 무열왕릉 : 사적 제20호, 경북 경주소재, 태종무열왕릉

무신집권(고려)기의 정치기구 <2011 한국산업안전보건공단·국민건강보험>

- 중방 – 정중부/이의민 · 도방 – 경대승 · 정방 – 최우
- 교정도감 – 최충헌 · 서방 – 최우

☞ 이자겸의 난(1126년) - 묘청의 난(1135-1136년) - 무신정변(1170년) - 삼별초 항쟁(1270-1273년)

박은식 - 「한국의 학자, 언론인, 독립운동가」 <2009 수도권 매관공, 2011 SH공사>

동명성왕실기, 몽배금태도, 명림답부전, 천개소문전, 대동고대사론, 한국사통론, 한국독립운동지혈사, '혼의 사상강조', '나라는 형, 역사는 신'이라 하여 독립정신을 강조하였다.

· 민족주의사학

박은식	· 「한국통사」(근대 이후 일제의 침략 과정) · 「한국독립운동지혈사」(한민족의 항일독립 투쟁 과정) · "나라는 形이고 역사는 神이다."(민족혼 강조)
신채호	· 「조선상고사」, 「조선사연구초」, 「조선혁명선언」 · "낭가사상" 강조, "역사는 我와 非我의 鬪爭의 기록"
정인보	· 「조선사연구」(신채호의 민족사관을 계승) · "5천년간 조선의 얼"(민족의 얼 강조)
문일평	「한미오십년사」(朝鮮心)
안재홍	「조선상고사감」(조선정신)
최남선	「아시조선」, 불함문화론(단군신화를 연구하여 동방문화권의 발상지가 백두산 → 단군문화권 주장)

· 실증주의사학

① 진단학회(1934~1942)는 청구학회를 중심으로 한 일본어용학자들의 왜곡된 한국학 연구에 반발하여 이병도, 이윤재, 손진태 등이 조직하였다.

② 진단학보를 발간하면서 한국학 연구에 힘썼다.

· 사회경제사학(社會經濟史學, 唯物史觀)

① 1920년대 후반이후 반식민주의 역사학의 새로운 지평을 연 역사학으로 사회구성체의 발전단계론적 역사인식을 바탕으로 세계사의 발전법칙에 따라 한국사를 체계화하였다.

② 백남운(白南雲)의 조선사회경제사(1993), 조선봉건사회경제사(1937)가 대표적이다.

③ 특히 봉건제 사회의 실체를 밝혀냄으로서 일제 식민사관의 정체, 후진성론인 봉건사회결여론을 정면으로 비판하여 한국사의 보편적 발전에 관한 연구의 기초를 마련하였다.

발해 (699~926)

<2011 한국산업안전보건공단>

- 고구려 문화계승, 지배층 귀족문화 발달
- 10세기 초 거란족에 의해 멸망
- 대조영이 고구려인과 말갈족을 합해 건국
- 중앙행정기구 3성 6부, 지방행정기구 5경 15부(도독), 62주(자사)

병인양요

<2004 조무사, 2009 인천관광공사>

1866년 프랑스가 대원군의 천주교 탄압을 구실로 조선의 문호를 개방시키고자 강화도를 침범한 사건, 로즈제독

보부상 - 「물품을 보자기에 싸서 전국 각지를 다님」 <2011 국민연금공단>

봉정사 극락전

<2009 수도권매관공>

국보 15호로, 우리나라서 「가장 오래된 목조건물」

봉화제도

<2005 한수원>

봉수제도. 고려와 조선시대에 횃불과 연기를 사용하여 나라의 위급한 일을 알리던 통신방법. - 고려 의종(1149년) 때 처음 법으로 제정하여 실시.

부마민주항쟁 - 1979년 10월 발생 <2005 한수원, 2011 한국산업안전보건공단 · 수도권매립지관리공사 · 한국산업안전보건공단>

「부산 마산 지역을 중심으로 박정희 유신독재 반대시위」

- 10·26사건 : 1979년 10월 26일 중앙정보부장 김재규가 박정희 대통령 살해사건
- YH사건 : 가발제조업체인 YH무역이 부당한 폐업을 공고하자 노동조합원들이 1979년 8월 신민당사에서 농성을 한 사건.
- 6월 민주항쟁 : 1987년 6월 전국적인 민주화 시위, 4·13호헌조치 철폐와 직선제 개헌 요구

비변사 - 『조선후기 문무 국정 최고 합의기구』 <2005 한수원, 2006 토공, 2014

조선시대에 군국의 사무를 맡아보던 관아이다. 중종 때 삼포왜란(1510)의 대책으로 설치한 뒤, 전시에만 두었다가 명종 10년에 상설기관이 되었으며, 임진왜란 이후에는 의정부를 대신하여 정치의 중추기관이 되었다.

4.3사건(제주 4.3 사건)

1948년 4월 3일부터 1954년 9월 21일까지 제주도에서 김달삼과 남조선 로동당세력이 주도한 무장 항전과 국군의 유혈진압을 가리키는 말

여순반란사건 : 동족을 학살할 수 없다는 것과 38°선을 철폐하고 조국통일을 이루자는 명분으로 국군 제14연대가 제주 4·3사태 진압을 위한 출동명령을 거부하고 순천 등을 무력 점거한 사건이다.

사씨남정기(謝氏南征記)

조선 숙종 때 김만중이 쓴 한글소설. 한글로 쓰인 소설로 숙종이 장희빈에게 빠져 인현왕후를 쫓아낸 것을 비유하여 그렸다.

사정부 – 「통일신라의 관리감찰기관」

- 어사대 : 고려의 관리감찰기관
- 중정대 : 발해의 관리감찰기관
- 사헌부 : 조선의 관리감찰기관
- 중추원(추신) : 고려의 왕명출납, 궁궐 군국기무 등을 담당한 중앙관청

사화(士禍)

무오사화 : 김일손의 사초에 삽입된 김종직의 조의제문을 사초에 올린 사실을 발견하여 연산군 때 훈구파(유자광, 이극돈)가 사림파(김종직, 김일손)제거

갑자사화 : 연산군의 생모인 윤비폐출사사 사건 가해자(연산군, 임사홍). 피해자(윤필상, 김굉필)

기묘사화 : 중종반정 이후 중종과 신진 사림파 조광조의 개혁정치(도학정치), 가해자(남곤, 심정, 홍경주), 피해자(조광조, 김식)

을사사화 : 인종의 외척인 대윤과 명종의 외척인 소윤의 대립, 가해자(윤원형, 김명윤), 피해자(윤임, 유관)

삼국시대
<2011 농수산물유통공사>

부자상속, 율령반포, 불교수용

삼국유사
<2004 조무사, 2009 SH공사, 2012 한국보훈복지의료공단>

고려 충렬왕 때 승려 일연 저술. 우리나라 사서로 **단군신화 최초 수록지**

focus

단군신화수록문헌 : 삼국유사, 제왕운기, 세종실록지리지, 응제시주, 동국여지승람(관찬지리지), 신증동국여지승람
<2014 한국농어촌공사>
삼국사기 : 단군신화 없음

삼국의 한강 점유 순서
<2012 한국노인인력개발원>

백제(4세기) - 고구려(5세기) - 신라(6세기)

☞ 삼국통일과정의 나당전쟁 - 매소성 전투, 기벌포 전투   <2014 국민체육진흥공단>

삼대 악성(우리나라) - 「박연, 우륵, 왕산악」
<2011 공무원연금공단>

삼사
<2006 근로복지공단, 2009 수도권매관공, 2014 한국농어촌공사>

① 고려시대 : 전곡의 입출과 회계를 맡은 기관
② 조선시대 : 전곡의 입출과 회계를 맡은 기관
③ 조선시대 : 법을 맡은 형조, 한성부, 사헌부 3법사를 말한다. 포도청이나 의정부는 3사에 들지 않는다.
④ 조선시대 : 임금에게 직언하던 사헌부, 사간원, 홍문관을 말한다.
⑤ 조선시대 : 삼정승(영의정 · 좌의정 · 우의정)을 말한다.

삼정 - 「군정, 전정, 환곡」
<2011 공무원연금공단>

삼포왜란 – 1510년 삼포에서 일어난 일본 거류민들의 폭동사건.   <2005 한수원>
3포 : 부산포(동래), 내이포(웅천), 염포(울산)

3·1 운동원인   <2014 한국농어촌공사>
고종황제 승하, 월슨의 민족자결주의, 2·8 독립선언, 무오 독립선언

상평창   <2004 조무사>
고려와 조선시대에 곡물의 가격을 조절하던 기관. 「물가조절」 농업생산
자본대여

세종대왕   <2013 한국마사회>
 – 앙부일구 제작
 – 훈민정음 반포
 – 기본 율관 제정
 – 조선통보 주조

소도 – 「삼한 신성지역」   <2011 한국환경공단>
삼한시대 천신 제사지내는 곳, 신성지역으로 죄인이 들어와도 잡지 못함.

속오군 – 「조선 후기 잡군」   <2011 한국환경공단>
구성원 : 양반에서 노비, 체제 : 제승방략체제를 대체한 병농일치제, 효과
: 양반과 천민 격차 감소, 소집 : 유사시

승정원 – 「승추부, 은대, 후원」   <2004 조무사>
조선시대 왕명의 출납을 관장하던 관청이며, 오늘날 비서실.

신간회   <2004 근로복지공단, 2009 수도권매관공, 2013 국립공원관리공단>
1927년 2월 15일 창립되어 1931년 5월 까지 지속된 한국의 「좌우합작
독립운동단체」.

광주학생운동을 배후지원 하였으나 사회주의세력의 배신으로 실패하였다.

focus

신라방

<2005 철도공사>

8세기 중국 당나라에 있었던 신라인의 거주 지역. 신라소 : 관청

신라향가

<2012 한국농수산식품유통공사>

처용가, 제망매가, 헌화가

☞ 황조가 : 고구려, 우리나라 가장 오래된 시가

신석기시대 <2003 서울시, 2011 한국산업단지공단, 2013 국립공원관리공단, 2014 국민체육진흥공단>

한강유역 암사동, 농경문화, 빗살무늬 토기, 이른 민무늬토기, 덧무늬토기

focus

신채호

－ 「민족의 주체사상으로서의 '낭가사상'을 강조」　<2011 SH공사>
　「역사를 '아와 비아와의 투쟁' 논리로 설명」
　「저서: 독사신론·조선상고사·조선사연구초 등」
　「선언서 : 조선혁명선언」

실학

<2005 철도공사>

배경 : 사림문화의 모순(화이론적 세계관·부국강병 등한시), 고증학의 영향(실증적 학문관심), 영·정조의 학문의 장려, 비판적인 남인학자

들의 현실에 대한 반성

성격 : 실증적·비판적 학풍, 민본주의적·민족주의적·근대지향적 경향, 다른 사상과 학문도 수용

한계 : 성리학의 범주를 완전히 벗어나지 못함, 정책에 별로 반영되지 않음.

학자 : 유형원(실학의 체계화, 균전론), 이익(실학파 성립), 정약용(실학의 집대성)

중농학파 : 유형원, 이익, 정약용, 한백겸<2013 한국마사회>

중상학파 : 유수원, 홍대용, 박지원, 박제가, 유득공, 이수광<2013 한국마사회>

박지원의 소설 : 허생전(어수룩하고 무능력한 양반 비판), 예덕선생전(인분을 나르는 예덕선생의 강직함과 높은 인덕을 그려 양반들의 위선 비판), 열하일기(26권 10책 견문기: 호질문 허생전 수록), 민옹전(민유신이라는 실존인물의 일화 – 한문전기), 광문자전(걸인인 광문의 정직함과 슬픔으로 사회부패 풍자)　　<2012 한국농어촌공사>

안창호 <2006 경기, 고양시, 2009 수도권매관공>

독립운동가·교육자, 신민회 조직, 청년학우회 조직, 흥사단 결성(샌프란시스코).

도산안창호의 4대 정신 : 무실, 역행, 충의, 용감

영토의 경계 <2011 한국산업안전보건공단>

· 고구려 : 부여성~비사성　　　　· 통일신라 : 대동강~원산만

· 조선 숙종 : 압록강~토문강

오가작통법 <2005 한수원>

조선시대에 범죄자의 색출과 세금징수·부역의 동원 따위를 위하여 다섯 민호를 한 통씩 묶던 호적제도.

옥저 – 「민며느리제」 <2011 국민건강보험>

☞ 고구려 : 데릴사위제도

완도 - 「옛 이름은 청해진」 <2005 토공>

장보고 : 완도를 중심으로 중계 무역활동, 신라하대 호족, 대상인, 교관선(무역선), 법화원(산동성 절), 신무왕(우징) 즉위

왕건 <2011 한국환경공단>

불교숭상, 사원폐단엄단, 장자계승 등, 훈요 10조

왕산악 - 「고구려 국상 음악가, 거문고」 <2004 충주시>

우륵 : 신라의 가야금 명인

박연 : 조선 초기의 문신, 음악가, 편경

용천동굴

유네스코 세계유산위원회(World Heritage Committee)는 한국시간으로 2007년 6월 27일 뉴질랜드 크라이스트처치 컨벤션센터에서 열린 제31차 총회에서 우리나라가 신청한 제주 화산섬과 용암동굴을 전문가 그룹인 국제자연보호연합(IUCN)의 권고를 받아들여 「세계자연유산으로 등재」 했다.

윤봉길 <2004 경남>

독립운동가이며 교육자·시인, 중국상하이 홍커우 공원 폭탄 투척, 한인애국단 가입

은장도 - 「정절을 지키기 위해 사용한 칼(혼수품)」 <2005 안양시>

을사조약 <2009 수도권 매관공, 2011 방송통신위원회·한국전기안전공사>

1905년에 일본이 한국의 외교권을 빼앗기 위해 무력을 동원해 강제로 맺은 조약. - 「자주독립 국가로서의 지위 상실」

반대운동 : 상소운동(이상설), 언론활동(장지연의 시일야방성대곡:황성신문),
자결(민영환, 조병세), 의거활동(나철·오기호 등의 을사5적신 암살시도)

이익 – 조선후기의 실학자. 성호사설, 곽우록, 성호문집

<2005 인천공항공사, 2009 SH공사, 2011 국민연금공단>

유형원 : 중농사상을 기본으로 한 토지개혁론주장. 반계수록
김정호 : 청구도, 한백겸 : 동국지리지, **정약용** : 아방강역고
이중환 : 택리지(조선 후기 인문지리지), 이수광 : 지봉유설

이제마
<2004 창원시, 2005 의정부, 2006고양시>

「조선 후기의 한의학자」. 「동의수세보원」. 「사상의학」

이황
<2005 교통안전공단, 2013 한국마사회>

조선 중기의 문신·성리학자. 주리론, 영남학파, 성학십도, 도산서당

이이 : 조선중기의 대학자이자 정치가, 9도 장원, 이기론, 율곡전서, 성학집요,
경연일기, 격몽요결, 동호문답, 만언봉사 등

인내천(人乃天) 천도교의 종지
<2004 경남, 2005 국체공단>

1905년 동학의 대교주인 손병희가 동학을 천도교로 재편하면서 내세운
사상으로 '사람이 곧 하늘'이라는 뜻.

임나일본부설
<2011 한국공항공사>

장수왕이 414년에 세운 우리나라 최대의 비석인 광개토왕비에 대해 비문
일부 내용을 일본이 왜곡하여 해석, 만주 지안현 통구에서 발견

임진왜란 때 왜군을 무찌른 대승첩으로 이순신의 「한산도대첩」, 권율의 「행주대첩」, 김시민의 「진주성 싸움」을 말한다.

정선 <2005 마사회>

조선 후기의 문인화가 남종화풍의 정형산수와 산수인물 및 진경산수화, 독창적 화풍, 《금강전도》, 《인왕제색도》, 《청풍계도》 등

정약용 - 조선후기 실학자. <2005 국체공단, 2006 경기, 2009 수도권매관공, 2012 한국노인인력개발원>

자호는 다산, 탁옹, 태수, 자하도인, 철마산인, 당호는 여유, 여전제, 호포제, 한전론, 균전론, 「경세유표」, 「목민심서」, 흠흠심서, 정전제, 수원성, 배다리, 여유당전서 500권

focus

목민심서 : 조선 후기에 정약용이 지방관의 도리를 깨우쳐 주려고 지은 계몽 도서이다.

정유재란 이후 해전 - 칠전량 해전, 명량해전, 노량해전 <2005 의성부>

제암리사건 <2004 근로복지공단>

3.1 운동 당시 일본군이 경기도 화성군 향남면 제암리에서 주민을 집단으로 살해한 사건

제천행사 <2004 조무사>

하늘에 제사를 지내는 행사. 부여 : 영고, 동예 : 무천, 삼한 : 수릿날, 계절제, 고구려 : 동맹·동명, 신라 : 팔관회, 고려 : 팔관회, 원구제, 조선 : 조제(별제사)

조선발간 책 <2013 한국마사회>

어부사시사(윤선도), 가곡원류(박효관 안민영), 해동가요(김수장), 동의보
감(허준)
☞ 서경별곡 : 고려시대 작자 연대 미상

조선전기 역사서
<2014 한국농어촌공사>
고려사, 고려사절요, 동국통감, 조선왕조실록

조선책략
<2011 근로복지공단>
김홍집이 일본 수신사로 가서 가져옴, 러시아를 막기 위해 친중 결일 연미
주장

중앙군
<2011 한국산업안전보건공단>
- 9서당 : 통일신라 중앙군
- 8위 : 발해의 중앙군 　　　　　·2군 6위 : 고려 중앙군
- 5군영(후기) : 조선시대 중앙군(전기 5위)
- ☞ 10정 : 통일신라 지방군

중원고구려비
<2006 중부발전>
국보 제205호, 충주시 가금면에 위치, 국내에 유일하게 남아있는 고구려
석비.
장수왕이 남한강 유역의 여러 성을 공략하여 개척한 후 세운 기념비로 추
정된다.

직지심경(불조직지심체요절) – 「현존하는 세계최초 금속 활자본(1377)」
<2005 철도공사, 2011 한국산업안전보건공단 · 농수산물유통공사, 2012 한국마사회>
원명은 '백운화상초록불조직지심체요절'이다.

진흥왕
<2003 서울시, 2011 국민건강보험공단, 2012 한국산업인력공단>

신라 제24대왕, 국사편찬·한강확보·황룡사 창건·화랑제도 창설
단양 적성비, 창녕비, 북한산비, 황초령비, 마운령비 등

최익현 - 「왜양일체설 」
<2011 한국산업안전보건공단>

왜양일체설 주장, 일본과 통상조약 반대, 1895년의 단발령에 반대하여 투옥됨. 조선후기 애국지사

최치원 - 「계원필경 」
<2013 한국마사회>

측우기 : 강우량을 측정하던 기기
<2005 안양시>

자격루 : 물시계   앙부일구 : 해시계

카이로선언
<2009 수도권매관공>

제2차 세계대전 이후 1943년 11월 27일 이집트 카이로에서 미국·영국·중국 연합국의 원수들이 발표한 공동선언.
「최초로 우리나라의 독립을 국제적으로 보장」을 받게 된 중요한 선언이다.

1945. 7.26 포츠담선언 : 독립재보장
1948. 5.10 자유총선거
1948. 7.12 헌법제정
1948. 7.17 헌법공포
1948. 8.15 정부수립
1948.12.12 유일한 합법 정부승인(3차 UN총회)

태극기의 사용 <2009 농어촌 공사>

조선 고종 19년(1882년)에 박영효가 수신사로 일본에 갈 때 배안에서 만들었으며, 고종 20년(1883년)에 전국에 반포하였다. 1949년 3월 교육과학부(당시 교육부)에 심사위원회를 설치, 음양과 사괘의 배치 안을 결정하였다.

태학 -「우리나라 최초의 관학」 <2004 울산시>

고려시대 국자감에 설치된 6학의 한 분과. 최초의 대학수준 교육기관

탕평책 <2012 한국농어촌공사>

조선 영조가 사색당인을 고루 등용하여 당쟁의 폐해 시정에 힘썼던 불편부당의 정책으로 당쟁을 평정하려는 시책(성균관에 탕평비 설립).

팔만대장경 -「고려대장경」 <2005 국체공단>

몽고의 침입을 받아 강화도에 피난 중 그 병화를 불심으로 막아내고자 한 것이다. 1236년에 완성되었고, 총 81,137장으로, 경남 합천군 해인사에 보관되어 있다. 1995년 세계기록문화유산이 되었다.

하멜표류기(Hamel 漂流記) <2009 농어촌 공사, 2012 한국농수산식품유통공사>

난선 제주도 난파기라고도 하며, 우리나라에 표착한 화란(네덜란드)인들의 14년간에 걸친 억류 기록이다. 1668년(현종9) 화란인 하멜이 쓴 것이며, 우리나라에 관한 서양인의 최초의 저술로서 당시 구라파인들의 이목을 끌었다.

1668년 화란본·영역본·불역본·독역본 등이 있다.

한국군사정전에 관한 협정 <2009 수도권 매관공>

1953년 7월 27일 조인된 휴전협정. 당사국은 북한, 중국, 미국(UN측).

한인애국단 <2006 서울시 농수산물공사, 2012 한국노인인력개발원>

김구(임시정부 주석 역임)가 중국 상해에서 조직한 항일독립운동단체
☞ 정적에게 암살당한 사람 : 백야 김좌진, 백범 김구, 몽양 여운형 <2008 한국감정원>

한일의정서(韓日議定書) - 「조선에 대한 내정간섭」 <2009 농어촌 공사>

한일의정서 또는 조일 공수동맹은 러시아와의 전쟁을 일으킨 일본이 중립을 주장하는 한국을 세력권에 넣기 위해 1904년 1월 대한제국 황성을 공격하여 황궁을 점령한 뒤 같은 해 2월 23일 강제로 체결한 조약

focus

> 1차한일협약(1904.8) : 고문정치(교외·재정), 협정에도 없는 고문까지 파견
> 을사조약(1905.11) : 보호정치(외교권박탈·통감부 설치), 고종황제와 한 규설
>   은 끝까지 거부
> 한일신협약(1907.7) : 순종황제즉위, 차관정치(일본인이 행정실무 담당)
> 군대해산(1907) : 항일의병격화
> 경찰권·사법권 박탈(1909) : 헌병 경찰제 실시

해인사 - 팔만대장경 있는 곳 <2004 파주시>

향약 <2006 경기, 2007 서울교육>

조선시대의 향촌규약이나 그 규약에 근거한 조직체를 이르는 말.
중국 남송의 주희가 정리한 향약 또는 그를 바탕으로 향촌사회의 사정에 따라 내용을 바꾼 것이다. 향약은 사족중심의 자치규범이고, 유교가치관에 기초를 둔 4강목을 통해 구체적인 행위규범을 설정하여 공동체적으로 강제 규제하는 「향촌통제조직」. 조선 중종 때 조광조 추진. 향약은 조선시대 향촌 사회의 자치규약으로 서원과 함께 향촌 사회에서 사림의 지위 강화에 기여.

> 공동체 조직 : 두레, 향도, 사(계)
> 4대 강목 : 덕업상권, 과실상규, 예속상교, 환난상휼
> 환난상휼(患難相恤)   <2005 국체공단, 2011 근로복지공단>
> 향약의 네 가지 덕목 가운데 하나. 어려운 일이 생겼을 때 서로 도와야 하는 것을 말한다.

홍범 14조   <2011 국민연금공단>

1895년 1월 제정, 최초의 근대적 정책백서, 헌법의 성격, 청종주권 부인, 자주 독립국가 체제 갖출 것

화랑 세속오계(世俗五戒)   <2005 파주시, 2011 공무원연금공단·농수산물유통공사>

신라 진평왕 때 원광법사가 시행한 화랑도의 윤리·실천이념의 다섯 가지.

> · 사군이충(事君以忠) : 충성으로써 임금을 섬김.
> · 사친이효(事親以孝) : 효로써 부모를 섬김.
> · 교우이신(交友以信) : 믿음으로써 벗을 사귐.
> · 임전무퇴(臨戰無退) : 싸움에 나가서 물러나지 않음.
> · 살생유택(殺生有擇) : 살아있는 것을 죽일 때는 가려서 함.

흥선대원군 <2003 서울시, 2005 근로복지공단, 2012 한국마사회·한국농수산식품유통공사>

서원철폐, 대전회통 편찬, 환곡제 폐지, 경북궁중건, 당백전발행, 쇄국정책(척화비), 양반에게 군포징수(호포법), 의정부와 비변사 기능분리.

Ⅳ. 세계사

그리스 신화 <2012 한국농수산식품유통공사>

제우스(Zeus) – 최고의 신, 니케(Nike) – 승리의 신, 포세이돈(Poseidon) – 바다의 신, 헤라클레스(Hercules) – 제우스와 알크메네의 아들

로마제정 <2005 철도공사>

아우구스투(옥타비아누스)가 황제지배 체제 또는 원수정으로 시작(BC 27년)하여 3C말 디오클레티아누스 까지.

르네상스(Renaissance) <2005 진주시>

「문예부흥」. 인문주의, 이탈리아에서 시작, 인쇄술의 발명

바빌로니아 지도 <2006 대한지적공사>

기원전 2500년경 바빌로니아에서 제작된 점토판지도.
「현존하는 가장 오래된 지도」.

산업혁명 – 18C 영국에서 처음 시작. <2003 서울시>

세계 3대 법전 <2006 대한지적공사>

고대 바빌로니아의 「함무라비법전」, 비잔틴 제국의 「유스티니아누스 법전」, 프랑스 나폴레옹 때 「프랑스민법전」 (나폴레옹법전)

셰익스피어 4대 비극 <2011 한국전기안전공사>

오셀로, 리어왕, 맥베스, 햄릿

손문(손일산, 손중산, 쑨원) <2005 인천농협, 2006 토공, 2009 경기농협, 2011 국민연금공단>

중국정치가, 중국 국민당의 지도자, 신해혁명주도, 중화민국 초대임시총통,
「삼민주의」 (민족주의, 민권주의, 민생주의)

아킬레스　　　　　　　　　　　　　　　　　　　　　<2009 수도권 매관공>

고대 그리스 신화에 나오는 영웅, 유일한 약점이나 치명적인 약점을 비유
한 말.

알베르트 슈바이처　　　　　　　　　　　　　　　　　　<2004 울산시>

「생명존중 사상가」. 1952년 노벨평화상수상

앤서니 기든스 – 영국의 사회학자.　　　<2005 마사회, 2012 한국농어촌공사>

국내에는 저서 '제3의 길'로 유명해졌으나 1970년대 이후 발표한 사회학적
이론인, 구조화이론(Structuration Theory)으로 잘 알려져 있다.

focus

야경국가　　　　　　　　　　　　　　　　　　　　　<2005 국체공단>

17C 중엽에서 19C 중엽에 걸친 「자본주의 국가의 국가관」. 국가는 외
적의 침입을 막고 국내 치안을 확보하며 개인의 자유 재산을 지키는 최소
한의 임무만을 행하며, 나머지는 「자유방임」에 맡기는 것. 이는 19C말
이후 각국에서 사회·노동문제가 제기되자 이들 문제를 해결하기 위해 국
가는 적극적으로 사회·노동·경제 정책에 대처해야 한다는 복지국가·사
회국가·행정국가의 사고방식이 새롭게 등장하였다.

양명학 – 「중국 명나라의 양명 왕수인이 주창한 유가철학의 한 학파」

심즉리로부터 출발하여 「**지행합일설**」에 도달하고 마지막으로 치양지설에 의하여 완성된다.

에게문명(Aegae문명)- 「**최초해양문명**」 <2004 경남, 2009 농어촌 공사>
에게해 지역에서 BC 7000~3000년과 BC3000~1000년에 각각 꽃핀 석기시대와 청동기시대 문명.

유럽의 봉건사회특징 - 왕권약화, 지방분권체제 강화

장미전쟁 <2005 인천공항공사, 2008 서울·경기농협>
영국역사에서 강력한 튜더왕가 정부가 탄생하기에 앞서 왕권을 둘러싸고 랭커스터가와 요크가 간에 벌어진 일련의 치열한 내전(1455~1485).

조로아스터교 <2004 조무사>
배화교라고도 하며, 이슬람교 이전의 고대 이란(페르시아)의 종교. 사산왕조의 국교, 경전은 이베스타, 불을 경위 시

진시왕 - 「법가사상 중심, 최초 중국통일국가의 왕」

청교도 혁명 <2006 중부발전, 2010 한수원>
1649년에 영국에서 청교도가 중심이 되어 일어난 **시민혁명**.
크롬웰이 인솔한 의회파가 왕당파를 물리치고 공화정치를 시행하면서 혁명이 절정에 이르렀으나 1660년 크롬웰이 사망 후 왕정으로 되돌아갔다.

청나라

<2003 농어촌공사>

만주족이 세운나라. 1616년 여진족의 누르하치가 건국

카뮈

<2005 마사회>

프랑스의 소설가·수필가·극작가, 실존주의, 《이방인》·페스트·전략
등의 소설과 좌파적 현실 참여 활동. 1957년 노벨문학상 수상

카슈미르

<2013 국립공원관리공단>

1947년 인도(힌두교)와 파키스탄(이슬람교)의 분리 · 독립 이후 양국 간
갈등지역으로 지역주민은 대부분 이슬람교이지만 인도에 속한 지역이다.
현재 잠무 카슈미르는 인도령, 아자드 카슈미르와 길기트발티스탄은 파키
스탄령으로 잠정적 분할된 상태이다.

클레오파트라

<2004 파주시>

고대이집트 프톨레마이오스 왕조의 마지막 여왕 "스스로 독사에게 물려 목
숨을 끊음"

타고르

<2006 경기·한국농촌공사>

인도의 시인·사상가·교육자, 1913년 '기탄잘리', '찬송을 헌정함'으로 노
벨문학상을 받음

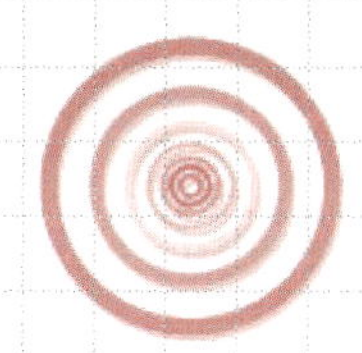

Chapter 4

무형문화재 1호
종묘제례악(1호; 유네스코 세계무형유산), 양주별산대놀이(2호),
남사당놀이(3호) 등
<2006 대한지적공사, 2011 농수산물유통공사, 2012 한국농어촌공사>

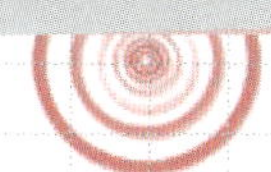

Ⅰ. 국어(문학)

가멸다 - 재산이 넉넉하고 많다. <2005 진주시, 2007 한국수원, 2008 한국감정원>

순 우리말

《ㄱ》 · 가뭇없다 : 보이던 것이 전혀 보이지 않아 찾을 곳이 감감하다.
<2010 인천도시개발>

· 가시버시 : 부부를 낮추어 부르는 것　　　<2011 공무원연금공단>
· 가축 : 잘 매만져 보존하다.
· 갈마들다 : 서로 번갈아 들다.
· 갈무리 : · 물건을 잘 정돈하여 간수함　　　· 마무리
· 겯다 : · 기름기가 많이 묻어 흠씬 배다.
　　　　 · 어떤 일에 오래 종사하여 손에 익고 몸에 배다.
· 고스락 : 꼭대기, 매우 위급한 때
· 곰살갑다 : 성질이 보기보다 속으로 온화하며 다정하다.
· 고샅 : 마을의 좁은 골목길. 좁은 골짜기의 사이
· 구메구메 : 남모르게 틈틈이
· 구순하다 : 화목하다.　　　　　　　　　　<2010 인천도시개발>
· 귀밝이 술 : 음력 정월 보름날 새벽에 귀가 밝아지라고 마시는 술
· 끌밋하다 : 매우 깨끗하고 헌칠하다.　　　<2010 인천도시개발>

《ㄴ》 · 나우 : 좀 많게, 약간 낮게
· 날포 : 하루 남짓한 동안
· 남상남상하다 : 욕심이 나서 자꾸 기웃거리다.
· 너스레 : 남을 놀리려고 수다스럽게 늘어놓는 말솜씨
· 너울가지 : 붙임성, 포용성
· 노루잠 : 깊이 들지 못하고 자주 깨는 잠
· 능갈치다 : 재치 있게 잘 둘러대다.
· 늦깎이 : 사리를 남보다 늦게 깨달은 사람 또는 나이가 들어서 중
　　　　　이 된 사람

・시나브로 : ・모르는 사이에 조금씩 조금씩

・다른 일을 하는 사이사이에. 틈틈이

・시뜻하다 : ・마음이 내키지 아니하여 시들하다.   <2008 경북농협>

・마음이 언짢아서 시무룩하다.

・시앗 : 남편의 첩

《ㅇ》 ・아당하다 : 아첨하다.

・애오라지 : 다만, 오직, 마음에 부족하나마 겨우

・어귀차다 : 뜻이 굳세어 하는 일이 야무지다.

・어거리풍년 : 드물게 보는 큰 풍년

・웅숭깊다 : 생각이나 뜻이 크고 넓다.   <2010 인천도시개발>

《ㅈ》 ・자발없다 : 참을성이 없고 경솔하다.

・중뿔나다 : 아무 관계없는 남의 일에 참견하다.

《ㅊ》 ・척지다 : 서로 원한을 품게 되다

・치사랑 : 손윗사람에 대한 사랑   <2007 한국수원>

《ㅌ》 ・트레바리 : 이유 없이 남의 말에 반대하기를 좋아하는 성격

・투미하다 : 어리석고 둔하다.   <2006 국가>

・티격나다 : 서로 뜻이 맞지 아니하며 사이가 벌어지다.

《ㅎ》 ・함초롱하다 : 가지런하고 곱다.

・핫어미 : 남편이 있는 여자

・희나리 : 덜 마른 장작

구개음화(口蓋音化) 현상   <2010 인천도시개발>

자음이 모음 「ㅣ」나 선행모음 「ㅣ」 위에서 전(前) 구개음으로 변하는 현상이다. 예컨대 「땀받이」가 「땀바지」로, 「굳이」가 「구지」로, 「같이」가 「가치」로 되는 현상이다.

구운몽

<2004 국가, 2006 토공>

김만중의 고전소설. 귀양지에서 어머니 위로를 위해 서술.

깐풍기(干烹鷄)

<2004 파주시>

중화요리의 하나로, 토막을 친 닭고기에 녹말을 묻혀 튀긴 다음, 양념초간장을 위에 끼얹어 먹음.

focus

> 계(鷄) : 닭고기
> 라조기(辣子鷄) : 토막친 닭고기에 녹말을 묻혀 튀긴 다음 고추·파·마늘·생강 등을 복아 섞고 녹말을 푼 물에 넣어 익힌 중국요리

더미 – 「잿더미, 쓰레기 더미, 조개더미」

<2005 안양시>

딘 쿤츠

<2005 마사회>

미국의 서스펜스 스릴러 작가 《스타퀘스트》, 《어둠속의 속삭임》, 《와쳐스》, 《사이코》, 《미드나이트》, 《백색의 가면》 등

띄어쓰기

<2007 한국자원공사>

- 우리는 춘천, 속초 등지를 여행했다.
- 그의 직책은 소장 겸 부장이다.
- 네가 올 줄 알았다.
- 아이 선물로 옷 한 벌 살까?

맞춤법

<2007 한국자원공사, 2008 SH공사, 2012 한국농수산식품유통공사>

- 숟가락
- 웃어른
- 멋쟁이
- 시구(詩句)
- 빨래
- 설거지
- 김치찌개
- 개구쟁이

모든 적에 맞서(Against All Enemies)

리처드 클라크 전 백악관 테러담당 보과관이 2004년에 내놓아 파문을 일

으켰던 저서.

클라크는 로널드 레이건, 조지 부시, 빌 클린턴 전 대통령을 거쳐 조지 W 부시 대통령에 이르기까지 백악관에서 테러 전문가로 일하다가 2003년 사퇴했다. 「모든 적에 맞서」는 9·11이 일어나기 이전에 알카에다의 테러 가능성을 경고했으나 부시 행정부는 이를 무시했으며 9·11이 일어나자 부시 대통령은 이라크가 알카에다를 지원했다는 증거가 전혀 나타나지 않았음에도 불구하고 백악관이 사담 후세인 전 이라크 대통령을 축출하기 위해 무리한 전쟁을 강행했다는 내용을 담고 있다.

focus

《소설》

김동인 : 약한 자의 슬품, 감자, 배따라기, 운현궁의 봄, 광염소나타, 광화사, 김연실전, 발가락이 닮았다. <2011 농수산물유통공사, 2014 한국농어촌공사>

염상섭 : 표본실의 청개구리, 만세전, 삼대   <2004 국가>

나도향 : 물레방아, 벙어리삼룡이, 환희, 뽕

전영택 : 화수분   <2011 농수산물유통공사>

현진건 : 빈처, 운수 좋은 날<2008 법원, 2014 한국농어촌공사>, 불, 무영탑, 적도, 흑치상지

주요섭 : 사랑방 손님과 어머니, 아네모네 마담, 인력거꾼

심 훈 : 상록수, 영원의 미소, 직녀성

채만식 : 레디메이드 인생, 치숙, 탁류, 태평천하, 당랑의 전설, 미스터방   <2008 법원, 2014 한국농어촌공사>

유진오 : 김강사와 T교수, 창랑전기

이효석 : 메밀꽃 필 무렵<2004 국가, 2005 법원, 2014 한국농어촌공사>, 돈, 산, 들, 분녀

김유정 : 봄봄<2003 경남교육, 2004 서울교육>, 동백꽃, 소나기, 금 따는 콩밭

선우휘 : 불꽃

오영수 : 머루, 갯마을

박경리 : 토지(우리나라 최초의 대하소설)<2001 법원, 2013 한국마사회>, 불신시대

이청준 : 소문의 벽, 등산기, 병신과 머저리<2005 서울시>, 매잡이, 이어도, 서편제, 당신들의 천국

최인훈 : 광장<2004 국가, 2008법원>, 회색인, 총독의 소리
김지하 : 시집 「오적」
황석영 : 장길산, 객지, 무기의 그늘, 사람이 살고 있었네, 삼포가는 길
<2007 법원, 2013 한국마사회>
이문열 ; 사람의 아들, 영웅시대, 우리들의 일그러진 영웅   <99 서울시>
최인호 : 별들의 고향
김남주 : 시집 「칼」「조국은 하나다」
박노해 : 시집 「노동의 새벽」
조정래 : 태백산맥, 아리랑<2013 한국마사회>
신경숙 : 풍금이 있던 자리, 깊은 슬픔, 외딴방
공지영 : 무소의 뿔처럼 혼자서 가라, 고등어<2007 한국수원>
최명희 : 혼불<2013 한국마사회>

focus

소설(신소설)   <2009 SH공사>
갑오경장 이후의 고대소설과 현대소설의 과도기적 소설
이인직 : 혈의 누, 귀의 성, 치악산, 은세계, 모란봉(혈의 누 속편)
이해조 : 빈상설, 자유종, 옥중화(춘향전 개작), 토의간(별주부전), 강상련(심청
        전), 연의 각(흥부전), 모란병, 비파성
최찬식 : 추월색, 안의 성, 도화원, 능라도, 금강문, 해안
안국선 : 금수회의록 · 공진회

블록버스터(blockbuster)   <2013 국립공원관리공단>

계획적으로 만들어진 「거대한 베스트셀러」.
많은 미디어를 이용하여 붐을 일으키는 수법으로 출판, 영화를 처음부터
제휴시킨 기획이 많다.

속담   <2010 한수원>

- 「금방 먹을 떡에도 소를 박는다」: 아무리 급해도 순서를 밟아야 한다.
- 「가갸 뒷자도 모른다」: 속내를 알아채지 못하고 무식하게 행동한다.
- 「강철이 간 데는 가을도 봄이라」: 운이 나빠서 하는 일마다 실패를 거
  듭한다.

· 「발이 닳다」 : 여기저기 분주하게 돌아다닌다.

수이전 – 「고려시대 최초의 설화집」 <2011 농수산물유통공사>

심학규 – 「심청이 아버지」 <2004 파주시>

안네의 일기(The diary of a Young Girl) <2006 경기도>
유대인 소녀 안네 프랑크가 국외 탈출에 실패한 아버지의 결단으로 2년간 은신생활을 하면서 남긴 일기.
일기장을 키티라고 부르며 친구에게 말하듯이 써내려간 독특한 양식이다.

앙드레지드 <2006 토공>
프랑스의 작가. 인도주의자, 모럴리스트, 《배덕자》, 《좁은문》, 《전원교향악》, 《소티》 등, 1947년 노벨문학상 수상

연미복 – 남자용 서양 예복. 마치 제비의 꼬리처럼 보임. <2005 안양시>

용비어천가 <2005 국체공단, 2009 수도권매관공, 2011 수도권매립지관리공사>
조선 세종 때 건국의 시조들을 찬양하고 왕조의 창건을 합리화하여 노래한 서사시 「최초한글 작품」.

FOCUS

우리말 바로쓰기<2009 9급 지방, 2011 국민연금공단 · SH공사>
해뼈시 → 해뼈치   생각컨대 → 생각건대   우뢰 → 우레
익숙치 않다 → 익숙지 않다.   벌리느라 → 벌이느라   곱배기 → 곱빼기
허접쓰레기 → 허섭스레기(좋은 것이 빠지고 난 뒤에 남은 허름한 물건)
동풍 : 샛바람, 서풍 : 갈바람 또는 하늬바람, 남풍 : 마파람
북풍 : 된바람 또는 덴바람
수컷 : 수놈, 수꿩, 수소, 수개미 … , 예외 숫양, 숫염소, 숫쥐

율리시스(Ullyses) – 「모더니즘 소설의 대표작」
제임스 조이스(1882-1941)가 1922년에 발표

이방원 - 「하여가」　　　　　　　　　　　　　　　<2012 한국농수산식품유통공사>
정몽주 - 「단심가」

이청준(소설가)　　　　　　　　　　　　　　　<2004 근로복지공단>

퇴원, 병신과 머저리, 과녁, 소문의 벽, 이어도, 잔인한 도시, 별을 보여드립니다, 가면의 꿈, 예언자, 낮은 데로 임하소서, 자유의 몸, 흰옷, 날개의 집, 작가의 작은 손, 《석화촌》, 《서편제》, 축제, 벌레이야기, 밀양 등

이형기　　　　　　　　　　　　　　　<2005 인천공항공사>

시인, 첫 시집 적막강산, 1990년 대한민국 문학상. 대표작 「낙화」, 「비오는 날」, 코스모스, 강가에서, 비오는 날 등

자음접변(子音接變)　　　　　　　　　　　　　　　<2010 인천도시개발>

윗말의 끝소리(종성)와 아랫말의 첫소리(초성)의 자음이 서로 만나 동화하여 그 음가(소리 값)가 변해 발음되는 것.
예컨대, 「독립」이 「동립」으로, 「떡메」가 「떵메」로, 「밥물」이 「밤물」로, 「원리」가 「원리」로, 「신라」가 「실라」로 변하는 소리이다.

focus

창조 - 「한국최초의 순문예 동인지」　　　　<2005 진주시, 2010 인천도시개발>

1919년 2월 1일 창간되어 1921년 5월 30일 통권 제9호로 폐간됨

창조(1919) : 한국 최초의 순문예 동인지, 개벽(1920) : 월간교양잡지
폐허(1920) : 퇴폐성, 장미촌(1921) : 최초의 시전문 동인지
백조(1922) : 감상적 낭만주의, 금성(1923) : 시 중심

영대(1924) : 순 문예지
조선문단(1924) : 추천제를 둔 문예 종합지
해외문학(1927) : 외국문학 최초 번역 소개지
삼천리(1929) : 교양종합잡지
문예공론(1929) : 문예 종합지(계급주의와 민족주의 절충)
최초 월간잡지 : 소년
최초 현대 (장편)소설 : 이광수의 무정, 「사랑」 : 자유연애주의

<2008 SH공사>

최초 신체시 : 최남선의 해에게서 소년에게
최초 자유시 : 주요한의 불놀이
최초 시전문 동인지 : 장미촌
최초 자연주의 소설 : 표본실의 청개구리
1920년대 3대 동인지 : 창조, 폐허, 백조

청록파

<2005 교통안전공단, 인천공항공사>

일제말기에 지조를 지킨 최후의 문학지 중 대표적인 잡지가 《문장》이다. 이 '문장'지는 1939년 2월 김연만이 발행하고 실제 편집은 이태준, 김진섭, 정인택 등이 맡았다.

'문장'은 추천제를 실시해 우수한 시인과 소설가를 배출하였고, 순수 문학 창작에 크게 이바지하였다. 1941년 4월 폐간되었음. '문장'을 통해 시인 : 박목월·박두진·조지훈·박남수 등이 나왔고, 시조시인 이호우·김상옥 등이 나왔다.

특징 : 자연적, 「향토적」, 불교적, 「민요적」, 감각적 등
박두진 : 묘지송, 해, 오도, 도봉
조지훈 : 봉황수, 완화삼, 승무, 풀잎단장
박목월 : 산도화, 나그네, 윤사월, 난
백조 : 문학동인지, 1922년 1월 1일 창간, 폐허, 장미촌 등과 함께 3.1운동 실
       패 이후 암울했던 시대적 분위기 반영, 박종화, 김기진, 나도향 등

최현배
<2004 울산시>

한국 국어학자. 주시경선생의 제자이며, 서양의 언어학을 도입. 우리말본, 한글갈, 나라사랑의 길, 글자의 혁명 저술

칼의 노래

김훈이 쓴 이순신 전기소설로 노무현 대통령이 읽었다고 해 화제에 올랐다. 부제는 「충무공 – 그 한없는 단순성과 순결한 칼에 대하여」이며, 2001년 제32회 동인문학상을 수상하였다.

한글 외래어 표기<2007 한국자원공사>
김밥 : Dried Seaweed Rolls ; Korean Rolls
비빔밥 : Rice Mixed with Vegetables and Beef
김치찌개 : Kimchi Stew
삼겹살 : Korean-Style Bacon
콘텐츠 : Contents   <2007 한국자원공사>
카페 : Cafe   라이선스 : Licence   내레이션 : narration
소파 : Sofa   가톨릭 : catholic   타깃 : target
재즈 : Jazz, 흑인음악이 백인음악과 접촉하면서 생겨난 혼혈음악<2013 한국마사회>
한글수출 : 인도네시아 부톤섬 바우바우시의 소수민족 찌아 찌아족이 한글을 공식문자로 채택하였다.

헤럴드 핀터 <2005 마사회>

영국의 극작가. 방, 관리인, 귀향, 풍경, 침묵 등, 2005년 노벨문학상 수상.

헤르만헤세 <2006 토공>

독일계 스위스인·시인·소설가·화가, 수레바퀴 밑에서, 「데미안」·싯다르타·황야의 이리·동방여행·유리알 유희 등

헤식다 <2005 인천공항공사>

바탕이 단단하지 못하여 헤지기 쉽다.
탐탁하지 못하다. '훌지다'는 뜻의 순 우리말이다.

현진건 – 「한국의 소설가이자 언론인」 <2006 중부발전, 2008 법원>

《빈처》, 술 권하는 사회, 《운수 좋은 날》, B사감과 러브레터, 할머니의 죽음, 무영탑, 적도, 흑치상지, 까막잡이 등

흥부전 – 「한국의 고전소설」 <2006 중부발전>

조선 후기에 나온 작자·연대미상의 국문소설이다. '연의 각' 신소설 형식으로 개작, 근원설화로는 방이설화가 있다.

focus

> 방이설화 : 착한 방이는 보물방망이를 얻어 잘되고, 못된 동생은 형을 따라하다 망했다는 신라시대 설화이다. 이를 '금추설화'라고도 한다.

Ⅱ. 예술 · 체육

강릉단오제 <2006 중부발전>

단옷날 전후에 강원도 강릉 지방에서 국사성황신 등에게 제사를 지내며, 벌이는 **향토 축제**.

중요무형문화재 제13호, 「유네스코 인류구전 및 무형유산 걸작」

경기민요 - 서울과 경기도 지방에서 전승되는 민요 <2007 경기교육·경기 기능>
이 경우 경기민요는 경기 긴 잡가를 가리킨다.
경기 긴 잡가의 특징은 경기특유의 율조로서 대개 서경적 혹은 서정적인
긴 사설로 비교적 조용하고 은근하며 서민들의 애환을 담은 서정적인 표현
이 많다. 조선시대 서울 장안의 소시민들의 모임장소인 공청 또는 깊은 사
랑을 통해 12잡가가 발생하였으므로 공청 소리문화의 특색을 잘 담고 있
다. 「풍년가」, 「베틀가」 등

Ⓕocus

서도민요 : 황해도, 평안도에서 부르는 민요.
탄식조의 슬픈 느낌을 준다. 콧소리를 섞어 잘게 떨어주는 음과 꾸밈 음이 미
묘하고 다른 지방의 민요에 비해 기악반주를 하지 않는 특징이 있다.

경마 도착순위   <2012 한국마사회>
말의 코끝이 결승선에 닿는 순간

고의낙구(故意落球) - 야구에서 공중에 뜬 공을 고의로 떨어뜨리는 행위
☞ 3루수 : 야구에서 타자가 쳐내는 강한 타구나 땅볼이 많이 날아오는 위치인 핫
　　　코너   <2012 한국농수산식품유통공사>
☞ 사이 영상 : 최우수 투수상, 미국프로야구에서 1890년부터 22년간 활약한 전
　　　설적인 투수의 이름을 따 제정   <2012 한국농수산식품유통공사>

골프그랜드 슬램 <2005 마사회·삼성그룹, 2006 중부발전·충남농협, 2009 경기농협,
2011 농수산물유통공사>
4개의 메이저 대회를 재패한 것

남　　자 : 마스터즈골프대회, US오픈골프선수대회, 전영오픈 골프선수권대회, 미국PGA선수권대회　　　　　　　　<2012 한국보훈복지의료공단>

여　　자 : 나비스코선수권대회, LPGA선수권대회, US여자 오픈 골프선수권대회, 전영여자오픈 골프선수권대회, 에비앙 챔피언십 = 5대 메이저 대회　　　　　　　　<2013 한국마사회>

코　　스 : 정규홀 18홀(퍼블릭 9홀), 파3,4,5인 홀로 구성

티박스 : 코스의 처음 시작하는 장소

페어웨이 : 잔디를 잘 깎아 놓은 코스의 안 지역

러　　프 : 페어웨이를 벗어난 코스의 지역

그　　린 : 홀이 있는 곳

OB구역 : 코스를 벗어난 구역

벙　　커 : 골프코스 중 모래함정

티오프 : 골프티를 쳐서 없앤다는 뜻으로 코스의 처음에서 골프티 위에 공을 올려놓고 처내는 것해저드 에어리어 : 골프코스 중 호수나 연못 등

파 : 골프코스의 「기준타수」로 해당 홀을 마치는 것

홀인원 : 파 3인 코스에서 한 번에 홀컵에 집어넣는 것

알바트로스 : 기준타수인 파보다 3타 적게 쳐서 홀컵에 넣는 것

이글 : 기준타수인 파보다 2타 적게 쳐서 해당 홀을 끝내는 것

버디 : 기준타수보다 1타 적게 쳐서 해당 홀을 끝내는 것

보기 : 기준타수보다 1타 더쳐서 해당 홀을 끝내는 것

립(lip) : 홀의 가장자리 또는 테두리

더블보기 : 기준타수보다 2타 더쳐서 해당 홀을 끝내는 것

트리플 보기 : 기준타수보다 3타 더치는 것

더블파 : 기준타수의 2배를 치는 것

어프로치 : 그린 주변에서 그린 위에 볼을 올리는 것

focus

클럽 : 골프할 때 치는 채로 드라이버, 아이언, 웻지, 퍼터 등
드라이버 : 티오프(홀에서 처음시작)시 사용하는 것, 1번클럽
우드 : 보통 2~5번 클럽
아이언 : 5~9번
웻지 : 피칭웻지, 샌드웻지, 로브웻지
퍼터 : 최종적으로 온그린 상태에서 홀컵에 넣을 아이언을 사용하는 것

관현악(orchestral music) - 「관악기와 현악기의 연주」　<2006 중부발전>

악기의 구성에는 관악기, 현악기, 타악기, 건반악기 등이 쓰인다.

focus

관현악의 편성 : 현악기, 목관악기, 금관악기, 타악기로 편성.

국보(國寶)　　　　　　　　<2004 농어촌공사, 2013 한국마사회>

법령에 의해 국가적인 보물로 지정된 최상급 유물
제1호 숭례문(남대문)　　　　　　　제2호 원각사지십층석탑
제3호 북한산 신라진흥왕순수비　　　제4호 고달사지부도
제5호 법주사 쌍사자석등 … 24호 석굴암

focus

보물 : 유형문화재로 학술적·예술적 가치가 국보 다음으로 높은 문화재
제1호 서울흥인지문(동대문)　　　　제2호 서울보신각종
제3호 원각사비　　　　　　　　　제4호 중초사지당간지주

그랜드 슬램(grand slam) - 「만루 홈런」

야구 경기에서 1루에서 3루까지 주자가 있을 때에 친 홈런.

그랜드 피타 라운드(grand FITA round)　　　　<2011 한국공항공사>

양국 경기에서 하위 선수를 차례로 탈락시키는 토너먼트 경기방식.

근대 5종 경기 <2005 수원시, 2014 한국농어촌공사·국민체육진흥공단>

「승마」, 「펜싱」, 「수영」, 「사격」, 「크로스컨트리」의 5종 국제 올림픽 종목

☞ 크로스컨트리스키 : 노르딕 스키 중 하나, 눈이 쌓인 산이나 들판에서 정해진 코스를 가능한 빨리 완주하는 경기

김홍도 <2010 인천도시개발>

소림명월도, 씨름도, 신선도병풍

☞ 미인도 : 신윤복

내구경기(耐久競技)

말의 속도 내력 및 비월(飛越) 능력을 겨루는 승마경기.

데포르마시옹(deformation) <2004 근로복지공단>

회화나 조각에서 대상이나 소재가 되는 자연물을 사실적으로 그리지 않고 주관적으로 확대하거나 변형하여 표현하는 기법·변형으로 순화

도핑(doping)

운동선수가 경기능력을 일시적으로 높이기 위해 「약물을 사용하는 것」. IOC, 각 국제경기연맹에서 금하고 있다.

독공(獨功)

판소리 가객들이 득음(得音)키 위해 토굴, 폭포 앞에서 하는 「발성훈련」.

디스퀄리파잉 파울(disqualififying foul)

농구에서 테크니컬 파울이나 퍼스널 파울 중 특히 「악질적인 파울」.

랠리포인트제(rally point 제) <2005 마사회>

배구나 탁구 따위에서 사이드 아웃 없이 매번 랠리에서 이기는 쪽이 점수를 얻는 제도

랩소디(Rhapsody) – 『광시곡』 <2014 한국농어촌공사>

음악상으로 서사적, 영웅적, 민족적 색채를 지닌 자유로운 환상곡풍의 기악곡

로그롤링 – 「북아메리카 목재 벌채꾼들의 야외 스포츠」 <2005 수원시>

벌링(birling), 통나무타기 라고도 한다.

르누아르 – 프랑스의 「인상주의 화가」. <2006 토공>

색채의 마술사, 주로 밝은 색조와 부드러운 필치로 인물화를 그림. 특히 여자의 초상화와 목욕하는 여인을 그린 것 중에는 뛰어난 작품이 많음. 목욕하는 여인들, 해변에 누운 여인, 어린무희 등

마부 – 「3대 국제영화제 최초수상」 <2006 중부발전>

모나리자(Mona Lisa) – 「레오나르도 다 빈치 그림」 <2006 중부발전>

다빈치가 성기 르네상스 시대에 그린 작품으로 피렌체에 살던 한 상인의 부인을 그린 초상화이다. 색의 깊이, 명암의 부드러운 처리는 스푸마토(sfumato)기법이 완숙하게 사용된 것으로 얇은 안개가 덮인 듯한 효과를 준다. 파리 루브르 박물관에 소장.

모차르트 <2006 경기, 2009 삼성그룹>

볼프강 아마데우스 모차르트, 음악신동, 「주피터 교향곡」, 「피가로의 결혼」, 「돈 지오바니」, 「마술피리」, 「진혼곡」

무곡(춤곡) <2012 한국마사회>

왈츠, 폴카, 볼레로

☞ 오페라 : 가극

무형문화재 1호 <2006 대한지적공사, 2011 농수산물유통공사, 2012 한국농어촌공사>
종묘제례악(1호; 유네스코 세계무형유산), 양주별산대놀이(2호), 남사당놀이(3호) 등

미니멀 아트 <2005 인천공항공사>
1960년대 후반에 미국에서 일어난 「회화의 경향」.
표현수단을 최소한 소극적으로 사용하여 추상회화나 조각을 제작하였음.
'최소미술', '단순미술'로 순화.

미라클 카드 <2005 인천공항공사>
23세 이하 축구경기에서 3명의 프로선수를 넣을 수 있는 것

미슐랭 가이드
프랑스 타이어 제조업체 미슐랭이 매년 발간하는 레스토랑 가이드북.

미켈란젤로 - 『이탈리아 르네상스기 화가겸 조각가』 <2014 한국농어촌공사>
최후의 심판, 다비드상, 천지창조, 피에타

밀레 - 「프랑스의 바르비종파 화가」 <2006 중부발전>
우유짜는 여인, 승마교습, 곡식을 키질하는 사람, 씨뿌리는 사람, 저녁 기도, 소치는 여인, 《이삭줍기》, 《만종》 등

백남준 - 「비디오・퍼포먼스 예술가」 <2006 경기도>

백핸드 발리(backhand volley)
테니스에서 오른손잡이 선수가 몸 왼쪽으로 온 공을 지면에 튀기기 전에 「직접 받아 치는 것」을 말한다.

봅슬레이(bobsleigh) <2008 한국감정원>

산허리 경사면에 만들어진 얼음 코스를 브레이크와 핸들이 달린 강철제의 썰매를 타고 활주하는 경기. 1924년 제1회 샤모니 동계올림픽에서 채택

부조리극 <2011 한국공항공사>

언어를 음절로 해체하고 등장인물의 동일성을 상실시키는 등 행위의 뜻과 목적이 없는 연극

분라쿠 - 「일본의 전통 인형극」 <2005 인천공항공사>

거의 실물 크기의 인형들이 작은 사미센 반주로 영창되는 사설. 즉 조루리에 맞추어 연기한다.

불편한 진실 <2007 한국자원공사>

제79회 아카데미 시상식에서 장편 다큐멘터리 상을 수상했으며, 앨 고어 미국 전 부통령이 출연해 환경문제에 대해 진지하게 접근한 이 작품

비파 <2006 경기>

동양 현악기의 하나. 당비파(4줄), 향비파(5줄)

빈볼(bean ball)

야구에서 투수가 강타자의 기세를 위협하기 위해 머리 근처를 겨냥해 던지는 공. - 「금지행위임」

상쇠(上釗) <2004 창원시, 2005 한수원, 2006 고양시>

「농악 연주자 중에 꽹과리 주자의 우두머리」

세계 3대 스포츠 이벤트 <2005 교통안전공단>

F1 월드챔피언십, 올림픽, 월드컵

세팍타크로

「발로 볼을 차다」란 의미의 운동경기

숍오페라

「**일일통속극**」, 원래 Soap Opera는 미국에서 여성들을 주시청층으로 삼아 낮 시간대 방송되는 라디오 연속극.

1920년대말~1930년대 초에 발생한 이 프로그램 형식은 아침시간에 집안에 있는 주부와 가정부를 대상으로 한 연속극이라 비누제조회사가 스폰서를 하는 경우가 많아 Soap Opera라 불리게 되었다.

쇼트트랙 스피드스케이팅

스피드스케이팅의 변형 종목으로 알베르빌 올림픽의 정식종목.

스포일러

영화 보기 전인 사람들에게 중요부분이나 결말을 미리 퍼뜨리는 것

스플릿 시스템

정규 리그를 치르고 그 성적을 토대로 상·하위 그룹으로 나눠 각 그룹에 속한 팀끼리 나머지 경기를 벌여 최종 순위를 가리는 방식.

슬러거(slugger) - 「야구에서 기교보다는 힘을 바탕으로 한 강타자」

이밖에 '해비 히터' '파워 히터' '앵커맨(anchorman)'이라고도 한다. 탁구에서도 강타를 장기로 하는 선수를 가리킨다.

식스맨

농구 주전 5명을 제외한 후보 중 기량이 가장 뛰어난 교체 1순위 선수

씨름의 체급

한국씨름연맹에서 규정한 체급은 백두장사급, 한라장사급, 금강장사급, 태

백장사급이며, 천하장사는 체급의 구분이 없다.

아르누보(Art Nouveau)　　　　　　　　　　　　　<2010 인천도시개발>
순수 예술뿐만 아니라 상업적인 분야까지 포괄했던 화려한 장식적 양식

아리아(aria)　　　　　　　　　　　　　　　　　<2005 대구시>
서정적인 선율로, 보통 오페라에 있는 관현악 반주가 있는 독창곡을 가리
킨다.

아상블라주 – 『삼차원 입체작품』　　　　　　　　<2014 한국농어촌공사>
폐품이나 일상용품 등의 다양한 재료를 이용해 만든 작품

아이스슬레지하키(Ice Sledge Hockey)
「아이스하키를 장애인들이 할 수 있도록 변형한 경기」
경기 시간은 15분씩 3피리어드, 마이너페널티 시간은 1분 30초로 각각 5
분, 30초 짧은 것 외엔 모든 룰이 아이스하키와 똑같다.

아카데미(Academy Award, 오스카상)　　　<2004 삼성그룹, 2005 한수원>
미국의 영화단체인 영화예술과학 아카데미에서 수여하는 「영화상」
그래미상(Grammy Award) : 미국 레코드 예술과학 아카데미가 해마다
우수한 「레코드와 앨범을 선정하여 주는 상」

focus

골든글러브 : 영화 시상식
대종상 : 한국영화의 보호·육성을 위해 1962년부터 정부가 제정한 영화상

아테네 – 「올림픽이 처음열린 곳」　　　　　　　　<2004 근로복지공단>

focus

뉴델리 : 아시아 올림픽이 처음 열린 곳

focus

> **자진모리** : 판소리나 산조장단의 하나로, 휘모리 장단보다 좀 느리고 중중모리 장단보다 빠른 속도로 섬세하면서도 명랑하고 차분하면서도 상쾌함. 서양음악의 알레그로는 한국의 자진모리에 해당한다.

알토(alto) <2006 화성시>

4성부 성악음악 중 2번째로 높은 성부(여성성부)

focus

> 테너(tenor) : 가장 높은 남성 성부.
> 음역은 대개 가온다(C)음 아래 B음에서부터 위 G음까지임.
> 베이스(bass) : 여러 성부로 된 음악 중 가장 낮은 성부.
> 메조소프라노(mezzo-soprano) : 소프라노와 알토사이의 음역.

알파(야구) <2004 근로복지공단>

먼저 수비한 팀의 득점이 9회초에서 더 많아 9회 말을 할 필요가 없이 승부가 가려지게 된 경우

애드리브(ad lib) – 「재즈의 즉흥적인 독주」

영화·연극 등에서 배우가 흥에 겨워, 또는 대사를 잊었을 때 대본에 없는 대사를 즉흥적으로 지껄이는 것을 말한다.

엑스 프라이즈(X-prize)

조종사를 포함해 세 명을 태운 우주선이 지상 100km까지 가장 먼저 올라간 팀이 승자가 되는 상금 1,000만달러(약 115억원)의 「민간우주여행 시합」. 이 시합의 조건은 정부 지원을 받지 않는 민간이어야 하며, 같은 우주선으로 2주 안에 두 번 올라갔다. 내려와야 한다는 것이다. 정해진 시합 일정은 없다.

오륜기

흰 바탕에 청색, 황색, 흑색, 녹색, 적색의 5개의 고리가 겹쳐 있는 깃발

옵아트

<2006 서울시 농수산물공사>

· 옵아트는 팝아트의 상업주의와 지나친 상징성에 대한 반동적 성격으로 탄생하였다.
· 다이내믹한 빛·색·형태를 통하여 움직임을 보여준다.
· 사고나 정서를 배제한 자연과학에 가까운 예술이다.

운동경기인원

<2005 대구시·근로복지공단>

농구(5명), 럭비(15명), 배구(6명), 아이스하키(6명), 야구(9명), 축구(11명), 핸드볼(7명)

야구 : 각각 9명으로 두 팀이 경기 <2006 경기>

축구 : 각각 11명으로 두 팀이 경기

농구 : 각각 5명으로 두 팀이 경기

야구+축구+농구 선수합 : 25명

음악의 빠르기

<2005 인천공항공사, 2006 토공, 2011 수도권매립지관리공사>

모데라토(Moderato) : 보통 빠르게, 알레그레토(Allegretto) : 조금 빠르게, 알레그로(Allegro) : 빠르게, 비바체(Vivace) : 빠르고 활발하게, 프레스토(Presto) : 매우 빠르게, 프레스티시모(Prestissimo) : 아주 빠르고 급하게, 아첼레란도(Accelerando) : 점점 빠르게, 아템포(A tempo) : 본디 빠르기로, 템포프리모(Tempo primo 또는 Tempo I) 처음빠르기로, 템포코모도(Tempo comodo) : 알맞은 빠르기로, 템포쥬스토(Tempo giusto) : 정확한 빠르기로, 템포 디마르치아(Temp di marcia) : 행진곡의 빠르기로, 템포디 메뉴 엣토(Tempo di memuetto) : 메뉴엣 무곡의 빠르기로 빠르기를 나타내는 말. 알레그로 마논트르포(Alegro ma non troppo) : 빠르게 ; 지나치지 않게, 아디지오 몰토(Adogio molto) : 대단히 느리게, 알레그로 아사이(Allegro

assai) : 보다 빠르게, 퓨 모소(Piu mosso) : 보다 빠르게, **포코아포코
아니마토**(Poco a poco animato) : 조금씩 빠르면서 활기 있게, 퓨 알
레그로(Piuallegro) : 보다 빠르게

> **빠른 순서 : 라르고 〈 안단테 〈모데라토 〈 알레그로 〈 프레스토   〈2006 토공〉**

이모션 캡처(Emotion Capture)

보통 애니메이션 영화에서는 연기자나 성우가 녹음실에서 완성된 애니메이
션을 보며 주어진 대사만 녹음. 이모션 캡처는 작업 순서가 이와 반대인
경우.

이븐파 – 「정규 홀에서의 규정타수로 끝내는 것」   〈2005 인천공항공사〉

18홀에 72타를 말함. 간혹 71타 18홀도 있음

인크레더블   〈2005 인천공항공사〉

디즈니배급, 픽사제작의 풀 CG애니메이션 영화.
2006년 3월 25일 도교국세 애니메이션 페어에서 해외 극장 부문 우수상
수상.

제임스 카메론 감독   〈2010 한수원〉

「아바타」, 「터미네이터1」, 「타이타닉」, 「심해의 영혼들」
☞ 스타워즈 에피소드4 : 조지루카스 감독

철인 3종 경기 – 「수영 · 사이클 · 마라톤」   〈2013 한국마사회, 2014 국민체육
진흥공단〉

- 2000년 시드니 올림픽부터 정식 종목
- 1970년대 미국에서 시작
- 어원 「tri + athlon」
- 1989년 국제트라이애슬론연맹 창립과 함께 세계선수권대회 창설

카메오(cameo) - 돋을 새김을 한 「작은 장신구」 <2006 토공>

· 석고나 착색한 밀랍으로 올록볼록하게 붙여 돋을 새김처럼 만든 사진화.
· (연극·영화) 저명한 인사나 인기배우가 극중 예기치 않은 순간에 등장하여 아주 짧은 동안만 하는 연기나 역할

칸영화제 - 「국제적으로 손꼽히는 영화제 중의 하나」 <2009 수도권매관공>

1946년 9월 20일~10월5일 처음으로 개최된 이래, 매년 프랑스 남부 칸에서 보통 매년 5월에 열린다.

focus

> 세계 3대 영화제 : 베니스, 칸, 베를린
> 세계 4대 영화제 : 3대 + 모스크바
>
> <2013 한국마사회>

칸타빌 - 「노래하듯이」 <2004 경남>

캐리컬쳐(caricature) <2005 파주시, 2008 한국산단>

특정인의 모습이나 행동을 풍자하기 위하여 우습게 그리거나 과장하여 그리는 그림

컬트 영화 <2006 서울시 농수산물공사>

· 소수관객에 의해 지지와 숭배를 받는다.
· 주로 반사회적인 내용을 특징으로 한다.
· 영화의 보편적인 이론이나 형식에서 자유롭다.
· 대표적인 작품으로 짐 샤먼(Jim Sharman)의 'The Rocky Picture Show'가 있다.

키노드라마(Kinodrama) <2005 인천공항공사, 2006 서울시 농수산물공사>

「영화를 섞어 상영하는 특수한 연극」
의리적 구토(구투) : 우리나라 최초 영화(1919) 키노드라마.

트렌디 드라마(Trendy Drama) <2003 주공>

도시풍의 생활, 첨단패션, 신세대의 사고방식 등을 주요 소재로 **젊은 계층**의 취향을 파고드는 영화나 TV드라마.

패러디(parody) <2006 경기도>

전에 발표된 작품을 그대로 흉내 내는데 그치지 않고 자기 작품에 차용하는 것.
예컨대, 미켈란제로의 유명작품을 독일의 막스 에른스트가 석화(石火)된 아버지가 살아 있는 아들을 안고 있는 모습으로 페러디한 「페에타」의 경우이다.

패럴림픽(paralympic) <2006 용인시>

8세 이상의 장애자들에게 운동실력을 겨룰 기회를 제공하는 패럴림픽 형태의 국제경기

프레올림픽(Pre Olympic)

올림픽대회가 열리기 1년 전에 경기시설이나 운영 등을 테스트하는 뜻으로, 개최되는 비공식 경기대회.

프롬프터(prompter)

객석에서는 보이지 않는 장소에서, 무대에 등장한 배우가 대사나 동작을 잊었을 때 가르쳐 주는 역을 말한다.

피가로의 결혼 – 볼프강 아마데우스 모차르트의 희극 오페라 <2004 울산시>

피카소 <2004 경남, 2008 삼성그룹, 2011 SH공사>

입체파 미술을 창시한 스페인 출신의 프랑스 화가이자 조각가. 「게르니카」, 「아비뇽의 여인들」 등

아비뇽의 처녀들, 《게르니카》, 한국에서의 학살, 전쟁과 평화 등

필름 누아르(film noir)

음산하고 어둡고 우울한 느낌의 영상으로, 어두운 범죄 영화장르

헤트트릭(hat trick)
크라켓 투수가 연속 3명의 타자를 아웃시킴.
아이스하키·축구의 혼자서 3골 넣기

현악기(줄악기, 탄주악기)
<2009 수도권 매관공>
줄을 퉁기거나 활로 켜서 음을 내는 악기를 통틀어 이르는 말이다. 가야
금, 거문고, 바이올린, 비올라, 첼로 등

focus

> 현악 3중주 : 비올라, 바이올린, 첼로
> 현악 4중주 : 제1바이올린, 제2바이올린, 비올라, 첼로

C.U.(close up, 클로즈업)
<2013 한국마사회>
인물이나 사물을 확대하여 찍는 것

IFSA : 국제곡예경기연맹
<2011 대한장애인체육회>
ISOP : 절단자 및 기타 장애인경기연맹, IBSA : 시각장애인경기연맹,
CP-ISRA : 뇌성마비자경기연맹
국제 장애인올림픽 위원회(IPC)의 위치 : 독일 본

2014년 브라질월드컵
<2006 시흥교육·화성시, 2010 한수원, 2013 한국마사회>
본선 32개국

Chapter 5

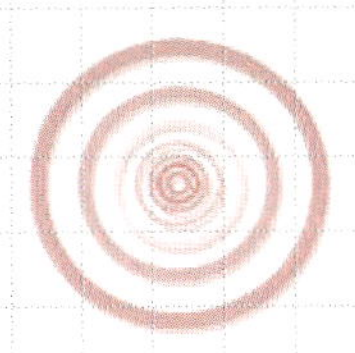

이모티콘(emoticon) : 사이버 공
간에서 컴퓨터 자판의 문자, 기호,
숫자 등을 조합해 자신의 감정이나
의사를 나타내는 것<2013 한국마사회>

I. 과학 · 기술

갤렉스(GALAX)- 「자외선 우주 망원경. 한 · 미 · 프합작」 <2006 중부발전>

광개토대왕함 - 「대한민국 해군 소속의 3000톤급 구축함」 <2006 화성시, 2010 한국농어촌공사>
한국형 경량 구축함으로 대한민국의 기술력으로 건조된 첫 번째 함정이다.

광학필름 <2005 한수원>
모니터의 빛을 고르게 해서 화면이 선명하게 보이도록 하는 역할의 필름이다. TV의 경쟁력을 좌우하는 화질에 절대적 영향을 미친다.

국가 6대 미래기술 <2013 한국마사회>
BT(bio technology), IT(information technology), NT(nano technology), ST(space technology), ET(environment technology), CT(culture technology)

국제원자력기구(IAEA) - 「 · 본부 : 오스트리아 빈」 <2005 · 2010 한수원>
· UN 산하 준독립기구로 1957년 창설
· 총회 연 1회, 회원국 각 1표

그랜드 바겐(grand bargain) - 「한반도 비핵화를 위한 북한과의 일괄타결 방안」

나노초 <2005 마사회, 2007 국회, 2008 삼성그룹>
10억분의 1초를 나타내는 단위
☞ 나노(nano)산업 : 나노(10-9)수준의 초미세 신물질의 개발, 합성, 응용 등에 관한 산업으로 초소형 컴퓨터나 로봇개발 등에 이용된다.

나로우주센터 <2007 한국자원공사, 2009 삼성그룹>

전남 고흥 외나로도에 한국항공우주연구원(KARI)이 건립 중인 위성발사 기지이름

나로호(KSLV-Ⅰ : Korea Space Launch Vehicle - Ⅰ) : 2009년 8월 25일(화) 오후 5시 발사 한국최초 우주발사체 나로호(KSLV-I)
우리별 1호 : 최초 우리나라 위성(1992.8.11)<2005 철도공사, 2008 한국감정원·서울·경기·대전·충남농협, 2010 대한지적공사, 2011 한국잡월드>
1992년 발사, 지구표면 촬영, 우주방사선 측정, 통신, 음성방송 등의 업무수행
☞ **아리랑 1호** : 우리나라 최초 실용위성(1999.12.21)   <2008 한국감정원>
　무궁화 1호 : 국내 최초 통신·방송 복합위성(1995.8.5)
　과학 1호 : 한국최초 과학로켓(1993.6)

노벨상(Nobel Prize) - 「알프레드 베르나르드 노벨 설립」 <2006 화성시, 2011 한국전기안전공사>

4개 기구(3개는 스웨덴 기구이고 1개는 노르웨이(평화상)기구)가 해마다 시상하는 각종 상. 물리학, 화학, 생리학, 의학, 문학, 평화, 경제학 7개 부문

랜드세트(LANDSAT)

NASA(미항공우주국)가 쏘아 올린 자원탐사 위성.
텔레비전 카메라로 찍은 지표의 여러 가지 영상을 세계 각국에 제공하고 있다. 지형, 해양, 식물의 형태, 광물, 도시화 상황, 환경변화 등이다.

리튬폴리머전지　　　　　　　　　　　　　　　　　　<2012 한국농어촌공사>

노트북이나 휴대폰 등에 쓰이는 고체전지로, 안정성이 우수하고 에너지 효율도 높아 꿈의 전지

미디엄 테크놀러지(medium technology) - 「연구개발집약도」

즉 매출액에서 차지하는 연구개발비의 비중이 중간 정도면서 제품의 고급화나 산업의 고도화에 필수적인 핵심요소기술을 말한다.

바이오피드백(bio-feedback)

바이올로지(biology, 생물)와 피드백(feedback, 귀환)의 합성어. 생물체의 자기제어, 즉 생체의 신경, 생리상태 등을 어떤 형태의 자극 정보로 바꾸어 그 생체에 전달하는 조작을 말한다.

방사성 측정 단위 - 「Sv(시버트)」 <2011 국민연금공단>

방사성 폐기물 처리방법 <2010 한수원>

· 고준위 방사성 폐기물은 핵연료로 사용하고 난 후의 핵연료와 재처리과정에서 나오는 폐기물로 95% 이상을 재활용할 수 있어서 폐기물로 간주하지 않는다.
· 저준위 방사성폐기물은 원자력발전소에서 사용한 장갑·작업복·각종교체부품, 관련 산업체·병원·연구기관에서 나오는 폐기물이다.
· 방사능 준위 구분 : 고준위·중준위·저준위 방사성 폐기물
· 기체, 액체, 고체 등 그 형태에 따라 저장방법이 다름.

법정계량단위 <2012 한국농수산식품유통공사>

일상생활이나 산업 · 과학 · 교육 등 공공분야에서 길이, 무게, 넓이, 부피 등을 표시하는 데 통일적으로 사용하는 단위로, 길이(m), 넓이(m^2), 부피(cm^3, m^3, L), 질량(g, kg) 등

focus

<2012 한국농수산식품유통공사>
섭씨온도(℃) : 물의 끓는점과 물의 어는점을 온도의 표준으로 정하여 그 사이를 100등분한 온도 눈금
화씨온도(℉) : 1기압에서 물의 어는점을 32, 끓는점을 212로 정한 후 두 점 사이를 180 등분한 온도 눈금
섭씨와 화씨의 관계식은 「화씨 = 1.8×섭씨+32」, 대략 섭씨 100도는 화씨 212.
빛의 밝기(Lux), 소리(dB), 전력(W), 전류(A)

브로큰 애로(broken arrow) - 「중대한 핵무기 사고」

미국방성의 용어로 「부러진 화살」이라는 뜻이다. 즉 핵무기가 우발적으로 발사되어 전쟁발발의 위험이 있을 때라든가, 방사능오염, 핵무기의 도난, 분실 등 위험에 처해 있을 때를 가리킨다.

사이버슬래킹 <2011 한국전기안전공사>

근무시간에 인터넷으로 주식이나 게임 등을 하여 업무효율을 떨어뜨리는 행위

사일로(silo) - 「전략미사일의 격납고」

적의 핵 공격으로부터 전략 미사일을 방호하고 이를 적시에 발사하는 조정실이 지하에 연결되어 있다.

슈퍼노바 신드롬(Supernova Syndrome)

슈퍼노바(초신성)란 항성 진화의 마지막 단계에 이른 별이 폭발하면서 엄청난 에너지를 순간적으로 방출, 그 밝기가 평소의 수억 배에 이르렀다가 서서히 사그라지는 현상을 말한다. 심리학에서는 열심히 인생을 산 사람들이 성공 뒤 갑작스럽게 허탈감을 느끼는 것을 말한다. 슈퍼노바 신드롬은 대개 정상의 자리에 오른 CEO들에게 주로 찾아온다.

☞ **항성** : 태양처럼 스스로 빛을 내는 고온의 천체, 행성·위성·혜성 등을 제외한 대부분의 별

<2012 한국농수산식품유통공사>

스마트그리드(smart grid) <2013 한국마사회>

- 동북아시아 국가 간 전력망 연계가 가능
- 전기자동차가 전력을 충전하고 방전하는 시스템을 구축
- 소비자들이 전력을 효율적으로 소비가능
- 신재생에너지에서 생산된 전력을 안정적으로 공급
- 직류송전 가능으로 가전제품의 전기효율 향상

스푸트니크 1호 <2005 인천공항공사, 2009 삼성그룹>

소비에트 연방이 1957년 10월 4일 발사한 「세계 최초의 인공위성」.

아라미드 섬유(Aramid fiber) - 「열에 강하고 튼튼한 첨단 화학섬유」

아이보(AIBO)   <2007 경기기능>
1999년 일본 소니사에서 발표한 세계최초의 본격적인 감성 지능형 완구
로봇 애완견

안드로이드(Android)   <2011 농수산물유통공사 · SH공사, 2010 인천도시개발>
구글이 제작한 스마트폰 실행 프로그램, 모든 소스코드를 공개하여 배포하
고 있는 「모바일 전용운영체제」
☞ 스마트폰 운영체계 : iOS(애플), 안드로이드(구글), 심비안(노키아)
　 피처폰 : 저성능 휴대전화
　 매시업(mashup) : 웹 서비스 업체들이 다양한 콘텐츠와 서비스를 혼합하여 새로운
　 서비스나 애플리케이션을 개발하는 것

에버원(EveR-1) - 「한국의 최초 예능로봇」   <2007 경기교육>
한국생산기술연구원이 국내 최초로 선보인 안드로이드 로봇의 이름

오딧세이 - 「화성 탐사선」   <2006 중부발전>
전송한 자료를 토대로 화성 지표 밑 수소분포 상황지도 작성. 화성의 위도
55도에서 북극까지 지역엔 얼음이 풍부한 광범위한 토양이 있는 것으로
분석

오슬로 - 노르웨이의 수도, 노벨평화상 수상도시 <2004 경남, 2005 철도공사>

오즈마 프로젝트 - 「NASA 외계생명체 탐사 」   <2011 한국공항공사>

우라늄238   <2004 근로복지공단>
자연계에 가장 풍부하게 존재하는 우라늄의 동위원소.

원자력발전소   <2010 한수원>

· 1978년 국내 최초로 준공된 우리나라 최초의 원전 고리1호기
· 국내 운전 중인 원자력발전소는 월성 1호기를 제외하고 모두 가압경수
  로임.
· 신울진 1호기는 현재 2016년 준공을 목표로 건설중임.
· 1983년 4월부터 상업운전 중인 월성 1호기의 설계수명은 30년임.

이지스함(Aegis 艦) <2011 한국전기안전공사>

「꿈의 구축함」이라 불리는 이지스함은 미국 해군이 개발한 이지스 시스
템을 장착한 구축함을 지칭.
이지스급 구축함은 해상에서 적의 유도탄이나 항공기, 함정, 잠수함 등 총
21개의 대공, 대함, 대잠 목표물에 대한 동시대응 및 제압능력을 갖고 있
다.
☞ 우리나라의 이지스함 : 세종대왕함(우리나라 최초), 율곡 이이함

전력수급 비상단계 <2012 한국농수산식품유통공사>

· 준비 : 400 ~ 500만kw
· 관심 : 300 ~ 400만kw
· 수의 : 200 ~ 300만kw
· 경계 : 100 ~ 200만kw
· 심각 : 100만kw 미만

제6의 영양소 – 「식이섬유」 <2005 철도공사>

킬러 애플리케이션(Killer application) <2006 중부발전, 2009 삼성그룹>

사회를 변화시킬 정도로 막대한 영향력 있는 혁신적인 상품이나 발명품을
통틀어 말함. 줄여서 '킬러 앱(killer App)'이라 한다.

피코랩 <2007 한국자원공사>

2007년 1월 <이달의 과학기술자상>은 국내 과학계에서 불모지로 여겨졌
던 빙하분야를 세계적 수준으로 끌어올린 한국해양연구원 부설 극지연구소

의 홍성민 박사에게 돌아갔다. 그가 운영 중인 빙하 연구에 필요한 「청정
실험실」이다.

핵실험금지조약(CTBT) <2005 마사회, 2008 SH공사, 2009 경기농협>
부분적 핵실험 금지조약에서 제외된 핵실험을 금지하는 「포괄적 핵실험
금지조약」
미국, 러시아, 중국, 영국, 프랑스 등 핵보유 5개국과 인도, 파키스탄, 이
스라엘 등 핵보유 추정 5개국, 핵실험 탐지시설을 갖고 있는 우리나라와
일본 등 37개국이 교섭에 참석하고 있다.

APR-1400 <2010 한수원>
2009년 말 우리나라가 아랍에미리트(UAE)에 수출한 원전과 같은 기종.
2010년 신울진 원자력발전소 1·2호기에서 채택한 원전.

BOT(build Operate Transfer)
민간 기업이 사회간접자본(SOC) 시설을 하고 일정기간 무상으로 운영을
한 다음 국가에 그 소유권을 귀속케 하는 제도.

KT(Korea Good Technology) 마크 <2005 철도공사>
「한국우수기술마크」.
과학기술처가 국내 기업들이 개발한 우수 신기술을 대상으로 시행을 추진
중임.

NT – 국내신기술 마크 <2005 마사회>

WMA – 「음성데이터 포맷 윈도우 미디어 오디오 확장자명」 <2011 농수산
물유통공사>

Ⅱ. 정보통신(컴퓨터 · 인터넷)

검색사이트 – 다음 · 야후 · 네이트 · 구글 · 네이버 등 <2005 파주시>

게이트웨이(gateway)

<2004 삼성그룹, 2006 한전, 2008 SH공사, 2009 수도권 매관공>

컴퓨터 네트워크에서 「서로 다른 통신망」, 프로토콜을 사용하는 네트워크간의 통신을 가능하게 하는 컴퓨터나 소프트웨어를 통칭.
구조가 서로 다른 두 개의 통신네트워크를 연결하는 장치

광대역통신망

<2007 중부발전, 2007 충남교육>

한 개의 동축 케이블로 유선 텔레비전의 송수신은 물론, 보내는 쪽과 받는 쪽이 대화할 수 있는 텔레비전 전화, 데이터 통신, 팩시밀리, 신문 따위의 다양한 통신이 가능한 통신망이다.

그리드컴퓨팅(grid computing) <2012 한국농어촌공사>

컴퓨터의 연산능력이나 데이터, 첨단실험 장비 등 여러 장비를 인터넷을 통해 공유하려는 새로운 분산컴퓨팅 모델, 그리드컴퓨팅에 대한 구상은 전 세계의 모든 컴퓨터를 네트워크로 연결, 하나의 가상 컴퓨터 공간을 만든다는 개념에서 출발, 유휴자원을 공유하거나 활용하여 대량의 데이터를 보다 빠르게 처리 가능, 영상이나 문서만을 공유하는 월드와이드보다 한 단계 진화된 방식

기억용량 – 「기억장치에 저장할 수 있는 정보량」 <2006 경기>
단위는 바이트(B) 임. 1B, 1KB, 1MB, 1GB, 1TB

뉴로컴퓨터 <2008 SH공사>
인간두뇌의 기본요소인 뉴런이라는 세포의 정보처리 방식을 컴퓨터의 처리
방식에 응용한 첨단 컴퓨터

데스크톱 출판(DTP)
컴퓨터를 이용 책, 문서, 신문 등 출판물을 제작하는 「전자출판시스템」.

도메인 네임(domain name) <2012한국마사회, 2004 근로복지공단>
「인터넷에 접속되어 있는 컴퓨터의 알파벳의 주소」
☞ 국가별 도메인 : 독일(de), 우크라이나(ua), 일본(jp), 체코(cz)

동적호스트설정통신규약(DHCP) <2006 남양주시>
DHCP(Dynamic Host Configuration Protocol)는 네트웍 관리자들이
조직 내의 네트웍 상에서 IP 주소를 중앙에서 관리하고 할당해 줄 수 있
도록 해주는 프로토콜.

라우터(router) <2004 삼성그룹, 2005 마사회, 2010 대한지적공사>
다른 네트워크 주소를 갖는 LAN간을 접속하는 장치.
인터넷을 연결하고 가장 적절한 통신경로를 찾아주는 것.

르네상스칼라 <2011 SH공사>
급변하는 시대흐름에 따라 인터넷 비즈니스에서 뛰어난 활약을 하는 사람

리눅스(Linux) – 「컴퓨터 운영체제(OS)」

멀티태스킹 <2012 한국농수산식품유통공사>
한 사람의 사용자가 한 대의 컴퓨터로 2가지 이상의 작업을 동시에 처리

하거나 2가지 이상의 프로그램들을 동시에 실행시키는 것

focus

메모리(memory) - 「기억소자」

주로 컴퓨터의 디지털 정보를 일시적이거나 영구적으로 기억하는 장치.

모빌 컴퓨터(mobile computer) - 「노트북이나 PDA」

개인정보 단말기 등 개인 휴대용 컴퓨터에 무선정보통신 기능을 합한 시스템을 말한다. 이 컴퓨터는 인공위성이나 전파중계시설을 이용, 지구촌 어디서나 디지털 자료를 입출력할 수 있어 차세대 첨단기기이다.

무어의 법칙(Moore's law) <2004 삼성그룹, 2005 진주시>

반도체 집적회로의 성능이 24개월마다 2배로 증가한다는 법칙, 인텔의 공동설립자인 고든무어가 1965년 내 놓은 것.

미들웨어(Middleware) <2009 수도권매관공>

컴퓨터 제작회사가 사용자의 특정한 요구대로 만들어 제공하는 소프트웨어.

미러사이트(mirror site) <2012 한국농수산식품유통공사>

다른 사이트의 정보를 그대로 복사하여 관리한 사이트

> 보털사이트 : 특정 사용자 집단을 대상으로 특정 분야에 한정된 정보를 깊이 있게 제공하는 산업별 포털사이트
> 포털사이트 : 집안으로 들어갈 때 반드시 지나가야 하는 현관처럼 네티즌들이 인터넷에 접속할 때 늘 거치도록 만든 사이트
> 허브사이트 : 중앙의 운영사이트를 중심으로 여러 개의 콘텐츠 제공 사이트들이 원을 이루며, 연합하고 있는 사이트 연합체

보털사이트(Vortal site)
<2009 수도권 매관공>

특정인을 대상으로 특정분야에 한정된 정보를 깊이 있게 제공하는 인터넷 사이트.

부하율(負荷率)

「일정 기간에 있어서의 평균전력(平均電力)의 최대전력에 대한 비율」

사무 자동화(office automation)
<2004 울산시, 2008 SH공사>

컴퓨터 등을 이용하여 사무처리를 자동화하는 것

사이버 서퍼(cyber surfer)

정보통신기기 및 온라인 등을 이용해 거기서 정보를 얻어 삶을 풍요롭게 하는 사람.

사이버스쿼팅(cybersquatting) - 「도메인 점거」
<2006 토공>

기업의 상표, 단체명 또는 이와 유사한 사이트 이름을 이익을 얻을 목적으로 도메인 등록하는 것.

사이버펑크(cyberpunk)
<2006 충남농협>

1980년대 이후 등장한 과학소설의 한 장르로, 인간의 본성과 기술이 엮이게 되면서 가까운 미래에 일어날 새로운 아이디어를 표현하는 것.

사이버펑크(cyberpunk)족

「컴퓨터 세대가 만드는 새로운 반문화 조류」

사이버펑크영화　　　　　　　　　　　　　　　<2006 서울시 농수산물공사>

컴퓨터가 개인의 신경 조직이나 다름없게 돼버린 현 시대의 문화현상을 담고 있는 영화장르

서비스 거부 공격　　　　　　　　　　　　　　　　　　<2006 남양주시>

시스템의 정상적인 동작을 방해하는 공격수법으로서 대량의 데이터 패킷을 통신망으로 보내거나 전자 우편으로 보내는 식의 공격.

스티브 잡스(1955년 2월 24일 ~ 2011년 10월 5일)

애플의 창립자, 세계 최초의 PC개발자

소셜노믹스(Socialnomics) - 「에릭 퀄먼의 책제목」　<2005　파주시,　2006 중부발전, 2011 한국산업안전보건공단>

블로그, 트위터, 페이스북 등 소셜미니어가 어떻게 우리 삶과 비즈니스를 바꿀지에 대해 기술한 것.

focus

> **소셜네트워크서비스(Social Network Service)** : 웹상에서 이용자들이 인적 네트워크를 형성할 수 있게 해주는 서비스로, 트위터 · 싸이월드 · 페이스북 등이 대표적임.　　　　　　　　　　　<2012 한국농수산식품유통공사>
> **소셜커머스(Social Commerce)** : 소셜미디어와 온라인 미디어를 활용하는 전자상거래의 일종
> **소셜앱스(Social Apps)** : 포털사이트 네이버의 소셜게임 공급 사이트

스위칭허브(Switching Hub)　　　　　　　　　　　　<2006 남양주시>

복수조의 접속구 상호 간에 데이터 프레임의 **동시 교환 접속 기능**을 가진 허브 보통의 중계기 허브와 대비되는 용어이다. 통신망 관리에서 서버 간의 통

신량이 많고 서버들이 동일 허브에 접속되어 있는 경우, 보통의 중계기 허브 대신 스위칭 허브로 대체하면 성능을 개선할 수 있다.

스트리밍(streaming) - 「실시간 재생하여 볼 수 있는 기법」

<2010 대한지적공사, 2013 국립공원관리공단>

> **북마크** : 인터넷의 웹브라우저에서 웹사이트의 주소를 등록해 놓고 나중에 바로 찾아갈 수 있도록 하는 기능

스풀링(Spooling)

<2005 마사회, 2009 수도권 매관공>

스풀(Spool)이란 Simultaneous Peripheral Operation On-Line의 줄임말. 컴퓨터 시스템에서 중앙 처리장치와 입출력장치가 독립적으로 동작하도록 함으로써 중앙처리장치에 비해 주변장치의 처리속도가 느려서 발생하는 대기시간을 줄이기 위해 고안된 기법이다. 스풀을 적용하는 가장 대표적인 곳은 프린터 출력작업이다.

시그널링 트래픽(Signaling Traffic)

스마트폰 응용프로그램(앱)이 사용자의 상태를 확인하기 위해 수시로 무선 인터넷을 통해 수집하는 신호용 데이터.

시삽 - 시삽(sysop)은 「시스템 운영자」의 줄임말

<2013 한국마사회>

시솝·시샵 등으로도 불린다.

싸이월드(Cyworld) - 「미니홈피」

악성 애드웨어(Adware) - 「자동설치 광고프로그램」

<2009 인천관광공사>

인터넷을 사용할 때 「설치에 동의하십니까」 라는 창을 띄워 사용자가 무심코 「예」 를 클릭하면 PC에 바로 설치되는 광고 프로그램이다.

애플릿(applet)

<2011 국민연금, 2006 수자원, 2009 수도권 매관공>

「작은 응용프로그램」, 인터넷에서는 자바로 기술된 자바애플릿을 가리키는 일이 많다.

아키(Archie) : 인터넷상의 익명 FTP 서버에 공개되어 있는 파일을 검색하는 서비스를 하는 클라이언트 · 서버형 프로그램이다.
고퍼(Gopher) : 미국 미네소타 대학에서 캠퍼스내의 정보 서비스용으로 개발한 「분산 정보검색 시스템」이다. 그 후에 확장되어 인터넷에서도 사용할 수 있게 되었다.

어나니머스(Anonymous) – 「국제해킹집단」 <2013 국립공원관리공단, 2014한국농어촌공사>
핵티비즘(자기만족보다는 정치적 명분을 갖고 해킹하는 것) 표방

엑스포메이션(exformation)   <2012 한국농어촌공사>
 – 정보와 비정보가 공존하는 상황과 관련된 말
 – 정보와 상반되는 개념
 – 정보의 홍수로 인해 야기되는 상황
 – 올바른 정보를 찾아내기 어려운 경우 지칭
 – 미국의 전 부통령인 앨 고어가 사용

5세대 컴퓨터 – 인공지능(AI)을 갖춘 비노이만형 컴퓨터 <2010대한지적공사>

옵트아웃(optout)   <2005 진주시>
전자 우편을 보내서 받은 사람이 수신을 거부하면 이후에는 보낼 수 없도록 하는 일 또는 그런 방식

옵트인(optin)   <2005 국체공단>
미리 받아 보겠다고 허락한 사람에게만 전자우편을 보내도록 하는 일이나 방식. – 「옵트인 메일서비스」

웨어러블 컴퓨터   <2004 근로복지공단>

사람이 옷을 입듯이 몸에 착용할 수 있는 컴퓨터

웹방화벽 <2004 삼성그룹, 2007 경기교육>

외부 네트워크와 내부 네트워크 사이에서 별개의 네트워크로 존재하며, 내부 네트워크로의 진입을 허용, 제한, 차단하는 것
「구성방식」
· one - Arm - Proxy
· Bridge - Proxy

네트워크 방화벽에 이어 웹애플리케이션 방화벽이 필수 보안 솔루션으로 인식되고 있음.

기존의 네트워크 방화벽은 네트워크의 구성에 IN-LINE 방식으로만 삽입되어 작동하지만 웹 방화벽은 Proxy 역할을 하기에 one - Arm - Proxy 또는 Bridge - Proxy 방식으로 웹애플리케이션 서버들을 보호한다.

웹호스팅(web hosting) <2003 주공, 2006 한전>

대형 통신업체나 전문회사가 자신들의 웹 서버를 개인 또는 개별업체에 제공하거나 임대해 주는 것

유튜브(youtube) <2013 한국마사회>

사용자가 영상 클릭을 업로드하거나 공유할 수 있는 미국의 무료 동영상 공유사이트

☞ 핀터레스트 : 핀 보드 스타일의 소셜 사진 공유 웹사이트

이모티콘(emoticon) <2013 한국마사회>

사이버 공간에서 컴퓨터 자판의 문자, 기호, 숫자 등을 조합해 자신의 감정이나 의사를 나타내는 것

☞ 아이콘(icon) : 컴퓨터에서 어떤 하나의 사물을 표시하기 위하여 사용하는 작은 그림

기프티콘(gifticon) : 휴대전화의 문자 메시지로 전송되는 바코드 형태의 온라인 선물 쿠폰

퍼스타콘(personacon) : 블로그나 인터넷 카페에서 글을 올렸을 때 글쓴이

이름 옆에 달려있는 그림이나 사진, 개성과 아이콘의 합성어

인공지능 인턴츠서비스 – 「DMB, 홈시어터시스템, 화상 전화시스템」

인코딩(encoding) <2012 한국농어촌공사>
음성이나 영상신호를 디지털 영상신호로 변환시켜 주는 기술

focus

> 디코딩(decoding) : 디지털 신호로 변환한 파일을 아날로그 신호로 변환하는 기술
> 코덱(codec) : 인코딩과 디코딩의 기능을 함께 갖춘 장치나 기술

인터넷 표준 프로토콜 – 「TCP/IP」 <2003 주공>

일괄처리(batch processing) <2005 수원시>
데이터 처리에서 즉각적인 처리를 필요로 하지 않을 경우 일정량 또는 일정기간 데이터를 수집한 후 일괄 처리하는 방식

전계방출디스플레이(field emission display, FED) <2006 고양시>
두께가 얇은 디스플레이 방식의 하나

focus

> LCD(liquid crystal display ; LCD) : 액정표시장치
> PDP(Plasma Display Panel) : 플라스마의 전기방전을 이용한 화상표시 장치
> 플라스마 디스플레이 패널(PDP ; Plasma Display Panel) : LCD와 함께 최근 세계 TV 시장을 주도하고 있는 「평판 TV의 화면표시장치」.
> PDP TV는 두 장의 유리 사이에 가스를 주입한 뒤 전압을 가해 네온광을 발광시키는 방식으로 선명한 화면을 만듦.

정보화 사회 <2009 수도권 매관공>
정보화 사회는 정보를 가공, 처리, 유통하는 활동이 활발하여 사회 및 경제의 중심이 되는 사회.

정보화 사회의 특징 : 정보화 사회라는 말은 산업사회, 농경사회, 수렵사회 등과 대비되는 개념.

제한적 본인 확인제 – 「인터넷실명제」

인터넷에서 댓글 등을 쓸 때 본인 여부를 확인하는 절차를 거치도록 한 제도.

채팅 앱

스마트폰을 통해 채팅할 수 있는 응용프로그램(애플리케이션·앱)

크래커(cracker)

<2005 마사회>

컴퓨터 지식을 이용하여 정당한 권한 없이 타인의 시스템에 침입하거나 침입한 시스템의 데이터를 임의로 고쳐 쓰고 삭제하는 등의 악의적 행위를 저지르는 사람.

위험한 해커라는 뜻의 데인저러스 해커(dangerous hacker) 또는 데커로 부르자는 주장도 있다.

클라우드 컴퓨팅

<2010 부산교통공사, 2011 국민건강보험, 2012 한국산업단지공단>

사용자들이 정해진 PC 없이도 웹상에 자료를 저장하여 어디서나 실행가능한 분산형 IT 인프라 서비스 – 인터넷 서버컴퓨터에 저장

유틸리티 : 컴퓨터 사용에 도움이 되는 각종 소프트웨어

증강현실 : 실제의 환경에 3차원의 가상물체를 겹치게 하여 정보를 알려주는 기술

블루투스 : 휴대전화와 휴대전화 사이, 휴대전화와 PC 간에 연결 케이블 없이 전파를 사용하여 데이터를 주고받기 위한 규격 <2011 국민건강보험>

로밍 : 서로 다른 통신사 지역 내에서도 통신이 가능하도록 연결하는 서비스

키보드 워리어(Keyboard Warrior)
<2010 대한지적공사>

「악성 댓글을 상습적으로 올리는 네티즌」

태블릿 PC(tablet PC)
<2012 한국농수산식품유통공사>

직접 화면에 손가락으로 글씨를 써서 문자를 인식하게 하는 터치스크린 방식으로 프로그램을 실행할 수 있는 모바일 인터넷 기기

☞ 스마트폰 (smart phone) : 독자적인 운영체제(OS)를 탑재하고 이메일·게임 등 다양한 서비스를 사용할 수 있도록 한 휴대전화 <2012 한국농수산식품유통공사>

패블릿 (pablet) : 스마트폰과 태블릿 컴퓨터의 합성어, 5인치에서 6인치 사이의 스마트폰 <2014 한국농어촌공사>

넷북 (netbook) : 기존 노트북에 비해 기본적인 문서작업이나 인터넷 위주의 기능만 탑재하여 상대적으로 가격이 저렴하고 무게도 더 가볍게 제작된 노트북

1테라바이트(TB) - 「10억 킬로바이트(KB)」
<2012 한국농수산식품유통공사>

1테라바이트(TB)는 1000기가바이트(GB), 100만 메가바이트(MB), 10억 킬로바이트(KB), 1조 바이트(B)

텔레매틱스 - 「무선데이터서비스」
<2007 삼성그룹, 2010 대한지적공사>

자동차 내의 위치추적, 인터넷 접속을 통한 정보검색 등이 연계된 서비스 제공.

패치(patch)
<2003 주공>

소프트웨어의 기능에서 부분적인 부적절을 고치는 수정 프로그램이나 기능정보

패치프로그램(patch program)
<2005 한수원>

소프트웨어 제작자의 베타판이나 시험기간 중 또는 제품이 정식으로 발매된 이후에도 버그가 발견되곤 하는데, 이때 사용자에게 제공되는 해결프로그램을 말함.

패킷(packet)
<2012 한국농수산식품유통공사>

네트워크를 통해 전송되기 쉽도록 자른 데이터의 전송단위

비트(bit) : 디지털 컴퓨터에서 정보를 나타내는 최소의 단위
큐비트(qbit) : 양자컴퓨터에서 정보저장의 최소단위

퍼지컴퓨터 : 인간의 지능처리 기능을 적용한 컴퓨터 <2008 SH공사>

바이오컴퓨터 : 신경세포생리학으로 뇌나 신경조직을 해명한 결과를 이용해서 만든 것으로 인간의 뇌나 신경에 가까운 성능의 분자전자소자를 사용하는 컴퓨터

포털사이트 - 「웹페이지 첫 화면」 <2011 국민연금, 한국전기안전공사>
원하는 정보를 검색하기 위해 거쳐야 하는 사이트, 웹페이지 첫 화면

페이스북 : 마크 주커버그가 개설한 미국 사이트,
트위터 : 실시간 인터넷 단문메시지 전송 가능한 소셜 네트워킹 겸 마이크로 블로깅 서비스
엑스트라넷 : 기업 내 전산망인 인트라넷을 부분적으로 외부 거래업체들에 개방해 통신 문서교환 등에 활용하는 전산망 <2012 한국보훈복지의료공단>

폴리곤 메시(polygon mesh) <2006 중부발전>
3차원 컴퓨터 그래픽스에서 다면체의 형태를 구성하는 폴리곤과 정점들의 집합을 의미한다.

프로토콜(Protocol) <2004 서울시 농수산물, 2005 국체공단, 2012 한국농수산식품유통공사>
「단말기나 컴퓨터 사이에 정보를 교환하기 위해 정해놓은 통신규약」

프록시서버 <2006 남양주시>
프록시서버(proxy server)는 클라이언트가 자신을 통해서 다른 네트워크

서비스에 간접적으로 접속할 수 있게 해 주는 네트워크 서비스.

하이브리드 컴퓨터
<2006 용인시>

아날로그 컴퓨터와 디지털 컴퓨터를 하나의 시스템으로 합친 컴퓨터

핫스폿(Hot Spot)
<2003 주공>

아이콘의 정확한 부분이나 마우스 지시자의 화살표 끝의 위치와 같이 마우스의 조작에 따라 작업의 선택이 이루어지는 정확한 장소

화이트리스트 제도

통신사가 IMEI를 직접 관리하면서 자사에 등록한 휴대폰만 소비자에게 판매하는 방식.

BRT(Bus Rapid Transit)

전기나 연료전지를 연료로 사용해 고무바퀴로 달리는 고속교통수단으로 정류장과 차량, 전용도로, 고급서비스 및 교통정보 등을 종합한 시스템 전체를 의미. - 버스에 지하철의 운영 개념을 도입한 것

CALS

Continuous Acquisition and Life-cycle Support의 약어
인터넷 다음에 제조업의 생산과정 전부를 컴퓨터망으로 연결, 효율을 극대화시키는 「첨단 컴퓨터」이다.

CDMA

Code Division Multiple Access의 약어로, 「코드 분할 다중접촉」. 이는 전파방해나 도청방지 등을 위해 군통신에서 사용되어 오던 것으로, 10~20가지의 디지털 신호가 각각 코드를 부여해 하나의 채널로 내보낸 다음 이를 받아 각 코드별로 재구성하는 방식이다. 우리나라도 이를 개통했다.

CIO - 「최고정보관리책임자」　　　　　　　　　　　　　　　　　　<2006 중부발전>

HDTV　　　　　　　　　　　　　<2004 농어촌공사, 2005 근로복지, 2007 국회>
최고화질의 TV
☞ IPTV : 초고속 인터넷을 이용한 동영상콘텐츠, 방송, 정보 등을 TV 수상기로 제공하
　는 서비스. 가정내 셋톱박스 설치, 2006년 11월 시범서비스 개시
　　　　　　　　　　　　　　　　　　　　　　　　　<2008 SH공사 · 한국산단>
LTE(Long Term Evolution)
무선 인터넷 속도가 빠른 4세대 이동통신 서비스

MSO(Multi System Operator)
여러 개의 종합유선방송사업자(SO)를 두고 전국 여러 지역에서 케이블 방
송 채널을 송출하는 「유료방송업체」.

m-VoIP(mobile - Voice over Internet Protocol)
무선 인터넷망을 이용해 음성 통화를 하는 서비스, 보이스톡(카카오), 라
인(NHN), 마이피플(다음케뮤니케이션) 등

offshoring　　　　　　　　　　　　　　　　　　<2005 마사회, 2009 경기교육>
경영효과 및 효율의 극대화를 위하여 기업 업무의 일부 프로세스를 제3자
에게 위탁해 처리하는 것.

PCN -　　「차세대 개인휴대전화」　　　　　　　　　　　　　　<2006 고양시>
PCN(Personal Communications Network). 담배갑 무게에 작은 수첩
크기의 초소형 휴대전화인 PCN은 평생 고유번호로 전 세계 어떤 장소에
서도 사용이 가능한 최첨단 전화시스템.

PICS　　　　　　　　　　　　　　　　　　　　　　　　　　<2006 남양주시>
PICS(platform for Internet content selection)는 웹 개발자들이 자
기 사이트의 콘텐츠에 관한 정보를 나타내는 HTML 태그를 삽입할 수 있

도록 해주는 HTML 최신버전 내에 있는 규격.
성인용 콘텐츠로부터 아이들을 지키기 위해 사용한다.

RAM - 「휘발성 메모리」   <2011 농수산물유통공사>

ROM : 전원이 차단되어도 정보가 없어지지 않는 기억장치
MMC : 외장형 플래시 메모리
HDD : 자성체를 입힌 알루미늄 기판에 자료를 저장하고 읽어내도록 만든 보조기억장치

RFID - 「발전된 전자태그」   <2005 마사회>

Shift : 연결된 영역   <2006 경기>
C trl : 떨어진 영역

USIM   <2013 한국마사회>

사용자 인증과 글로벌 로밍, 전자상거래 등 다양한 서비스를 제공할 수 있
도록 가입자의 여러 개인정보를 1장의 카드에 담은 범용가입자 식별체계

Ⅲ. 환경위생(보건)

간의 기능   <2010 인천도시개발>

적혈구파괴, 혈당량조절, 해독작용
☞ 소화효소 분비는 간의 기능이 아님.

고엽제(defoliant)   <2006 중부발전>

식물의 잎이 완전히 자라기 전에 떨어지게 하는 화학약품.
고엽제 자체보다 더 논란거리가 된 것은 그 주요성분인 '에이전트 오렌지'
라는 화합물이었다.

골드만상 - 「환경의 노벨상」 <2006 중부발전>

1990년 샌프란시스코의 골드만 보험회사 사장이자 시민운동가인 리차드 골드만과 세계적 의류회사인 레비스트로스 창립자의 후손인 로다 골드만 여사에 의해 제정돼 처음으로 시상되었다. 국제위원회에 의해 매년 6대주에서 1명씩 선발되는 골드만상은 세계적 권위를 인정받는 상으로 매년 환경운동에 있어 탁월한 성과를 거둔 인물들에게 수여되는 환경의 노벨상이다.

국가예방접종대상자

감염으로 인한 합병증 및 사망위험이 높아 정부가 신종플루예방 백신을 우선적으로 접종키로 한 것

☞ 접종은 의료·방역요원 → 학생 → 영유아·임신부 → 군인·노인·만성질환자 → 일반인 순이다.

focus

치료거점병원 : 보건복지가족부가 지정한 각 지역의 신종플루 치료 중심병원

국제연합환경계획 - UNEP(United Nations Environment Programme)

그라피티 무브먼트(graffiti movement)

그라피티란 벽이나 바위에 긁어서 그린 그림이나 문자, 낙서.
현대도시 사회의 황량한 비인간적 환경을 개선코자 하는 새로운 문화운동으로 우리나라에도 부분적으로 그 움직임이 있다.

그래핀 <2011 대한장애인체육회>

탄소원자를 결합한 화합물로 육각형 모양의 벌집 구조, 기초 전자소재를 대체하는 신소재

그린업그레이드 운동 <2011 근로복지공단>

자신이 배출한 이산화탄소의 양에 상응하는 환경보호 기부금을 내자는 운동

그린 올림픽

인류공동의 적은 환경파괴라는 인식 아래 1994년 릴레함메르 동계올림픽
에서 국제적 이해와 친목도모라는 올림픽 이상에 환경보호라는 새 개념이
도입.

그린 GNP

자연자원 고갈이나 환경오염으로 인한 사회적 손실을 공제하고 산출하는
국민총생산.

그린피스(green peace) – 「국제적인 자연보호단체」

<2004 삼성그룹, 2005 대구시, 2006 경남교육, 2008 SH공사>

운동의 중심은 핵문제와 절멸의 위기에 있는 야생동물의 보호이다. 1994년
4월 「아시아 비핵지대화 순방」의 계획의 하나로 우리나라도 방문했다.

글로벌500 – 「환경계의 노벨상」 <2004 근로복지공단>

유엔환경계획(UNEP)이 환경보호에 기여한 개인 또는 단체를 지구 전체
의 환경사절로 위촉, 지구환경문제 해결에 앞장서도록 하기 위해 제정한
명예제도.
전 세계적으로 500명에 한해 수여되기 때문에 환경문제에 관심 있는 개인
이나 단체에는 최고의 영예이다.

기후변화에 관한 유엔 기본협약(United Nations Framework Convention on Climate Change)

이산화탄소를 비롯한 온실가스의 방출을 제한하여 지구온난화 방지목적

녹색금융

경제활동 전반에 걸쳐 자원 및 에너지 효율을 높이고 환경을 개선하는 상
품 및 서비스의 생산에 자금을 제공함으로써 「저탄소 녹색성장」을 지원
하는 활동이다.

농산물 지리적 표시제 <2012 한국농어촌공사>

- 특정 지역의 지리적 특성에 기인한 농산물 또는 가공품으로 인증받기 위해서는 유명성, 역사성, 지역성, 지리적 특성 등의 요건을 충족할 것
- 농수산물품질관리심의회가 농수산물 표준규격 및 지리적 표시 등에 관한 사항을 심의
- 농산물 우수관리인증 대상품목은 농림수산식품부장관이 고시하는 품목에 한함
- 한국의 지리적 표시 농산물 제1호는 보성녹차임
- 지리적 표시제는 국제거래에서 인정됨

다산기지 - 「극지연구를 위해 설립한 북극과학기지」 <2010 대한지적공사>

다이옥신(dioxine) - 「유기화합물」 <2005 파주시>

염소로 치환된 두 개의 벤젠핵을 산소로 결합한 유기화합물, 독성이 강하며, 암을 유발하거나 기형아 출산의 원인이 된다. 플라스틱이나 쓰레기를 소각할 때 발생한다.

대도시 대기오염 <2004 창원시>

「자동차의 공해가 대도시 대기오염의 주요 오염원」

데시빌(dB ; decibel) <2004 경남, 2005 마사회·철도공사>

「소음측정단위」, 2개의 전력이나 음향력의 비를 나타내거나 소리의 상대

적 높이를 측정하기 위한 단위

레지오넬라(Legionella)   <2005 근로복지공단, 2009 경기교육>
세균성 폐렴 발생원인의 20%를 차지할 만큼 인체의 큰 피해를 주는 세균. 주로 호텔, 병원, 백화점 등 대형빌딩의 냉각탑이나 수도배관, 배수관 등에 서식. 여름 「에어컨 냉각수에서 급 번식」

로마클럽 - 「국제적인 미래 연구기관」
1972년 성장의 한계라는 보고서를 발표하여 천연자원의 고갈, 환경오염 등을 경고했다.
전 세계적인 두뇌집단이자 혁신과 새로운 발상의 중심으로서, 비영리·비정부 단체이며, 전 세계의 과학자·경제학자·기업가, 국제적인 고위공무원 및 전·현직 국가원수 등으로 이루어진 단체이다.

로하스(LOHAS) <2005   마사회·SH공사,   2012   한국농수산식품유통공사·한국농어촌공사>
공동체 전체의 더 나은 삶을 위해 소비생활을 건강하고 지속가능한 친환경 숭심으로 전개하자는 생활양식·행동양식·사고방식 - 「라이프스타일」

리우선언
브라질의 리우-데자네이루(1992)에서 열렸었던 환경 및 개발에 관한 유엔회의(UNCED) 세계 114개국 정상 및 정부수반의 회담에서 채택된 역사적 선언. - 「지구환경보존의 기초적 장전」

벤조피렌(Benzopyrene)
물질을 불에 가열하거나 태우는 과정에서 생기는 환경 호르몬.

부영양화   <2007 경기교육, 2009 수도권 매관공, 2012 한국농수산식품유통공사>
호수와 같은 노화된 수중 생태계 안에서 인·질소(대기 중 가장 많은 비율의 기체) 및 다른 식물 자양분들의 농도가 점진적으로 증가되는 상태.

블루벨트(blue belt) <2008 YTN, 2009 수도권 매관공, 2011 수도권매립지관리공사>

연안의 수자원을 오염의 위험으로부터 보호하기 위해 설정한 「오염제한구역」. 우리나라의 한려수도 일대와 서해안 일부지역이다.

사스(SARS) – 「중증급성호흡기증후군」 <2006 화성시, 2014 한국농어촌공사>

severe Acute Respiratory Syndrome의 약자. 변종 사스코로나 바이러스가 일으키는 신종호흡기 전염병이다.

☞ 바이러스 : 크기가 수백 나노미터 정도, 핵산으로 이뤄진 생물과 무생물의 중간, 스스로 에너지를 만들지 못함, 에이즈나 에볼라, 사스 등.

사탕수수 – 「대체 에너지인 바이오에탄올의 주요 원료」 <2007 한국자원공사>

산성비 <2004 파주시, 2005 철도공사, 2008 서울·경기·대전·충남농협>

고농도의 황산과 질산을 포함하는 강수의 형태, 북아메리카와 유럽의 여러 지역에서 점점 심각한 환경문제 야기 – 「농도 PH 5·6 이하」

☞ 산성비의 원인물질 : 대기 중에 존재하는 이산화황(SO_2)과 산화질소(NO, NO_2) 등.

새집증후군(SHS, sick house syndrome) <2007 전남교육>

새로 지은 집이나 수리한 집의 벽지, 바닥재, 페인트 등 각종 건축자재에서 방출되는 「포름알데히드」, 「벤젠」, 「톨루엔」, 자일렌 등 각종 화학물질로 인해두통, 천식, 피로, 피부염 등 질환을 앓게 되는 것.

생물학적 산소요구량(BOD)

<2004 충주시, 2006 경남교육, 2007 경기교육, 2009 수도권 매관공>

물이 어느 정도 오염되어 있는가를 나타내는 기준으로 수중의 유기물이 미

생물에 의해 정화될 때 필요한 산소량.

단위는 PPM으로 나타내고 이 숫자가 클수록 물의 오염이 심하다. 예컨대 1의 수중에 1mg의 산소가 필요할 때가 1ppm이다.

세계보건기구 – WHO(World Health Organization)　　　<2004 삼성그룹>

세계 3대 민간 환경단체 – 「지구의 벗, 그린피스, 세계자연보호기금」
<2011 국민건강보험>

수질오염　　　　　　　　　　　　　　　　　　　　<2006 중부발전>

폐수나 농약 등 인위적 요인과 자연 변화의 영향으로 호수, 하천 등 수계가 오염된 상태.

스톡홀름 협약　　　　　　　　　　　<2011 서울시농수산물공사>

전 세계적으로 환경호르몬의 위험성에 대한 인식이 높아지면서 2001년 5월 환경호르몬 물질 중 매우 위험한 잔류성 유기오염물질(POPs) 12가지를 지정해 국제적으로 사용 금지, 사용 저감 등의 조치를 강구하기로 한 협약.

focus

스톡홀름 협약의 적용 대상인 12가지 물질 : 「dirty(더러운) 12」로도 불린다. 알드린·클로르단·DDT·디엘드린·헵타클로르·톡사펜·미렉스 등 살충제 7종과 살균제인 헥사클로로벤젠, 쥐약으로 쓰이는 엔드린, 소각시설 등에서 부산물로 생성되는 다이옥신과 퓨란계 물질들, 변압기 축전기의 절연물질로 사용되는 폴리클로리네이티드비페닐 등이 포함돼 있다. 이들 물질은 자연 생태계 내에서 쉽게 분해되지 않아 먹이 사슬을 거쳐 올라갈수록 체내에 쌓이는 「생물농축 현상을 보이는 것」들이다. 국내에서는 부산물로서 어쩔 수 없이 발생하는 다이옥신과 퓨란을 제외한 나머지 10가지 물질은 생산과 사용이 이뤄지지 않고 있으며 특히 PCBs도 20여년 전부터 사용이 금지돼 있다.

슬로푸드(slow food)운동　　　　　　　　<2013 한국마사회>

맛의 표준화 지양, 지방 음식 활성화, 음식을 통해 삶의 질 개선, 식문화 운동, 이탈리아 사람 카를로 페트리니가 처음 시작

신종인플루엔자 <2009 농어촌공사, 2010 인천도시개발>

「급성열성호흡기질환으로 제4군전염병」

7일 이내 37.8℃ 이상의 발열과 더불어 콧물 혹은 코막힘, 인후통, 기침 증상 중 1개 이상의 증상이 있는 경우이다. 다만, 최근 12시간 이내 해열제 또는 감기약(해열성분 포함)을 복용한 경우 발열증상으로 인정된다.

☞ 신종인플루엔자 A(N1N1) : 사람 · 돼지 · 조류 인플루엔자 바이러스의 유전물질이 혼합된 새로운 형태 바이러스

알츠하이머병(Alzheimer's disease)

<2005 교통안전공단 · 국체공단 2009 수도권매관공>

대뇌피질의 신경세포가 죽어서 대뇌의 전두엽과 측두엽의 뇌회가 위축되거나 줄어드는 「퇴행성 뇌질환」. 노인성치매의 주요원인

액화천연가스(LNG) <2004 산업인력공단, 2007 삼성그룹, 2010 인천도시개발>

공기보다 밀도가 낮아 누출 시 위로 퍼지므로, 위쪽 창문을 열어 환기시킨다. 주성분 메탄, 폭발위험 비교적 낮음, LPG보다 운반불편 등

☞ 액화석유가스(LPG) : 공기보다 밀도가 높아 누출시 아래로 가라앉으므로, 아래쪽 창문을 열어 환기시킨다. 운반편리 · 비용저렴 등

야맹증(nyctalopia) - 「비타민 A 결핍증」 <2009 경기기능>

눈이 밝은데서 어두운 데로 빨리 적응하지 못해서 희미한 불빛 아래에서나 밤에 시력이 떨어지는 증상.

약어(약자) <2012 한국농수산식품유통공사>

commercial - cml   international - intl
government - govt   insurance   - ins

에코폴리스(ecopolis) <2009 수도권 매관공>

사람과 자연이 조화를 이루어 공생할 수 있는 체계를 갖춘 도시. 1992년 리우회의 관련.

forestpia : 사람과 숲이 어우러지는 도시

연소증후군(burnout syndrome)　　　　　　　　<2005 인천공항공사>

한 가지 일에 지나치게 몰두하던 사람이 극도의 신체적·정신적 피로로 「무기력증·자기혐오 등에 빠지는 증후군」이다.

오장(五臟) － 「심장, 간, 비장, 폐, 신장」　　　<2012 한국농수산식품유통공사>

우포늪　　　　　　　　　　　　　　　　　　　<2007 충남교육>

경남 창녕군 일대에 위치한 **대한민국 최대의 내륙습지**이다.

유도만능줄기세포(iPS, induced Pluripotent Stem cell)

「**성체줄기세포**」 배아줄기세포와 함께 '세포치료' 목적으로 연구되는 줄기세포의 한 종류이다. 다 자란 세포에 특정 유전자를 삽입, 세포 초기 상태인 배아줄기세포와 거의 같게 만든 것이다. 난자나 수정란을 쓰지 않아 윤리논란에서 자유롭지만, 삽입한 유전자나 유전자 전달체인 바이러스의 안전성 문제로 환자 적용이 늦어지고 있다.

이에리사법

김연아 선수의 맥주 광고 논란을 계기로 탁구 스타 출신이자 스포츠계 대선배인 이에리사 새누리당 의원이 발의한 국민건강증진법 개정안.

이타이이타이병 －「**카드뮴 중독**」으로 인한 공해병　　<2005 국체공단>

'아프다아프다'라는 의미의 일본어에서 유래된 것.
일본 도야마현의 진쯔강 하류에서 발생.

일교차　　　　　　　　　　　　　　　　<2011 국민건강보험공단>

우리나라 － 봄, 가을 일교차가 큼

수증기 많은 해안지방 - 내륙보다 일교차 작음
고요한 날보다 - 바람이 강한 날의 일교차가 작음

적조현상
<2004 근로복지공단, 2008 SH공사, 2009 삼성그룹>

토양이나 하천·바다의 부영양화로 해수 플랑크톤의 수가 급격하게 증가하여 적색계통의 색을 띠는 현상

정맥산업
<2006 서울시 농수산물공사>

「폐기물과 같은 산업 쓰레기를 처리·재생·가공하는 산업」

제1군 감염병(6종)
<2004 경남>

전파속도가 빠르고 국민건강에 미치는 위해정도가 너무 커서 발행 또는 유행 즉시 방역대책을 수립하여야 하는 전염병이다. 발생즉시신고, 환자격리 필요, 콜레라·장티푸스·파라티푸스·세균성이질·장출혈성대장균감염증·A형간염

제4군 감염병(18종)
<2005 안양시>

국내에서 새롭게 발생하였거나 발생할 우려가 있는 감염병 또는 국내 유입이 우려되는 해외유행 감염병 : 지체없이 **보건소장에게 신고**
1. 페스트, 2. 황열, 3. 뎅기열, 4. 바이러스성 출혈열, 5. 두창, 6. 보툴리눔독소증, 7. 중증 급성호흡기 증후군(SARS), 8. 동물인플루엔자 인체감염증, 9. 신종인플루엔자, 10. 야토병, 11. 큐열(Q熱), 12. 웨스트나일열, 13. 신종감염병증후군, 14. 라임병, 15. 진드기매개뇌염, 16. 유비저(類鼻疽), 17. 치쿤구니야열, 18. 중증열성혈소판감소증후군(SFTS)

채소의 식용부위
<2012 한국농수산식품유통공사>

무는 뿌리채소이고, 오이, 참외, 호박은 열매채소이다.

카슨 - 「미국의 생물학자」
<2009 수도권매관공>

《침묵의 봄》을 통하여 농약에 의한 환경오염을 경고하여 큰 영향을 미쳤

으며, 저서에 해양 생물의 생태를 묘사한 《우리를 둘러싸고 있는 바다》 등이 있다.

카폭 <2007 환경자원공사>

해양에 유출된 기름을 걷어내는 **신개념 흡유 구조물을 만드는 데 사용되는 천연섬유 소재.** – 한국원자력연구소 정병엽 박사가 개발한 것

탄소배출권 <2004 삼성그룹, 2012 한국농어촌공사>

이산화탄소, 메탄 등 온실가스 배출량을 줄이기 위해 만들어졌다. 1997년 채택된 교토의정서는 지구온난화를 막기 위해 전 세계의 온실가스 배출총량을 정하고 이를 국가별로 할당하기로 했다. 이에 따라 할당량보다 많이 배출하려는 국가나 기업은 할당량보다 적게 온실가스를 배출한 곳으로부터 배출권을 사야 한다. 탄소배출권은 매매가 가능하다.

탄소배출권 거래 : 세계적인 환경 오염물 배출감축 노력에 따라 새로 형성되는 거래시장. 독일·일본·미국 등 30여개 국가가 참여한 교토의정서에 따르면, 각국은 2012년 까지 자국 공장 등에서 나오는 이산화탄소(CO_2) 같은 온실가스 배출량을 지금보다 줄여야 한다. 탄소배출권 거래는 해당 국가의 기업이나 공장이 배출량에 여유가 있는 다른 나라의 기업(공장)으로부터 돈을 주고 배출권리를 사거나 파는 것을 뜻한다.

탄소펀드 : 일본 교토에서 채택한 교토의정서에 따라 선진국들은 온실가스의 배출량을 의무적으로 감축해야 하는데, 이에 대비해 만든 펀드 <2007경기교육>

탄화수소(HC, hydrocarbon) – 「탄소와 수소의 화합물」

이 중 주로 에탄이 대기오염의 주범이다. 탄화수소는 이산화질소와 반응, 광화학 스모그 현상을 일으켜 자동차 배출가스를 규제한다.

태양열 발전 <2005 한수원>

태양의 복사에너지를 효율적으로 모아 열기관과 발전기를 움직여 전기 에

너지를 만드는 발전방식 - 「실리콘 소자 사용」

패혈증(septicemia)

균혈증(혈액에 세균이 있는 것)과 독혈증(독소가 혈액내에서 순환하는 것)
이 복합된 혈류의 감염증 - 「고열과 오한증상 발생」

폐암   <2007 한국자원공사>

1999년 흡연의 위험성을 충분히 경고하지 않아 병에 걸렸다며 KT&G와
국가를 상대로 환자와 가족 등 36명이 손해배상 청구소송을 내 이에 대해
법원이 2007년 1월 25일 원고패소 판결을 내렸다. 이 병명은 폐암이다.

포화지방(saturated fat)

동물성 기름으로 육류·계란·유제품에 함유돼 있음.

프로포폴(propofol) - 「수면마취제」

전 세계에서 가장 많이 쓰이는 정맥 주사용 마취제로 일명 수면 마취제.

한파경보   <2011 국민연금공단>

발령시기 : 당일 아침 최저기온보다 다음날 아침 최저기온이 15도 이상 하
강할 것으로 예상될 때

혈류속도 - 「동맥〉 정맥〉 모세혈관」   <2011 농수산물유통공사>

환경관리해역   <2011 한국환경공단>

부산연안, 울산연안, 광양만, 마산만, 시화호, 인천연안

focus

☞ 환경보전해역 : 가막만, 득량만, 완도 도암만, 함평만

환경연합   <2007 한국자원공사>

서울시 호흡기질환 환자 23명을 소송단으로 모아 자동차 배기가스로 인해

호흡기질환을 앓게 됐다며 자동차 회사와 서울시, 국가 등을 상대로 소송을 주도한 단체

환경영향평가제도 <2005 마사회, 2006 안성시, 2009 수도권매관공>

정부기관 또는 민간업체에서 대규모개발사업 계획을 수립하는 경우 이로 인해 환경에 미칠 영향의 정도나 범위를 사전에 예측·평가하고 그 대처방안을 마련하여 **환경오염을 사전에 예방하는 제도.**

focus

> 지구온난화 : 주범인 가스는 이산화탄소.

BEMS(Building Energy Management System)

대형 빌딩에서 사용하는 에너지를 절감하는 관리시스템

ET(Environmental Technology, 환경기술) <2011 SH공사>

미래 성장산업 5가지 분야 중 환경오염을 저감·예방·복원하는 기술로 환경기술, 청정기술, 에너지기술 및 해양환경기술을 포함하는 분야

GMO – 유전자 변형 농산물 <2005 인천공항·철도공사, 2009 수도권 매관공>

「유전자 재조합 또는 변형작물(Genetically Modified Organism)」인위적인 방법으로 특정 유전자가 들어갔거나 제거된 생명체를 말한다. 1994년 미국 칼젠사가 개발한 잘 무르지 않는 토마토가 상업화된 GMO의 첫 사례이다. 대두와 옥수수가 보편화된 대표적인 품종이다. 벼는 GMO의 대상이 될 수 없다.

☞ 생물안정의정서 : GMO협약

S마크 <2011 한국산업안전보건공단>

산업현장의 각종 기계의 안전성과 기계를 만드는 제조자의 품질관리 능력을 종합적으로 심사해 기준에 적합한 경우 안전성을 상징하는 마크.

Q마크 : 전기전자제품 및 기타 공산품 등 우수한 품질의 제품에 대해 안정성·신뢰성 등을 인증해 주는 민간인증마크.

KS마크 : 정부나 공신력 있는 기관이 제품 품질의 우수성을 인정하는 마크.

GD마크 : 상품의 디자인, 기능, 안정성, 품질 등을 종합적으로 인정하는 우수디자인마크

Ⅳ. 생물 · 물리 · 지학 · 화학

가속도의 법칙 - 「뉴턴의 제2법칙」 <2005 파주시, 2006 중부발전>

운동하는 물체의 가속도는 힘이 작용하는 방향으로 일어나며, 그 힘의 크기에 비례한다는 법칙이다.

focus

가속도 '0'인 상태 : 정지 상태나 또는 등가속도일 때

가스의 종류에 따른 용기의 색 - 「공업용」 <2005 파주시, 2006 중부발전, 2011 한국산업안전보건공단>

- 산소 : 녹색
- 수소 : 주황색
- 아세틸렌 : 황색
- 액화암모니아 : 백색
- 액화염소 : 갈색
- 액화탄산가스 : 청색
- 액화석유가스, 질소, 아산화질소, 헬륨, 에틸렌, 싸이크로프로판, 기타 가스 : 회색

가스하이드레이트(gas hydrate) <2007 경기교육 · 경기기능>

상온상압하에서 기체인 어떤 원소나 화합물이 물과 결합하여 생긴 물질. 심해저에 묻혀 있는 결정형태의 에너지원. - **불타는 얼음**

세계추정 매장량은 약 10조 톤선이며, 우리나라의 울릉도, 독도 등을 포함한 동해에도 6억 톤가량 묻혀있는 것으로 추정된다.

게놈(genome) <2004 근로복지공단, 2006 남양주시, 2010 인천도시개발>

생물체를 구성하고 기능을 발휘하게 하는 모든 **유전정보가 들어 있는 유전자의 집합체.** 유전자(gene)와 염색체(chromosome)의 두 단어를 합성해

만든 용어 - 『1920 H. 윙클 리가 처음 사용』

관성의 법칙 : 운동 제1법칙, 뉴턴의 제1법칙 <2005 국체공단, 2008 삼성그룹>
밖에서부터 힘을 받지 않으면 물체는 정지 또는 등속도 운동을 계속한다는 것

광우병(우뇌해면증) <2006 중부발전, 2009 경기농협>
「소의 뇌조직이 해면처럼 구멍이 뚫리는 치명적인 질병」
이 병에 걸린 소는 근육이 위축되어 아무데나 들이받고 잘 걷거나 서지 못
한다. 사람에게 나타나는 악성치매질환인 크로이츠펠트 - 야콥병(CJD)과
유사하다.
광우병의 원인은 소의 장기·뼈·살코기를 소의 사료로 사용한 것이 원인
이다. - 「원인물질은 프리온(prion)」

FOCUS

> 스크래피(scrapie) : 양에게 발생하는 광우병 같은 증상

구제역(동물병) <2005 파주시, 2011 한국전기안전공사, 2012 한국노인인력개발원>
foot - and - mouth disease, 아프토사, FMD라고도 함. 동물에 생기
는 전염력이 높은 바이러스 질병. 혀·잇몸·입술과 그밖에 피부가 얇은
유방이나 유두, 갈라진 발굽사이·발굽위 관상대 주위 등에 통증이 심한
물집이 생기는 것이 특징. 호흡기와 소화기를 통해서 전염되고, 처음 침입
한 곳에 일차적으로 물집을 형성. 구제역은 유럽·아시아·아프리카·남아
메리카 등 여러 지역에서 항상 있는 풍토병이고, 말은 감염되지 않고, 황
사공기와는 무관하다.

국가생명윤리심의위원회 <2006 서울시 농수산물공사>
· 국가생명윤리심의위원회는 위원장 1인, 부위원장 1인을 포함한 16인 이
  상 21인 이하의 위원으로 구성한다.
· 위원장은 위원 중에서 대통령이 임명 또는 위촉하고, 부위원장은 위원
  중에서 호선한다.

· 국가생명윤리심의위원회의 회의 등 활동은 공개함을 원칙으로 한다.

규소(silicon)
<2005 국체공단>

주기율표 14족인 탄소족에 속하는 비금속 원소이다. 순도가 높은 규소는 광전기 장치나 트랜지스터, 기타 전자부품이 제조에 쓰인다.

그래핀
<2011 대한장애인체육회>

탄소원자를 결합한 화합물로 육각형 모양의 벌집 구조, 기초 전자소재를 대체하는 신소재

동위원소(isotope) - 「원자번호는 같으나 질량수가 다른 원소」 <2005 마사회>

양성자수는 같고, 중성자수가 다른 원자핵으로 이루어지는 원소들이다.

마젤란 망원경
<2011 대한장애인체육회>

칠레에서 건설되는 130억 광년 밖의 우주 관측가능 장비

매그니튜드(magnitude) - 지진의 규모를 나타내는 단위

통상 M으로 표시되며, 하나의 지진에 대해 하나의 수치만을 나타낸다.

매칭그랜트
<2011 한국전기안전공사>

기업에서 임직원이 내는 기부금만큼 회사 측도 같은 금액을 1:1로 매칭시켜 기부하는 것

블랙홀(black hole)
<2005 파주시>

중력장이 너무나 커서 사상의 지평선을 지나면 어느 정도 빠져 나올 수 없게 되는 공간영역.
즉, 중력이 너무 강해 빛조차 빠져나오지 못하는 것을 말한다. 아인슈타인의 일반 상대성이론에서 묘사. 스티브호킹 등 현대 이론물리학자들의 견해

비타민 B
<2005 인천공항공사>

비타민 B는 여러 수용성 비타민의 복합체로 보통 비타민 B 복합체. 면역
체계 강화·신경계기능 강화·췌장암 발병 위험률 감소·피부색과 근육건
강을 유지, 신진대사 촉진 효과가 있다.

빅뱅이론(Big Bang) – 「대폭발이론」   <2005 파주시>
대폭발설, 빅뱅이론이라고도 한다. 천문학 또는 물리학에서 우주의 처음을
설명하는 우주론 모형으로, 매우 높은 에너지를 가진 작은 물질과 공간이
약 150억년 전의 거대한 폭발로 우주가 형성되었다는 이론이다.

생명공학 안전성 의정서(The Protocol on Biosafety)   <2003 주공>
2000년 1월 29일 130여 개국 대표단이 참석한 가운데 캐나다 몬트리올
에서 열린 「생명공학 안전성 의정서」 채택을 위한 국제회의는 유엔의 후
원 아래 지난 5년간 150여 개국이 논의 했던 이 의정서에 합의했다. 내용
은 각국은 독자적으로 제품 안전성을 검사하여 문제가 있을 경우 수입을
제한할 수 있다. 수출입 업자들을 「선적된 화물의 유전자 변형 물질 포함
가능성을 표시」 해야 한다.

생물다양성협약(CBD : Convention on Biological Diversity)<2013 국
립공원관리공단>
생물다양성의 보전·생물자원의 지속가능한 이용·생물자원을 이용하여 언
어지는 이익을 공정하고 공평하게 분해할 것을 목적으로 1992년 유엔환
경개발회의에서 채택

스모그현상 – 연기와 안개의 합성어로 연무 또는「매연현상」 <2005 안양시>
자동차의 배기가스 등이 무풍지대로 인하여 지면 가까이 쌓여 안개처럼 보
이는 현상

식이섬유 – 「제6의 영양소」   <2005 국체공단>
식이성 섬유로, 사람의 소화효소라는 소화되지 않는 섬유성분이다. 식이섬
유는 탄수화물, 단백질, 지방, 미네랄, 비타민과 함께 몸에 필수적인 영양

소이다.

신생대 <2011 한국전기안전공사>
가장 많은 석유가 매장된 지층형성 시기

어안렌즈(fish-eye lens) <2006 대한지적공사>
보통의 렌즈보다 초점이 짧은 광각 렌즈의 한 종류.
반구의 시야가 평면상에 보이기 때문에 상은 렌즈에 나타나는 반사상과 같
이 일그러져 나타난다.

에너지(량) 단위 <2010 한수원>
J(줄) · ev(전자볼트) · cal(칼로리)
☞ W : 에너지 단위가 아님

에드워드 증후군 <2011 대한장애인체육회>
18번 염색체가 3개가 되면서 발생하는 선천적인 기형증후군

오존층(ozonosphere) - 「자외선흡수층」 <2005 국체공단>
많은 양의 오존이 존재하고 온도분포가 거의 오존의 복사성질에 의해 결정
되며, 약 10~50km 고도에 위치하는 상부 대기층.

유전자의 본체 : DNA <2006 남양주시>

음속 - 「초당 340m」 <2004 농어촌공사>
예컨대 망치로 못을 쳤을 때 2초 후에 들린 경우 거리는 680m 떨어져 있음.

인공합성 화학원소 - 「플레로븀, 리버모륨」

인치(inch) <2006 화성시, 2007 · 2008 삼성그룹>
모니터 · 텔레비전의 크기를 나타내는 단위. 대각선의 길이로 나타낸다.

1인치 2.5399cm

자외선

<2006 중부발전>

「피부에 작용하여 홍반, 색소 침착을 일으키는 파장」
$100\sim380\mu m$ 사이의 불가시광선이다. 사람의 육안에는 보이지 않는다.

focus

> 적외선 : 전자기파중의 하나로, 가시광선보다 파장이 길고 전자레인지에 사용하는 마이크로파보다는 파장이 짧다. 일상적으로 어둠속에서 열을 내는 물체를 가까이 하면 피부로 온도를 느낄 수 있다. <2009 삼성그룹>

체세포복제

<2005 파주시>

핵을 제거한 난자에 체세포 핵을 이식해 얻은 배아로부터 줄기세포(어떤 기관으로도 분화할 수 있는 원시세포)를 추출하는 방식.
영국이 처음허용 – 「배아줄기세포」

focus

> 복제양 돌리 : 세포를 제공한 부모와 똑같은 유전정보를 가진 양. 1996.7.5일 탄생. 영국 에든버러 로슬린 영국소의 윌머트 여구팀. <2009 삼성그룹>

초분자화학(supramolecular chemistry)

작은 분자를 블록 쌓듯이 연결해 새로운 기능의 거대 분자를 만드는 화학 분야.

폴리실리콘

태양의 빛에너지를 전기에너지로 전환시키는 태양전지의 원재료.

풍력발전

터빈을 이용, 바람에너지를 기계적 에너지로 변환시켜 발전기를 돌리는 전기생산 방식.

플라즈마(plasma)

<2004 경남, 2006 토공·시흥교육>

물리학이나 화학분야에서 디바이 차폐를 만족하는 이온화된 기체.
물질의 기본적인 세 가지 상태인 기체, 액체, 고체 상태와 더불어 또 하나
의 「제4의 물질」 상태이다.

핵분열연쇄반응

핵분열연쇄반응은 중성자가 다른 원자핵에 충돌해 핵분열을 일으켜 또 다
른 중성자를 발생시키는 과정이 반복해서 일어나는 반응.

회절 - 「장애물 주위에서의 파동이 퍼지는 현상」

<2003 인천시>

희토류 - 「희귀광물」

<2011 SH공사>

네오디뮴, 란타넘, 이테르븀, 세륨, 프라세오디뮴, 프로메튬 등

Chapter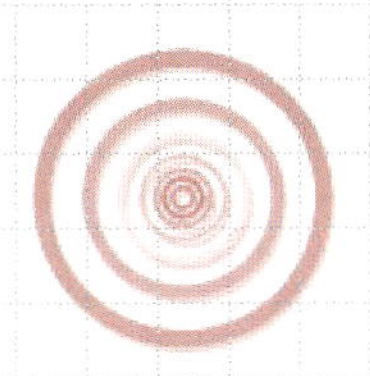6

공공부조

100% 정부의 재정으로 보호가 필요한 사람을 돕는 것
국민기초생활보장, 의료보호 등

<2005 경기교육, 2009 수도권매관공 · 인천관광공사, 2011 국민연금공단>

Ⅰ. 노동 · 복지

개호보험(介護保險)

노인간병과 수발을 위해 노인요양만을 전문으로 보장하는 일본의 사회보험

고령화 준비 지수

미 국제전략문제연구소(CSIS)의 고령화 준비 지수는 한 나라가 고령화에 얼마나 대비가 잘돼있는지 평가하는 지수

공공부조　　<2005 경기교육, 2009 수도권매관공 · 인천관광공사, 2011 국민연금공단>

100% 정부의 재정으로 보호가 필요한 사람을 돕는 것.

국민기초생활보장, 의료보호 등이다. 사회보험과 더불어 사회보장제도의 중심을 이루고 있다.

focus

> **사회보험 :** 가입이 강제된 것. 전 국민들이 일부 부담하고 국가나 기업이 일부 부담하는 것. 의료보험 · 산업재해보상보험 · 고용보험 · 국민연금 등

공무원의 공가　　　　　　　　　　　　　<2005 수원시, 2006 경기도>

병역상, 공적인 국가기관 소환 · 투표 · 승진(전직)시험 · 전보발령 · 건강검진 · 헌혈 · 외국어시험 · 국제행사참가 · 천재지변에 인정.

☞ 민사소송 출석은 해당되지 않음.

광역행정(廣域行政) – 「기존의 행정구역을 초월, 광역을 단위로 하는 행정」

국경없는 의사회(MSF)　　　　　　　　　　　　<2004 삼성그룹>

1996년 제3회 서울평화상을 수상한 필립 비베르송은 「국경없는 의사회」 회장으로, 기아와 질병에 허덕이는 「오지 국가의 빈민들을 무료로 치료」 하는 자선단체다.

국민연금사업 – 「보건복지부장관 관할」 <2013 국립공원관리공단>

국제노동헌장 – 「8시간 노동제를 국제적으로 정식 선포」

근로기준법 <2004 창원시, 2011 국민연금공단>

헌법에 의해 근로조건의 기준을 정함으로써 근로자의 기본적 생활을 보장·향상시키는 것을 목적.

☞ 1일 근로시간은 휴게시간을 제외하고 8시간을 초과할 수 없음
1주일간의 근로시간은 휴게시간을 제외하고 40시간을 초과할 수 없음
사용자는 근로자에게 1주일에 평균 1회 이상의 유급휴일을 줄 것
사용자는 1년간 8할 이상 출근 근로자에게 15일의 유급휴가를 줄 것

긴급조정권 –「정부의 최후 법적 수단」

<2005 근로복지공단·주택금융공사, 2008 한국감정원>

쟁의행위가 공익사업에서 행해지거나, 그 규모나 성질이 특별히 크거나 중대하여 국민경제를 해치거나, 국민의 일상생활을 위태롭게 할 위험이 있는 경우에 노동부장관이 결정하면 개시되는 것으로서, 이때부터 노동조합의 쟁의행위는 즉시 중지해야 하고 공표일로부터 30일이 경과하지 않으면 쟁의행위를 재개할 수 없다고 되어 있는 노동쟁의조정절차를 말한다.

낫 포 세일(Not For Sale)

'나는 판매용 물건이 아니다'는 의미로 2006년 아동 노동력 착취나 성매매를 막기 위해 설립된 비영리 단체.

내셔널트러스트(National Trust for places of Historic Interest or Natural Beauty) <2006 한국농촌공사, 2007 한국수원, 2008 SH공사, 2009 농어촌공사·SH공사>

1895년 영국에서 설립된 공공단체. 「시민환경운동」

1907년 내셔널 트러스트법에 의해 법인체가 됨. 역사적·건축학적으로 의미가 있는 건축물이나 아름다운 자연을 보호하여 대중이 즐길 수 있도록 하기 위해 마련되었다.

노동법 <2003 인천시>

사법이 공법화 되어가는 것으로, 사회법에는 **노동법, 경제법** 등

노칼라(no collor)

일반사무직을 화이트칼라, 생산직 근로자는 블루칼라라 하는데, 그에 대비되는 것.
출퇴근 없이 재택근무하거나 근무복장이 자유로운 세대

논칼라세대(Non-collor Age) <2004 근로복지공단>

생산직 근로자인 블루칼라와 일반사무직 근로자인 화이트칼라에 이어 새롭게 등장한 「컴퓨터 작업세대」를 일컫는 말.
무색세대라 부른다. 손에 기름을 묻히는 것도 아니고 서류에만 매달리는 것도 아닌 컴퓨터세대이다.

focus

> **화이트칼라**(White - collar) : 사무직에 종사하는 노동자　　<2006 용인시>
> **블루칼라**(blue - collar) : 생산직에 종사하는 육체노동자　　<2006 용인시>
> **그레이칼라**(gray - collar) : 사무직에 종사하는 화이트칼라와 생산현장에서 일하는 블루칼라의 중간성격의 노동자　　<2006 용인시>
> **논 칼라** : 블루칼라도 화이트칼라도 아닌 무색 세대로, 손에 기름을 묻히는 것도 아니고 서류에 매달려 있지도 않은 컴퓨터 세대　　<2006 용인시>

라이프 코치(Life Coach)

고객들이 만족스러운 생활(life)을 할 수 있게 「일상생활과 조직의 문제 해결을 도와주는 전문가」.

모랄 서베이(morale survey) - 「사기, 근로의욕 조사」

즉 종업원이 기업에 대해 어떤 심리적인 연대감을 갖고 있는가의 조사이다.

블루라운드(blue round)<2005　근로복지공단,　2006　남양주시·용인시,　2010　한국농어촌공사>

「노동라운드」, 각국의 근로조건을 국제적으로 표준화하려는 목적으로 추진되는 다자간 협상.
1994년부터 국제노동기구(ILO)를 중심으로 본격 논의. 아동노동과 강제노동을 금지하는 ILO 규범을 충족시키지 못하는 국가에서 수출되는 상품을 규제하는 것.

비상근무령 1호 : 3분 1이상 근무 <2005 수원시>

사외공(社外工) - 「하청업자에게 고용된 근로자」
이는 청부계약으로 위장된 노동자 공급이라고 볼 수 있으며, 노동자를 저임금으로 수탈하는 제도이기도 하다.

사회권 <2005 경기교육>
개인의 생존, 생활의 유지·발전에 필요한 여러 조건을 확보하도록 국가에 요구할 수 있는 국민권리.
즉 생존권, 교육을 받을 권리, 근로권 및 근로자 단결권 등 대부분이 헌법에 이를 규정하고 있다.

사회법 <2009 수도권 매관공>
개인주의적인 법의 원리를 수정 또는 보충하여 사회적 사정과 조건에 따라 법률관계를 인도하는 법.
노동관계법, 경제법, 구빈법, 사회보장에 관한 법 등이다.
☞ 특징 : 가입의 강제성, 소요비용은 피보험자·기업·국가가 분담, 근로자의 근로의욕고취, 상호부조의 원칙

사회보험 <2003 안양시, 2004 충주시·근로복지공단, 2005 근로복지공단, 2006 고양시>
국민건강보험, 고용보험, 산재보험(우리나라에서 최초 시행한 보험), 국민연금, 보험료의 강제성(강제가입)

사회복지국가의 목적 <2005 충남연기·파주시>

「인간다운 삶의 보장, 기회균등의 보장」

산업 예비군

<2005 철도공사>

자본주의 사회가 고도화할수록 생기는 「과잉노동인구」, 상대적 과잉인구.

focus

> 비자발적 실업 : 구조적 실업·경기적 실업
> 자발적 실업 : 이중 마찰적 실업, 탐색적 실업

산후휴가일수(출산휴가)

<2005 철도공사, 2006 서울시 농수산물>

사용자는 임신 중의 여성에 대하여 산전 후를 통하여 90일의 보호휴가를 주어야 한다. 이 경우 휴가기간의 배치는 「산후에 45일 이상」이 되어야 한다.

focus

> 육아시간 : 생후 1년 미만의 유아를 가진 여성 근로자의 청구가 있는 경우에는 1일 2회 각각 30분 이상의 유급수유시간을 주어야 한다.

생디칼리즘(syndicalism)

<2009 수도권매관공, 2012 한국보훈복지의료공단>

상업일선의 노동자계급의 활동을 통해 자본가사회를 붕괴시키는 것을 목적으로 하는 노동운동 - 「강력한 노동조합을 선호」

- 생디카(syndicat)는 노동조합을 뜻함
- 조합에 대한 정당의 지도를 거부
- 19세기 말 ~ 20세기 초 발생한 노동조합주의의 하나
- 프랑스에 두드러짐
- 국가 통제 거부

슬라이드제(slide scale system)

「일정한 척도에 따라 임금액을 자동으로 조정하는 제도」

물가의 변동에 대응해 임금을 올리거나 내리는 것으로, 실질임금을 일정하게 유지하기 위한 것이다. 인플레로 물가가 오를 때 이 방식을 취하면 실

질임금의 저하를 막을 수 있다.

신장위구르자치구
<2009 농어촌공사>

서유기의 무대로, 중국면적의 6분의 1을 차지하고 있다. 청나라 초기에는
독립을 유지했으나 1759년 청의 건륭제에 의해 정복당하고, 1884년 청
말 정치가 좌종당이 재정하였다. 이 때 「신장성」이란 말이 생겼다. 1949
년 중화인민공화국이 신장지역으로 밀고 들어가 중국 영토로 복속시켰다.
그 후 1955년에 자치권을 인정받아 자치구가 되었다.

실업대책
<2009 수도권 매관공>

공공투자사업, 농촌에 논공단지 조성, 교육훈련, 취업홍보 등

focus

원인 : 생산설비의 자동화 등

워크쉐어링(Work Sharing)
<2003 주공, 2008 서울·경기·대전·충남농협>

근로시간을 단축하여 노동시간을 줄여서 일거리를 남겨 그 일을 다른 사람
이 나눠 맡아 실업을 막자는 것.

☞ 워커홀릭(Workaholic) : 「일중독자」 또는 「업무중독자」

focus

직무분할(Job Sharing) : 하나의 직무를 둘 이상의 파트타임으로 나누는 것.

워크아웃(workout)
<2004 서울시 농수산물, 2006 고양시>

기업가치 회생작업을 가리키는 말
회생시킬 가치가 있는 기업을 살려내는 작업

위스타트 운동
<2011 국민연금공단, 2012 한국산업단지공단>

가난 방지를 위해 저소득층 아동들에게 복지와 교육의 기회를 제공하자는
시민운동

유엔(UN)이 분류한 고령사회 – 「65세 이상 14% 이상」 <2010 한수원, 2011 한국공항공사>

UN은 65세 이상 인구 비율이 7%이상 ~ 14% 미만 ⇒ **고령화사회**, 14%이상~20% 미만 ⇒ **고령사회**, 20% 이상 ⇒ **초고령사회**

이주비　<2011 국민연금공단>

고용보험법에 명시된 취업 촉진 수당 중 주거를 이전하는 경우에 받을 수 있는 비용

임금피크제　<2008 서울 · 경기 · 대전 · 충남농협>

정년까지는 고용을 보장하되 일정 연령이 되면 생산성 수준에 따라 「**임금을 줄여나가는 제도**」 정년을 존중하되 정년 후 임금을 줄이는 형태

잡셰어링(Job sharing) : 일자리 나누기

제너럴 스트라이크　<2006 서울시 농수산물공사>

특정 산업분야 또는 전산업의 근로자가 전국적 규모로 일제히 돌입하는 파업

조정제도　<2004 근로복지공단>

노사간의 집단적 관계에서 노사의 주장의 불일치로 노동쟁의가 발생했을 때 그 공정한 조정을 도모하여 노동쟁의를 해결하려는 제도. 법적 구속력 있음.

주택바우처(voucher) – 「**월세쿠폰제도**」

저소득층의 주택임차를 지원하기 위해 국가가 재정에서 일정액의 임차료를 쿠폰 형태로 보조해 주는 제도이다.

중대재해 – 「**산업재해 중 인명 사망 등 재해정도가 심한 경우**」
<2011한국산업안전보건공단>
· 사망자가 1인 이상 발생한 재해

· 3개월 이상의 요양이 필요한 부상자가 동시에 2명 이상 발생한 재해
· 부상자 또는 직업성 질병자가 동시에 10인 이상 발생한 재해
· 산업재해 예방에 관한 중·장기 기본계획 수립기관 : **고용노동부장관**

직업공무원제도 <2003 인천시>

공직에 종사하는 것을 일생의 직업으로 생각하고 이에 대하여 긍지를 갖도록 조직되고 운영되는 공무원 제도

챌린지 포스트제(challenge post system)

임원이나 관리직에 적임자가 없어, 그 자리가 공석일 때 일반 종업원 가운데서 그 직위를 대행할 수 있는 인재를 공모하는 제도.

총동맹파업(General Strike) <2006 서울시 농수산물공사>

동일 산업이나 기업, 한 지역의 전체 또는 전산업이 공동의 요구사항을 내걸고 통일적으로 하는 파업

총액임금제(總額賃金制)

근로자가 1년간 고정적으로 받은 기본급, 수당, 정기 상여금, 연월차 수당 등을 합산해 12로 나눈 액수가 1개월의 총액임금으로, 이를 기준으로 노사가 임금인상률을 결정하게 하는 제도.

추곡수매 <2006 중부발전>

정부가 가을걷이 한 양곡을 일정한 가격으로 농민으로부터 사들이는 일

클로즈드 숍(Closed shop)

<2003 주공, 2005 의정부, 국체공단·마사회, 2006 충남농협>

고용주가 근로자를 고용하고자 할 때 노동조합원 자격의 보유를 고용계약 및 존속의 조건으로 내세우는 제도.

타임오프제(Time-off, 근로시간면제제도)

회사 업무가 아닌 노조와 관련된 일만 담당하는 노조 전임자에게 회사 측이 임금 지급을 금지하는 대신 노사 공통의 이해가 걸린 활동에 종사한 시간을 근무시간으로 인정해 이에 대해 임금을 지급하는 제도.

태프트 하틀리법   <2006 중부발전>

1947년 제정된 미국의 현행 노동기본법, 노사관계법, 친노동조합적 법률인 와그너 법을 대폭 개정하여 제정한 법.
부당노동행위 제한, 클로즈드숍 금지.

특별재난지역   <2005 수원시>

재난으로 발생한 피해를 효과적으로 수습, 복구하기 위해서 대통령이 특별한 조치가 필요한 지역으로 선포하는 제도.
특별재난지역으로 선포된 지역에 대하여는 응급대책 및 재해구호와 복구에 필요한 행정·재정·금융·세제 등의 특별지원을 할 수 있음.

퍼플잡(purple job)   <2013 국립공원관리공단>

가사와 보육 등 여건에 맞춰 단시간 일하되 정규직 지위는 잃지 않는 근로형태플렉스타임제(flexible time) : 피고용자가 자신의 출퇴근 시간을 정해 원하는 시간대에 근무할 수 있도록 하는 탄력근무제
유리천장(glass ceiling) : 여성이나 소수민족 출신의 고위직 진출을 막는 회사 내 보이지 않는 장벽
프리타(free arbeit) : 일정한 직업없이 아르바이트를 하며 생활하는 사람
워크세어링(work sharing) : 기업 내 노동자의 고용과 임금을 유지하되 근무시간을 줄여 많은 사람에게 일자리를 제공하는 것

폴사인(pole sign)제

석유제품의 거래질서 확립 및 고객보호를 위해 주유소가 특정 정유사의 이름을 표시해 그 제품만을 판매하는 「상표표시제」.

플렉스 타임제 <2011 한국환경공단>

근로자가 정해진 업무 시간 안에서 업무의 시작과 끝을 자유로이 정함으로써 유연하게 지기시긴을 관리할 수 있도록 한 근무시간제

☞ 서머타임제 : 낮 시간이 긴 여름 표준시간을 1시간 앞당기는 것
블록타임제 : 기존의 수업시간 단위를 교과내용과 수업방식에 따라 늘려서 탄력적으로 운영하는 방식
대한민국 표준시 : 영국 런던보다 9시간 빠르다.

하우스푸어(house poor)

집을 한 채 가졌지만 오히려 그 집 때문에 가난하게 사는 사람들.

호스피스(hospice) <2009 수도권 매관공>

임종을 앞둔 말기(암) 환자가 평안한 임종을 맞도록 심리적 안정을 돕고 위안과 안락을 최대한 베푸는 봉사활동. – 가족·의사 등

Purple <2012 서울시농수산물공사 · 한국산업인력공단>

근로자가 상황이나 여건에 따라 근무형태 또는 근무시간을 조정할 수 있는
탄력적인 근무제도와 관련 있는 색상

Ⅱ. 지리 등

가든파이브 – 「복합쇼핑단지」

광화문 – 「경복궁 남쪽의 정문」 <2008 한국감정원>
조선 태조 4년(1395년) 창건, 1865년 고종 때 중건, 2010년 복원.
문루 상층부 현판 글씨는 1865년 경복궁 중건 당시 훈련대장 「임태영」
이 쓴 한자를 디지털로 복원한 것.

광화학 스모그 – 「차량 통행이 번잡한 지역에 일어나는 현상」
자동차의 배기가스에 함유되어 있는 탄화수소와 질소산화물이 강한 자외선
을 받으면 옥시단트란 산화물이 생성되어 아황산가스와 함께 사람에게 해
를 끼치는 공해를 말한다.

교수신문 선정 – 「2011년 한자성어 民貴君輕」 <2008 한국감정원, 2011 한국
산업안전보건공단>
‘백성은 귀하고 임금은 가볍다’ 는 뜻으로 국민을 존중하는 정치에 대한
기대를 나타낸 말.

근린생활시설 <2003 주공>
제1종 근린 생활시설 : 슈퍼마켓, 일용품, 휴게음식점, 제과점, 이용원,
미용원, 목욕장, 세탁소, 의원, 치과의원, 한의원, 침술원, 접골원, 조산소,
산후조리원, 안마원, 탁구장, 체육도장, 지역자치센터, 파출소, 지구대, 소
방서, 우체국, 방송국, 보건소, 마을회관, 지역아동센터, 공중화장실 등
제2종 근린생활시설 : 일반음식점 및 기원, 휴게음식점 및 제과점으로서

제1종 근린생활시설이 아닌 것, 서점, 테니스장, 에어로빅장, 볼링장, 당구장, 골프연습장, 학원

금강산의 명칭
봄 : 금강산　　　　여름 : 봉래산　　　가을 : 풍악산　　　　겨울 : 개골산

기생 독신 ⇒ 「패러싱글족」　　　　　　　　　　　　　　<2011 한국환경공단>
1990년대 장기 불황에 빠진 일본에서 맨 처음 유행한 신조어. 독립할 나이가 지난 뒤에도 취업난과 집값 상승 때문에 경제적으로 독립하기보다 차라리 부모에 얹혀살면서 주거비용을 아껴 지금 생활수준을 유지하겠다는 젊은이.

기준시가　　　　　　　　　　　　　　　　　　<2003주공, 2006 토공>
국세청장이 땅, 건물, 골프회원권, 콘도회원권 등에 대해 고시하는 것. 증여세나 상속세, 재산세, 종합부동산세 등의 과세표준이 되며, 양도소득세 중과세 여부의 기준이 된다.

focus

> **표준지 공시지가** : 국토해양부가 매년 전국에서 대표성을 띤 50만개 필지에 대해 산정하는 토지 기준 가격.
> 개별 공시지가는 이를 토대로 지방자치단체가 결정하는데 양도소득세, 종합부동산세, 취득세, 등록세 등 각종 토지관련 세금과 지가 보상, 지역의 보험료 등의 기준이 된다.
> **개별지 공시지가** : 표준지 공시지가와 다르게 모든 토지의 공시지가를 산정하는 제도 개발부담금을 산정하는 기초자료로 활용된다.

focus

> **시가표준액** : 시장·군수·구청장이 땅과 건물에 대해 고시하는 것
> 국민주택채권의 부과 기준이 됨.

꼬리 위험(tail risk)

발생 가능성은 적지만 한번 발생하면 헤어나기 어려운 충격.

남사군도(南沙群島)

중국 남지나해 중부에 있는 난하이(南海) 제도 중의 하나.
남사군도에서 그 영유권을 둘러싸고 중국, 베트남, 필리핀, 대만 간에 계속 중인 분쟁이다. 그 영역이 교통 군사의 요지이며, 해저유전 천연가스 자원이 있기 때문이다.

내부고발자   <2006 근로복지공단>

내부고발자를 딥 스로트(Deep Throat) 또는 휘슬 블로어(Whistle-blower)라고도 하며, 기업이나 정부기관 내에 근무하는 내부자로서 조직의 불법이나 부정거래에 관한 정보를 신고하는 사람.

넷카시즘(netcarthism)   <2012 한국보훈복지의료공단>

다수의 네티즌들이 특정 개인을 사회의 공적으로 삼고 매도하는 것, 인권 침해, 개똥녀 사건, 개인정보 유출, 마녀사냥, 인터넷과 매카시즘의 합성어

☞ **집단지성**(collective intelligence) 또는 **대중지성** : 다수의 개체들이 서로 협력하거나 경쟁을 통하여 얻게 된 지적능력의 결과로 얻어진 집단적 능력

노블레스 오블리제(Noblesse Oblige)   <2012 서울시농수산물공사 · 한국농어촌공사>

고귀한 신분에 따르는 도덕적 의무와 책임. - 「가진 자들의 기부문화」

☞ **프로보노**(probono) : '공익을 위하여' 의 의미. 변호사의 법률무료 상담(변호사법 규정)   <2012 한국농어촌공사>

농촌 어메니티(rural amenity)   <2012 한국농어촌공사>

 - 농촌 고유의 가치와 정체성을 보여주는 자원
 - 농촌주민과 도시주민의 공동자산
 - 농촌정책에 대한 반성으로 출발
 - 농촌환경, 국민의식의 변화에 따라 등장

- 다양한 자원의 보전 및 개발을 통해 새로운 시장을 창출하여 경제적 효과를 얻고 이를 통해 농촌환경 개선추구

높새바람 <2006 화성시, 2011 수도권매립지관리공사>

늦봄에서 초여름에 걸쳐 영서지방에서 부는 「고온 건조한 바람」

도넛현상 <2005 마사회>

도심지의 땅값 상승으로 도심지 거주 인구가 적어지고 변두리에 주택이 증가하여 그 배치 상태가 도넛 모양을 이루는 현상.

도선사 – 「선박 입출항시 안전항해 안내 지시하는 사람」 <2012 한국농수산식품유통공사>

도시문제의 3P – 「Pollution, Poverty, Population」

두바이 <2007 한국자원공사>

사막에 스키장을 건설하고 다국적 기업과 세계 금융기업들이 진출하며 새로운 국세사유노시로 세계의 주목을 받고 있는 아랍에미리트연합(UAE)의 토후국 가운데 하나인 나라

드메신드롬(demers syndrome) – 「연상녀 흠모 증후군」 <2012 한국보훈복지의료공단>

focus

신데렐라콤플렉스 : 남성에게 의탁하여 안정된 삶을 꾀하려는 여성의 심리
오셀로신드롬 : 배우자의 불충실함으로 자신이 피해를 받는다고 느끼는 현상
아폴로신드롬 : 뛰어난 인재들만 모인 집단에서 오히려 성과가 낮게 나타나는 것
롤리타신드롬 : 미성숙한 소녀에 대해 정서적 동경이나 성적 집착을 가지는 것

깨진 유리창의 법칙(broken window theory) : 깨진 유리창처럼 사소한 것들을 방치해 두면 나중에는 큰 범죄로 이어진다는 이론

머피의 법칙(murphy's law)

<2012 한국보훈복지의료공단>

일이 풀리지 않고 갈수록 꼬여 되는 일이 하나도 없는 상황

샐리의 법칙(sally's law) : 잘 될 가능성이 있는 일은 언제나 잘 된다는 것 (머피의 법칙의 상대되는 말)

깨진 유리창의 법칙(broken window theory) : 깨진 유리창처럼 사소한 것들을 방치해 두면 나중에는 큰 범죄로 이어진다는 이론

메가로폴리스(megalopolis)

도시화의 진전에 따라 여러 대도시권이 연이어 발달한 도시형태.

몰디브

<2007 한국자원공사>

미국 샌프란시스코의 IT 전문기업 린든 랩이 2003년 처음 선보인 인터넷 3D 가상현실 사이트인 「세컨드라이프(Second Life)」에 처음으로 사이버 대사관을 개설한 나라

바링허우 - 「1980년대 이후 태어난 중국의 신세대」

개혁·개방 이후 시행된 '한 자녀 정책'에 따라 외동아들, 외동딸이 대부분.

반엘런대(Van Allen Belt) 또는 밴앨런 복사대

<2006 토공>

태양풍에서 지구의 자기권 내부로 유입된 하전입자 중에서 일부는 양극지방에 도달해서 오로라를 일으키지만, 그 외 대부분은 지구주위의 자기력선에 붙잡히게 된다. 여기서 하전입자들은 지구를 중심으로 도넛 모양으로 분포하는데 이것을 말한다.

배수지(配水池)   <2006 토공>
「수돗물을 여러 지역에 나누어 보내주기 위하여 만든 저수지」

베드타운(침상도시) – 「대도시 부근의 교외의 위성도시」   <2005 철도공사>
commuter town, bedroom town, dormitory town, satellite town
이라고도 한다.
주택도시라고도 한다. 베드타운은 주로 주거 기능을 담당하며, 이곳에 사
는 도시 노동자들은 대개 인접 대도시의 직장으로 날마다 통근한다.

북태평양기단 – 「지구자전과 적도상승기류 관련」   <2009 경기 기능>

브런치(brunch)   <2012 한국농수산식품유통공사>
이야기를 하면서 아침식사를 가볍게 하는 것

사냥가능 동물   <2012 한국농수산식품유통공사>
고라니, 멧돼지, 청솔모 등은 사냥가능하고, 반달곰은 사냥 불가 동물이다.
☞ 정온동물 : 기온과 관계없이 일정한 체온을 유지할 수 있는 동물로, 척추동물
   중 포유류, 조류이며, 거북이는 변온동물이다.

생애미혼율
평생 한 번도 결혼하지 않은 독신자 비율. 50세를 기준으로 통계를 작성.

샤말(shamal)
페르시아만에서 부는 「고온건조하고 모래를 동반한 북서풍」
걸프전쟁 때 바람에 섞인 미세한 모래로 다국적군의 첨단무기와 전자통신
장비에 지장을 주었다.

샹그릴라증후군(shangrila syndrome)   <2012 한국농어촌공사>
나이가 들어서도 늙지 않고 젊게 살고 싶은 욕구가 확산되는 현상

세계생물권 보전지역

설악산(1982), 제주도(2002), 신안다도해(2009), 광릉숲(2010)

세계지질공원 - 「유네스코가 인정하는 3대 환경보호제도」

유네스코가 인정하는 3대 환경보호제도는 「1단계 : 생물권보전지역 승인 (2002.12)」, 「2단계 : 세계자연유산 등재(2007.2)」, 「3단계 : 세계 지질공원 인증(2010.10)」

☞ 대표명소 : 한라산, 성산일출봉, 만장굴, 천지연폭포, 패류화석, 서귀포층, 주상절리대, 산방산, 용머리해안, 수월봉 등 9곳

세컨드 하우스(Second House)

여가를 보내기 위해 장만한 레저용 주택.

센카쿠 열도(조어도 제도) <2005 수원시, 2012 서울시농수산물공사·한국농어촌공사>

타이완과 오키나와 사이의 동중국해 남서쪽의 무인도 암초. 1895년부터 일본영유, 중일분쟁지역, 중국(타이완)영유권주장.

☞ 난사군도(스프래틀리군도), 시사군도(파라셀제도), 황엔다오(스카버러섬)

소시오패스(sociopath)

반(反)사회적 인격장애의 일종으로 사회를 뜻하는 '소시오(socio)'와 병리상태를 의미하는 '패시(pathy)'의 합성어. 반사회적인 흉악 범죄를 저지르고도 자신의 행동에 대한 죄책감이 없다는 점에서 사이코패스(Psychopath)와 비슷함.

스탕달 증후군(stendhal syndrome) <2012 한국농어촌공사>

프랑스 작가 스탕달(Stendhal)이 1817년 이탈리아의 피렌체에 있는 산타크로체 성당에서 귀도 레니(Reni)의 회화 '베아트리체 첸치'를 감상하고 나오던 중 무릎에 힘이 빠지면서 황홀경을 경험했다는 사실을 자신의 일기에 적어놓은 데서 유래. 역사적으로 유명한 미술작품이나 문학작품을 감상하다가 순간적으로 가슴이 뛰거나 격렬한 흥분과 감흥, 눈물 등을 불러일

으키는 현상.
☞ 뮌하우젠 증후군(munchausen syndrome) : 주위 사람들의 관심을 끌기 위해 아프
  다고 거짓말을 하거나 자해를 일삼는 일종의 정신질환
  아틀라스 증후군(atlas syndrome) : 힘겨운 직장생활에도 불구하고 가정에서도 육아
  와 가사를 도우면서 완벽한 아빠 노릇을 하려 하는 슈퍼아빠 증후군

슬로시티   <2011 한국공항공사>
1999년 이탈리아에서 시작, 인구 5만 이하, 전남 신안, 담양, 장흥, 완도,
경남 하동 등

시화호   <2007 한국자원공사>
2007년 2월 고라니, 너구리, 수리부엉이 등이 서식하는 갈대숲을 인근 농
민들이 병해충 예방을 목적으로 불을 질러 시민단체의 비난을 받은 곳

쓰나미   <2005 충남연기>
지진성 해일(seismic sea wave), 조석파(tidal wave)라고도 한다. 주로
해저지진에 의해 발생하는 갑작스러운 해일파

아폴로 신드롬   <2011 근로복지공단, 2012 한국농어촌공사>
우수한 인재집단의 성과가 오히려 낮게 나타나는 현상
☞ 스톡홀름 신드롬 : 납치범에게 붙잡혀 있던 인질이 인질범에게 호감을 갖는 현상
  쿠바드 신드롬 : 임신한 배우자의 남편이 임신 고통을 함께 느끼는 현상
  피터팬 신드롬 : 성인이 된 후에도 어른 사회에 적응하지 못하는 현상
  TATT 신드롬 : 신체적 이상 징후가 없음에도 항상 피곤을 느끼는 현상
  코르샤코프 신드롬 : 지나친 음주로 인한 기억력 장애 증상

역전층(inversion layer) - 「기온역전층」   <2005 철도공사, 2007 경기교육>
대류권 내에서 기온은 상층으로 갈수록 낮아지나 반대로 높이와 함께 기온
이 상승하는 기층. - 덕트 전파와 같이 전파의 전달방법에 영향을 미침.

열섬현상(효과) <2004 농어촌공사, 2005 안양시, 2007 경기교육, 2011 한국환경공
단>

자동차 매연 등으로 도심의 온도가 대기오염이나 인공열 등의 영향으로 주변지역보다 높게 나타나는 현상

focus

기온역전 : 고도가 올라감에 따라 기온이 증가하는 현상　　　<2006 한국농촌공사>
대기오염 환경기준치 : 이산화질소 - 0.1ppm 이하, 이산화황 - 0.15ppm 이하,
일산화탄소 - 25.0ppm이하, 오존 - 0.1ppm 이하

유산소운동　　　<2005 파주시, 2006 고양시>

근육에 산소가 공급되도록 운동시간이 비교적 길고 움직이는 동안 계속 숨을 쉬는 운동, 조깅에어로 빅 줄넘기 등이 대표적임.

focus

무산소운동 : 단거리 달리기, 역도, 아령, 턱걸이 등

인간개발지수(human development index(HDI))　　　<2007 경기교육>

국제연합개발계획이 매년 문자해독률과 평균수명, 1인당 실질국민소득 등을 토대로 각 나라의 선진화 정도를 평가하는 수치. 1990년에 국제연합개발계획(UNDP)이 작성하기 시작함.

인공어초　　　<2007 한국자원공사>

바다 속에 콘크리트 구조물을 비롯하여 폐선(廢船)이나 못쓰게 된 구조물을 투입해 어류가 서식할 수 있는 환경을 만들어주는 구조물

인구구성(연령별)　　　<2004 근로복지공단>

피라밋형 : 인구증가형, 고출산고사망, 후진국
종형(정지인구의 구조) : 인구정지형, 저출산저사망, 선진국
항아리형 : 인구감퇴형, 선진국형
별형 : 도시형, 생산연령 유입형
호로형(표주박형) : 논촌형, 생산연령 유입형 C.P.Blacker의 인구성장 5단계

1단계(고위정지기) : 다산다사　　2단계(초기확장기) : 다산소사

3단계(후기확장기) : 소산소사　　4단계(저위정지기) : 출생률 : 사망률

5단계(감퇴기) : 출생률 < 사망률

자이툰 부대　　<2005 교통안전공단, 2008 한국감정원·YTN, 2009 수도권매관공>

이라크의 평화정착 및 재건을 목적으로 파병된 한국의 부대
주둔지는 아르빌이다. 2008.12.20. 철수했다.

focus

> 청해부대 : 소말리아 해적퇴치 우리나라 해군부대
> 서희부대 : 이라크에 파병된 건설공병단
> 상록수부대 : 동티모르의 유엔평화유지활동(PKO)부대
> 제마부대 : 이라크에 파병된 의료 지원단
> 동의부대 : 2002년 아프가니스탄 파병부대
> 다산부대 : 2003년 아프가니스탄 파병부대
> 동명부대 : 유엔평화유지군으로 2007년 레바논 파병부대<2012 한국농어촌공사>
> 오쉬노부대 : 아프가니스탄 파병(2010)

자폐 스펙트럼 장애(Autism Spectrum Disorder)

각종 자폐 증세를 보이는 장애를 통틀어 표현한 용어. 증상과 심한 정도에 따라 자폐증, 아스퍼거 증후군(Asperger's syndrome), 비(非)전형 자폐 등으로 나뉨.

제노포비아(xenophobia) – 「이방인에 대한 혐오현상」 <2013　국립공원관리공단>

찰리우드(Chollywood)

중국(China)과 할리우드(Hollywood)를 합친 신조어. 미국 언론들이 중국 영화산업을 지칭할 때 사용.

1000만 관객 동원 한국영화
<2011 공무원연금공단>
왕의 남자, 실미도, 해운대, 괴물, 태극기 휘날리며

축구용어
<2012 한국보훈복지의료공단>
해트트릭(hat trick) : 한 선수가 한 경기에서 세 골을 넣는 것
스위퍼(sweeper) : 공격에 가담하기도 하는 최후방 중앙수비수

축구공
<2011 국민건강보험공단>
오각형 12개, 육각형 20개

충청북도 – 바다가 없는 곳
<2004 파주시>

쿠르드족(kurd)
<2006 토공>
아나톨리아 동부 타우루스 산맥과 이란 서부 및 이라크 북부 그 인접지역
에 걸쳐 있는 자그로스산맥에 사는 민족
대부분 이란·이라크·터키 인접지역인 쿠르디스탄에 거주하거나 이란 북
동부의 호라산 지역에 상당수 거주한다. 약 1,500만명 정도이다.

태풍(typhoon)
<2006 토공, 2007 제주교육>
북태평양 남서부에서 발생하여 아시아 동부로 불어오는 풍속이 17m/s 이
상인 맹렬한 열대저기압.

focus

> 사이클론(cyclone) : 인도의 벵골만에서 발생하는 저기압
> 허리케인(hurricane) : 대서양 서부, 멕시코와 카리브해안에서 발생하여 북아메
> 리카로 불어오는 태풍에 해당하는 열대저기압
> 윌리윌리 : 오스트레일리아 연안으로 부는 열대저기압

택지공영개발의 장점
<2003 주공>
· 공익성이 강하다.

· 택지의 대량공급이 가능하다.
· 계획적 토지이용이 가능하다.

토지거래신고제 <2003 주공>

토지매매 시 사전에 반드시 신고를 해야 하는 제도

focus

> 개발부담금제도 : 토지개발로 발생하는 개발이익을 환수하고 적정하게 배분하여 토지에 대한 투기를 방지함으로써 토지의 효율적인 이용촉진을 도모하기 위하여 각종 개발 사업으로 생긴 이익을 부담금으로 징수하는 제도이다.

파랑새 증후군 <2011 방송통신심의위원회 · SH공사, 2012 한국농어촌공사>

현실적이지 않은 것을 추구하면서 현실에 만족하지 못하는 증상

팔미도등대 - 「우리나라 최초의 등대」 <2005 파주시>

서남해에서 인천으로 들어오는 길목에 위치하여 지정학적으로 해상교통 흐름의 중심적 기능을 담당.

패리티지수 <2007 경기기능>

기준연도의 가격을 100으로 하고 그 이후의 물가상승률을 지표로 나타낸 수치

패스트 패션(fast fashion) <2012 한국농어촌공사>

최신 유행을 빠르게 반영하여 상품을 빠르게 공급하는 비교적 저렴한 옷

focus

> 코스프레 패션(costume play fashion) : 자신이 선호하는 만화나 애니메이션 캐릭터의 의상을 그대로 본따 만든 의복이나 차림
> 리디자인 패션(redesign fashion) : 광고현수막, 군복, 트럭 덮개 등 버려진 소재를 재활용해 가방, 지갑, 가구 등 전혀 다른 제품을 만드는 것

푄(fohn)현상

<2013 국립공원관리공단>

습윤한 바람이 산맥을 넘으면서 고온건조해지는 현상

풍선효과 <2006 서울시 농수산물공사 · 한국공항공사, 2011 근로복지공단, 2012 한국보훈복지의료공단>

정부가 강남 집값 상승을 막기 위해 재건축아파트규제를 강화하자 주택수요가 일반 아파트로 몰려 집값이 상승하는 것을 빗대어 사용한 말로, 한 가지 문제가 해결되면 다른 문제가 발생하는 현상

필즈상(Fields Medal)

1924년 캐나다 토론토에서 열린 세계수학자총회(ICM)에서 4년마다 수학 공헌자 2~4명에 대해 시상.

필지 – 「지적법상 하나의 지번에 붙는 토지의 등록단위」

<2003 주공>

필지의 성립요건은 지번 · 지역 · 지목이 같을 것, 소유자가 같을 것, 등기여부가 같을 것, 지적도의 축척이 같을 것, 지반이 연속되어 있을 것 등이다.

호르미시스 효과

<2012 한국보훈복지의료공단>

유해한 물질도 소량일 경우 인체에 도움이 되는 것, 관련 – 활성산소 제거, 소량의 독, 면역력 향상, 저선량의 방사선 등

호모심비우스 – 「공생하는 인간」

<2012 한국보훈복지의료공단>

호모사피엔스: 슬기로운 사람(현생인류), 호모에렉투스 : 직립원인, 호모하빌리스 : 능력있는 사람(도구를 쓰는 인간)

홍삼 – 「수삼을 쪄서 말린 붉은 인삼」

<2012 한국농수산식품유통공사>

화천댐 –「수력발전 국내최대규모댐」

<2010 한수원>

1944년 제1호기 준공 후 68년 제4호기 준공, 설비용량 108MW

태평양 주변에 나타나는 산맥과 화산열도들로 구성된 총길이 4만km의 대규모조산대

황변만년란　　　　　<2007 한국자원공사>

꽃을 피우기까지 짧게는 수십 년 길게는 100년이 걸리고, 단 한번 꽃을 피운 후 생을 마감하는 것으로 알려진 식물이 2006년 10월에 서귀포시 여미지 식물원에서 개화했다.

황사현상　　　　　<2005 안양시>

중국대륙의 사막이나 황토지대에 있는 가는 모래가 강한 바람으로 인하여 날아올랐다가 점차 내려오는 현상. - 봄 · 초여름 우리나라에 날아옴.

황사주의보　　　　　<2007 한국자원공사>

황사주의보가 내려지는 1시간 평균 미세먼지 농도와 그 지속시간의 기준은 $400\mu g/m^2$ 이상, 2시간 이상이다.

황우석　　　　　<2005 충남연기 · 근로복지공단, 2006 중부발전>

대한민국의 수의사, 과학자 · 스너피라는 최초로 개 복제, 「환자맞춤형 배아줄기 세포」 연구논문 논란시비

focus

최초 우리나라 복제동물 : 영롱이(1999)
배아줄기세포 관련인물 : 황우석 · 이언윌머트 · 제럴드 섀튼

M세대　　　　　<2011 국민연금공단, 2012 교통안전공단>

M세대는 「모바일 세대(Mobile Generation)」라는 의미로 사용되거나, 밀레니엄 세대(Millennium Generation)란 의미로 사용되고 있다. M세대의 특징은 휴대전화를 걸고 받는 것 외에 이를 의사매체의 다양한 용도로 사용한다.

특히 자기 자신(Myself)을 중시하는 '나홀로'족을 일컫는 말로도 사용된다. M세대의 연령대는 13~32세 사이로 지정하고 있지만 실제로는 13~18세가 대부분을 차지하고 있다.

☞ P세대 : 17~39세, 참여·열정·힘의 변화를 일으키는 세대 <2006 삼성그룹, 2011 국민연금공단, 2012 교통안전공단>

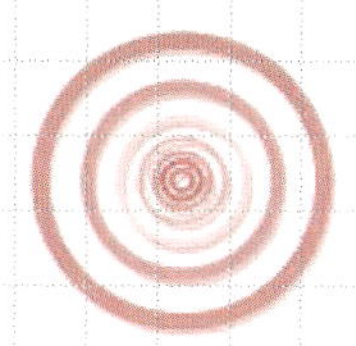

Chapter 7

필수 암기사항

반달리즘(vandalism) :「아트테러리즘」, 무지로 인해 문화나 공공예술을 파괴하는 행위, 도시범죄가 급증한 세태에 대해 일컫는 말.

<2006 근로복지공단, 2008 삼성그룹, 2012 한국보훈복지의료공단>

Ⅰ. 포인트 리멤버

세계 최초 발명자 · 창시자

대 상	창시 · 발명자	연대	국적	대상	창시 · 발명자	연대	국적
철학	탈레스	B.C.5C	그	기차	스티븐슨	1814	영
의학	히포크라테스	B.C.3C	그	종이	채륜	105	중
정치학	아리스토텔레스	B.C.3C	그	영화	에디슨	1893	미
경제학	아담스미드	1723~90	영	글라이더	릴리엔탈	1877	도
사회학	콩트	19C	프	무선전신	마르코니	1896	이
국제법	그로티우스	1625	네	피뢰침	프랭클린	1750	미
역사	헤로도투스	B.C.4C	그	비행기	라이트형제	1903	미
기하학	유클리드	B.C.3C	그	피아노	크리스토포리	1709	이
공리주의	벤담	18C	영	무연화약	노벨	1866	스
공산주의	마르크스	1813~83	도	자동차	다이믈러	1883	도
근대소설	보카치오	1313~75	이	기선	풀턴	1807	미
근대과학	뉴턴	17C	영	전화	벨	1879	미
				전등	에디슨	1879	미
				텔레비전	베어드	1925	영
				X선	뢴트겐	1895	도
				유전법칙	멘델	1865	오

1자(字) 정리

우리나라 국보1호 : 남대문(숭례문으로 명칭 변경)　　〈2013 국립공원관리공단〉

우리나라 보물1호 : 동대문

우리나라 최초 복제동물 : 영롱이(1999)

우리나라 최초 뮤지컬 : **살짜기 옵서예**

우리나라 최초 철도 : 경인선

우리나라 최초 전기불 : 경북궁 내 향원정

우리나라 최초 근대 조약과 나라 : 일본, 1876년 강화도조약

우리나라 최초 한글소설 : 허균의 홍길동전, **최초 한문소설 : 김시습의 금오신화**

우리나라 최초 근대헌법 : 홍범 14조

우리나라 최초 순한글 신문 : 1896년 독립신문 〈2008 한국산단, 2011 농수산물유통

공사 · 수도권매립지관리공사〉

☞ 최초의 신문은 한성순보(1883)이다.
☞ 최초의 우리나라 일간지 : 매일신문(1898)
우리나라 최초 FTA 체결국 : 칠레(2004)　　　<2010 대한지적공사>

최초의 한국 신부 : 김대건

최초 북극 탐험자 : 피어리(미국)

최초 남극 탐험자 : 아문젠(노르웨이)

최초 아프리카 탐험자 : 리빙스턴(영국)

세계 최초의 헌법 : 대헌장

세계 최초의 성문법전 : 함무라비법전

세계 최초의 성문헌법 : 버지니아헌법

세계 최다우지 : 아삼지방(인도)

세계 최초의 인공위성 : 스푸트니크1호(소련)

세계 최초의 우주인 : 유리가가린(소련)

세계 가장 긴 산맥 : 안데스산맥　　　<2011 국민연금공단>

최초로 달에 도착한 우주인 : 암스트롱(미국)

철학의 시조 : 탈레스(그리스)

경제학의 시조 : 아담 스미드(영국)

국제법의 시조 : 그로티우스(네덜란드)

현존하는 세계최고 금속활자본 : 지지심체요절(1377년)　　　<2009 삼성그룹>

진화론의 창시자 : 다윈(영국)

근대올림픽의 창시자 : 쿠베르탱(프랑스)　　　<2009 삼성그룹>

근대올림픽의 제1회 대회가 개최된 곳 : 아테네(1896)

☞ 최초 동계올림픽 개최지 : 샤모니(1924)
단군신화가 기록된 최초의 사서 : 삼국유사

훈민정음으로 표기된 최초작품 : 용비어천가

대한민국 귀화 1호 : 중국인 귀화자 손일승 1957년

1957년 2월 8일 발간된 관보(官報) 제1720호는 이호 당시 법무부 장관의 고시(告示)로 시작한다. 정부 수립 이후 처음으로 외국인에게 귀화를 허가했다는 내용이다.

조선시대 : 첫 서양인 귀화자. 1628년 배를 타고 일본으로 가던 중 폭풍우를 만나 제주도 해안으로 떠밀려 왔던 네덜란드인 「얀 야네스 벨테브레」다. 그는 '박연'으로 개명하고 훈련도감에서 무기 기술자로 일했다.

1인칭 한자

<2005 한국전력>

나오(吾), 나아(我), 나여(予)
3인칭 그피(彼) : 저, 그, 저쪽

1기가(Giga) D램

미래정보산업을 근본적으로 바꿀 수 있는 차세대 메모리 반도체. 1996년 11월 삼성전자에 의해 세계 최초로 개발되었다.

3자(字) 정리

우리나라 3대섬 : 제주도 · 거제도 · 진도
빛의 3요소 : 빨강 · 초록 · 파랑
색채의 3요소 : 빨강 · 노랑 · 파랑
색의 3요소 : 색상 · 명도 · 채도
3대 영양소 : 탄수화물 · 단백질 · 지방
비료의 3요소 : 질소 · 인산 · 칼리
연극의 3요소 : 「배우 · 희곡 · 관객」+「무대」=4요소　　　<2008 삼성그룹>
소설의 3요소 : 주제 · 구성 · 문체
소설구성의 3요소 : 인물 · 사건 · 배경
희곡의 3요소 : 해설 · 지문 · 대사
3면 등가법칙 : 생산 · 분배 · 지출
노동 3권 : 단결권 · 단체교섭권 · 단체행동권
3S운동 : 표준화 · 단순화 · 전문화
3중주 : 바이올린 · 비올라 · 첼로
3일치법칙 : 시간 · 장소 · 행동

3락 : 부모 및 형제무고 · 하늘과 사람에 떳떳함 · 영재교육

직무 3면 등가법칙 : 책임 · 권한 · 의무

힘의 3요소 : 힘의 크기 · 방향 · 작용점

도시문제의 3P : 인구 · 빈곤 · 오염

삼강 : 군위신강(君 爲臣綱), 부위자강(父爲子綱), 부위부강 (夫爲婦綱)
<2014 한국농어촌공사>

세계 3대 미항 : 나폴리(이태리) · 시드니(호주) · 리오데자네이로(브라질)

세계 3대산 : 에베레스트 · 고드윈오스틴 · 건첸중가

세계 3대 사막 : 사하라 · 아라비아 · 고비

세계 3대 섬 : 그린란드 · 뉴기니 · 보르네오

세계 3대 유종 : 브렌트유, 택사스중질유, 두바이유(아랍에미리트)<2012 한국노
인인력개발원 · 한국산업인력공단>

세계 3대 종교 : 불교 · 크리스트교 · 이슬람교   <2012 한국노인인력개발원>

세계 3대 법전 : 함무라비 · 유스티니아누스 · 나폴레옹

인류 3대 발명 : 화폐 · 문자 · 경제표

3대 교향곡   <2005 인천농협, 2010 인천도시개발, 2011 농수산물유통공사 · SH공사>

운명(베토벤) · 미완성 교향곡(슈베르트) · 비창(차이코프스키;낭만파)

세계 3대 단편작가 : 모파상 · 체호프 · 포우

3F시대   <2006 서울시 농수산물공사>

21세기가 육체적 능력보다는 지식적 능력이 중요시된다는 의미에서 21세기
를 '3F의 시대'라고 한다. 이때 3F에는 Feeling, Fiction, Female이다.

3S 운동 – 「생산성 향상운동」

표준화(standardization),   단순화(simplification),   전문화(specialization)
의 3개의 첫 자를 따 3S라고 한다.

3D산업

더럽고(Dirty), 어렵고(Difficult), 위험스러운(Dangerous) 분야의 산업.
기술개발을 통한 공장 자동화 등 업계의 노력이 강화되어야 이 3D 현상을

극복할 수 있다.

3대 영양소 – 「**탄수화물·지방·단백질**」 <2003 안양시, 2011 한국산업단지공단>

☞ 칼로리 : 지방 1g=9kcal, 단백질 /탄수화물 1g=4kcal, 무기질은 열량 없음

3법기관   <2003 서울시>

국회 : 입법기관   **행정부 : 행정기관**   **법원 : 사법기관**

4자(字) 정리

4H : head·hand·heart·health

사서삼경 : 대학·중용·논어·맹자, 시경·서경·역경

사군자 : 매화·난초·국화·대나무

경제의 4측면 : 생산·교환·분배·소비

4F시대 : 식량·무기·연료·비료

세계 4대 어장 : 오오츠크해·뉴펀들랜드·노르웨이근해·알래스카

세계 4대 성인 : 공자(내면요소:인, 외면요소:예)·예수·석가·소크라테스
<2011 한국공항공사>

중국의 4대 기서 : 삼국지연의·수호지·서유기·금병매

세계 4대 문명 : 황하·인더스·메소포타미아·이집트 <2008 한국산단, 2012 한국노인인력개발원>

4자회담 – 「**남·북한, 미국, 중국**」   <2006 화성시>

4대사화 – 「**무오사화, 갑자사화, 기묘사화(조광조 숙청), 을사사화**」
<2007 국회, 2011 근로복지공단>

4대보험 – 「**국민연금, 건강보험, 산업재해보상보험, 고용보험**」
<2006 한전, 2007 국회, 2009 경기교육>

4년 – 올림픽, 아시아 경기대회, 월드컵 <2004 근로복지공단>

유니버시아드 : 2년마다 주최하는 학생운동경기

4-H운동 – 지(머리), 덕(마음), 노(손), 체(건강) <2004 농어촌공사>

5자(字) 정리

을사 5적신 : 박제순·이지용·이근택·이완용·권중현

세속 5계 : 사군이충(事君以忠)·사친이효(事親以孝)·교우이신(交友以信)·임전무퇴(臨戰無退)·살생유택(殺生有擇) <2009 인천관광공사>

오륜 : 부자유친(父子 有親), 군신유의(君臣有義), 장유유서(長幼有序), 부부유별(夫婦有別), 붕우유신(朋友有信) <2014 한국농어촌공사>

5대 사회악 : 궁핍·질병·무지·불결·태만

근대 5종목경기 : 마술·펜싱·사격·수영·육상 <2011 공무원연금공단·국민건강보험>

5고 : 생(生)·노(老)·병(病)·사(死)·고(苦)

5곡 : 쌀·보리·조·콩·기장

5색 : 청색·황색·적색·백색·흑색

5작 : 공작·후작·백작·자작·남작

5장 : 간장·심장·비장·폐장·신장

6자회담 <2005 의정부>

북한 핵 문제의 평화적 해결방안 논의를 위한 「남·북한」과 주요 4개국(미국·중국·일본·러시아)이 진행하는 다자회담. 2003년 8월부터 2005년 11월까지 중국 베이징에서 5차례 개최.

6법 <2006 경기도, 2013 한국마사회>

헌법·민법·형법·민사소송법·형사소송법·상법
행정법은 6법에 속하지 않음

절차법 : 형사소송법, 민사소송법, 행정소송법, 부동산등기법

6년

<2003 서울시, 2004 농어촌공사, 2006 경기도 · 남양주시 · 화성시 · 서울시 농수산물공사, 2014 국민체육진흥공단>

선거관리위원회 위원임기, 헌법재판소 재판관, 대법관

focus

시장 : 4년	감사원장 임기 : 4년
국회의원 임기 : 4년	대통령 임기 : 5년
대법관(대법원장 포함) 임기 : 6년	헌법재판소 재판관임기 : 6년
선거관리위원회 위원임기 : 6년	

☞ 대통령과 국회의원의 임기의 합 = 9년

5S 서비스

1. 기업 · 개인의 업무를 대행하는 서브스티튜(substitute) 서비스
2. 컴퓨터 시스템 사용 · 유지관리, 프로그램 등의 소프트웨어 서비스
3. 개인 · 기업의 안전, 생명 · 재산보호에 대한 시큐리티(security) 서비스
4. 사회보장 확립을 위한 사회적 서비스
5. 변호사 · 의료 · 사설학원에 의한 특수 서비스 등을 말한다.

· 정월 초하루 : 1월 1일   <2006 서울시 농수산물공사>

· 삼짇날 : 3월 3일   · 중앙절 : 9월 9일   · 동짓날 초나흘 : 11월 4일

7재(字) 정리

정미칠적(1907년 고종 강제퇴위에 앞장 선 인물) : 이완용 · 조중응 · 고영희 · 송병준 · 이병무 · 이재곤 · 임선준

경술국적 7인(1910년 한일병탄에 앞장 선 인물) : 이완용 · 고영희 · 박제순 · 조중응 · 이병무 · 조민희 · 민병석

7정 : 희(喜) · 노(怒) · 애(哀) · 구(懼) · 애(愛) · 오(惡) · 욕(慾)

세계 7대 불가사의 : 이집트의 피라밋, 하리카르 낫소스의 마아소로소의 왕묘, 에페소스의 아르테미스 신전, 바빌로니아의 성벽과 공원, 페미디아스의 올림피아 제우스상, 로도스의 아폴로 거상, 알렉산드리아시 파로스섬의 등대

10,12 자(字) 정리<2006 서울시농수산물공사, 2007 경기교육, 2011 농수산물유통공사>

십간 : 갑(甲)·을(乙)·병(丙)·정(丁)·무(戊)·기(己)·경(庚)·신(辛)·임(壬)·계(癸)

십이지 : 자(子) : 오후 11시~오전1시·축(丑) : 오전1시~3시·인(寅) : 오전 3시~5시·묘(卯) : 오전5시~7시·진(辰) : 오전 7시~9시·사(巳) : 오전 9시~11시·오(午) : 오전 11시~오후1시·미(未) : 오후 1시~3시·신(申) : 오후 3시~5시·유(酉) : 오후5시~7시·술(戌) : 오후 7시~9시·해(亥) : 오후 9시~11시

24절기 <2005 안양시, 2006 경기남양주, 2006 서울 농수산물공사, 2009 경기농협>

봄

입춘(立春) 2월 4일 : 봄의 시작

우수(雨水) 2월 19일 : 얼음이 녹고 초목이 싹트는 시기   <2008 경기농협>

경칩(驚蟄) 3월 5일 : 개구리가 깨어나는 시기

춘분(春分) 3월 20일 : 밤과 낮의 길이가 같아짐   <2008 대전·충남농협>

청명(淸明) 4월 4일 : 날씨 맑고 청명, 논농사 준비

<2006 국가, 2008 서울농협>

곡우(穀雨) 04월 20일 : 봄비가 내려 백곡이 윤택해짐

<2006 삼성그룹·국가, 2008 서울농협>

여름

입하(立夏) 5월 5일 : 여름의 시작

소만(小滿) 5월 21일 : 모내기 시작

망종(芒種) 6월 5일 : 보리 수확, 모심기 시작   <2006 국가>

하지(夏至) 6월 21일 : 낮이 가장 긴 시기   <2013 한국마사회>

소서(小暑) 7월 7일 : 더위와 장마 시작 <2008 서울농협>
대서(大暑) 7월 22일 : 더위가 가장 심한 시기 <2006 삼성그룹>

가을

입추(立秋) 8월 7일 : 가을이 시작되는 시기

처서(處暑) 8월 23일 : 더위 가고, 일교차가 커짐

백로(白露) 9월 7일 : 이슬이 내리는 시기 <2008 서울·경기농협>

추분(秋分) 9월 23일 : 낮과 밤의 길이가 같아지는 시기

한로(寒露) 10월 8일 : 찬이슬이 내림

상강(霜降) 10월 23일 : 서리가 내리기 시작함

겨울

입동(立冬) 11월 7일 : 겨울이 시작되는 시기 <2006 국가, 2013 한국마사회>

소설(小雪) 11월 22일 : 얼음이 어는 시기

대설(大雪) 12월 7일 : 눈이 많이 오는 시기

동지(冬至) 12월 21일 : 낮이 짧고 밤이 제일 긴 시기 <2008 서울·경기농협, 2013 한국마사회>

소한(小寒) 1월 6일: 겨울 중 가장 추울 때<2006 삼성그룹, 2013 한국마사회>

대한(大寒) 1월 14일 <2013 한국마사회>

14세 : 형사미성년 <2004 농어촌공사>

789 시대

현대생활에 있어서의 이상적인 생활계획으로서, 근로 7시간, 수면 8시간, 삶을 즐기는 것이 9시간인 시대를 말하지만 후진국가에는 적용될 수 없는 말이다.

2015년 12월 1일 <2007 한국자원공사, 2011 한국산업안전보건공단>

한국·미국 국방장관회담에서 전시작전통제권(오프콘;Opcon)을 미국에서

한국으로 전환하기로 합의한 시기
· 데프콘(Defcon) : 방어 전투 준비태세
· 네오콘(Neocons) : 미 공화당 신보수주의자들

focus

2007년 초 미국의 경제 잡지 <비즈니스 2.0>이 발표한 「지구를 살리는 8가지 기술」: 가정용 수소연료 충전지, 독소흡입나무(디톡스 나무), 핵 폐기물 중성화 장치, 환경센서 네트워크, 원격심해탐사 로봇, 초음파 빔정수기, 멸종위기동물 추적장치, 차세대 스마트 파워그리드 등

2025년   <2006 고양시>
UN이 우리나라가 물 부족이라고 한 년도
ℓ : 냉장고 용량단위   <2006 화성시>
kg : 세탁기 용량단위
1m= 100Cm = 1000mm = 0.001km.   <2006 화성시>
10리 = 4km   <2012 한국마사회>

1관 = 3.75kg   <2011 농수산물유통공사>

Ⅱ. 신조어

님트신드롬(NIMT' syndrome) <2005 진주시, 2006 충남농협>

'내 임기 중에는 민감한 결정을 하지 않겠다(Not in my Term)'는 뜻으로 공무원의 극심한 몸 사리기를 대변하는 신조어.

focus

> 핌투현상(please in my terms of office) : 장기적인 안목없이 무조건 자신의 임기 중에 무엇인가를 끝내겠다는 태도

딩크(dink)족 <2008 한국산단, 2009 수도권 매관공, 2011한국환경공단>

의도적으로 자녀를 갖지 않는 **맞벌이 부부**
여피(yuppie)족에 이어 요즘 미국의 베이비 붐 세대의 생활양식, 가치관을 대변하는 말로 쓰인다.

딘트족(Double income no time) <2006 대한지적공사>

경제적으로는 풍족하지만 바쁜 업무로 미처 돈 쓸 시간이 없는 신세대 맞벌이 부부를 지칭하는 신조어.
유미족(Young up wardly mobile mummy) : 상향적이고 **활동적인** 젊은 어머니들을 가리키는 말.

매스티지(Masstige)

「대중(mass)」과 「명품(prestige product)」을 뜻하는 단어를 조합한 말. 미국의 경제잡지인 "하버드 비즈니스 리뷰"에서 처음 소개한 이 개념은 「소득 수준이 높아진 중산층들이 비교적 값이 저렴하면서도 감성적 만족을 얻을 수 있는 제품을 원하는 경향」을 뜻한다.

반달리즘(vandalism) - 「아트테러리즘」 <2006 근로복지공단, 2008 삼성그룹, 2012 한국보훈복지의료공단>

무지로 인해 문화나 공공예술을 파괴하는 행위, 도시범죄가 급증한 세태에 대해 일컫는 말.

113 : 간첩신고 129 : 긴급구명안내 182 : 미아・가출인・도난차량신고

스노브 – 「다른 사람이 많이 사는 제품을 기피하는 것」 <2006 중부발전>

스펙(spec) – 「요구조건」

제품 만들 때 요구되는 기준이란 뜻의 'specification'을 줄인 말. 「취업에 필요한 기준」이란 의미. 학력・학점・토익점수・인턴쉽・자격증・봉사활동 등

신 소비코드

LG경제연구원은 2004년 「마케팅 신조어로 풀어보는 신소비 코드」란 보고서에서 최근 기업 마케팅에 등장한 5대 신조어를 통해 소비자의 구매 성향을 분석한 보고서를 내놓았다.

focus

- 매스클루시버티(massclusivity) : 대중과 배타성의 합성어로, 소수를 위한 한정 생산추세를 말한다. 명품 대중화를 넘어, 「나만의 명품」을 소유하고자 하는 소비자들의 기호 변화를 보여준다. <2005 근로복지공단>
- 걸리시 소비자(girlish consumer) : 핑크색 컬러 휴대폰, 리본 달린 구두, 성인용 고가 인형 등 성년이 된 뒤에도 소녀 취향적 제품이 인기를 끌고 있는 현상을 말한다. <2005 근로복지공단>
- 메트로섹슈얼(metrosexual) : 쇼핑몰, 미용실 등이 인접한 도시에 살면서, 여성 취향적 라이프 스타일을 추구하는 남성들이 많아지고 있는 추세를 반영한 용어이다. 남성용 미백 화장품, 남성용 스파나 피부강좌 등이 대표적 상품이다.
- 머츄리얼리즘(maturialism) : 「원숙한 중・장년층」 정도로 번역할 수 있는 이 용어는 중년층이 자신의 삶을 보다 적극적으로 가꿀 수 있는 상품을 찾는 소비패턴을 의미한다. 가정용 맥주 제조기 등이 대표적인데, 주로 자신만의 품격을 유지한다는 측면에서 프리미엄급 소비로 나타난다. <2005 근로복지공단>
- 체리피커 (cherry picker) : 미국 유통업체나 쇼핑몰 등에서 알짜 할인상품만 집중 구매하는 똑똑한 고객을 일컫는 말. – 「혜택만 누리는 얌체고객」 <2005 근로복지공단, 2013 국립공원관리공단>

맞벌이 부부가 보편화되면서 부모집 근처에서 살면서 육아 등의 도움을 받는 가족.

> ·**캥거루족** : 가정을 꾸린 후 부모의 경제력에 얹혀사는 젊은 세대
> <2008 SH공사, 2009 인천관광공사, 2010 한국농어촌공사>
> ·**자라증후군** : 유사시 부모의 보호 속에 숨어드는 것
> ·**패러사이트 싱글족** : 결혼 않고 부모에게 의존하는 사람, 기생충(parasite)과 미혼(single)의 합성어 <2011 한국환경공단>
> ·**통크(TONK : two only nokids)** <2005 근로복지공단>
> 전통적인 할아버지 할머니 역할을 거부하고 자신의 인생을 추구하는 노부부를

> 일컫는 말. 손주를 돌보는데, 시간을 뺏기지 않고 취미생활과 여행, 운동 등으로 노후를 즐기는 부부
> ·**오팔족(OPAL : Old People with Active Life)** : 자식에게 신세를 지지 않고 풍족한 노후를 즐기는 노인들. 젊어서 쌓은 경제력으로 건강한 삶을 누리고 봉사와 취미활동 등을 하며 노년을 즐기는 경우.
> ·**왕래·별거가정** : 1999년대 떨어져 사는 맞벌이 부부를 일컫는 말.
> ·**주말부부, 월말부부, 계절부부, 방학부부, 연말부부 등**
> ·**단신부임가정** : 일본에서 인사발령을 받은 가장이 홀로 부임지로 옮겨가는 현상을 일컫는 말
> ·**통근결혼(commuter marriage)** : 미국에서 멀리 떨어져 사는 부부의 결혼생활 형태를 연구하여 지칭한 말.
> ·**기러기 아빠** : 원거리 가족
> ·**펭귄아빠** : 경제적으로 여의치 않아 가족과 같이 날아가지 못하는 아빠
> ·**독수리 아빠** : 경제적으로 풍족하여 원하면 언제든 자식이 있는 곳으로 날아가는 아빠
> ·**갈매기 아빠** : 자녀를 서울에 남겨 놓고 홀로 지방에서 근무하는 아빠
> ·**참새 아빠** : 아내와 아이를 외국에 보낼 재력이 없어 강남에 유학 보낸 아빠

이태백

<2007 한국자원공사>

심각한 취업난으로 이십대의 반수 이상이 일정한 직업을 잡지 못함을 비유적으로 이르는 말이다.

좀비족(Zombie 족)
<2005 근로복지공단 · 대구시, 2008 SH공사>
대기업이나 방대한 조직체 속에서 일을 해도 그만 안 해도 그만인 식의 무사안일에 빠져 있는 사원들을 말하며, 또한 정상을 벗어난 비정상적인 사람을 가리킨다.

튜터십세대(tutorship generation)
혼자서 끙끙 앓으며 문제를 해결했던 기성세대와는 달리 타인의 지도에 의지하는 데 거리낌이 없는 세대.

트로피 남편(Trophy Husband), 트로피 아내(trophy wife)
사회 경제적으로 성공한 아내를 대신해 집안일을 전담하는 남편
성공한 중장년 남성이 조강지처와 이혼한 뒤 몇 차례의 결혼 끝에 젊고 아름다운 여성과 재혼하는 것을 두고 마치 성공의 보상으로 아내를 트로피처럼 받는다고 해서 생겨난 「트로피 아내」(trophy wife)의 반대적인 의미

펌킨족
<2005 삼성그룹, 2011 근로복지공단>
'펌'은 다른 사람이 인터넷에 올린 글이나 그림 등을 퍼와 자신의 홈페이지에 올리는 행위.
'펌킨족'이란 '펌' 문화에 익숙한 사람. 이들 간의 커뮤니케이션을 '퍼뮤니케이션(purmmunication)'이라 한다.
기업 광고물이나 제품 정보 등이 1인 미디어들의 '펌'을 통해 무한 확장이 가능하다.

☞ **쿠거족** : 연상 여자와 연하의 남자 커플이 폭발적으로 증가하는 현상<2012 한국보훈복지의료공단>
패라싱글족 : 결혼하지 않고 부모 집에 얹혀 사는 사람<2012 한국보훈복지의료공단>
코쿤족 : 외부 세상으로부터 도피하여 자신만의 안전한 공간에 머무르는 칩거증후군 <2012 한국보훈복지의료공단, 2014 한국농어촌공사>
나우족 : 40~50대에도 젊고 건강하며, 경제력이 있어서 주요 소비층으로 떠오르는

더피족 : 경쟁이 치열한 고소득 전문직보다는 소득이 떨어지더라도 삶의 질을 높일
수 있는 일을 하는 사람들   <2012 한국보훈복지의료공단>

프라브(Pravs)족   <2006 서울시 농수산물공사>

부가가치를 자랑스럽게 실현하는 자들이라는 뜻을 가진 말.

합리적인 소비를 하면서 자신만의 가치를 중시하는 실속파를 일컫는 말이다.

보보스(Bobos)족 : 부르주아 같은 삶으로 보이지만 라이프스타일은 내적인 질
을 중시하는 집단을 말한다.

트윈슈머(Twinsumer) : 쌍둥이(Twin)와 소비자를 의미하는 컨슈머
(Consumer)의 합성어로 다른 사람의 사용 후기를 참조해 상품을 구입하는
소비자를 지칭한다.   <2013 국립공원관리공단>

쿨헌터 : 기업에 고용된 일반 소비자, 시장의 유행정보를 기업에 제공<2013 국
립공원관리공단>

프리터(freeter)   <2009 수도권매관공>

학교를 졸업한 후에도 정규 종업원이 되지 않고 자유로운 전직을 반복하는
젊은이를 일컫는 말 - 「free와 arbeiter를 결합한 일본식 영어명칭」

피싱(phishing)   <2006 고양시, 2010 대한지적공사>

불특정 다수의 이메일 사용자에게 신용카드나 은행계좌 정보에 문제가 발
생해 수정이 필요하다는 거짓 이메일을 발송해 관련 금융기관의 신용카드
정보나 계좌정보 등을 빼내는 신종해킹 기법.

보이스피싱(voice phishing) 또는 전화사기 : 범행 대상자에게 전화를 걸어 허
위 사실을 이야기하고, 송금을 요구하거나 특정개인정보를 불법으로 수집하는
사기수법.

피진 잉글리시(pidgin English)

주로 상거래에 사용되는 것으로, 문법이 간략화되고 어휘가 극도로 제한된 영어
일반적으로 그 나라에 뿌리내리지 않은 외래어를 「피진어」라고 하는데,
콩글리시(konglish)도 포괄적으로 이 범주 안에 든다.

헬리콥터부모(Helicopter parents)

자녀의 학교주변을 헬리콥터처럼 맴돌며 사사건건 학교 측에 통보·간섭하
는 학부모를 일컫는 말. - 성인이 된 후에도 각종 문제를 조종하고 싶어 함.

focus

사커맘(Soccer mom) : 유치원에서부터 대학생이 될 때까지 자녀의 주위를 맴
도는 엄마.

원리정리

아르키메데스의 원리 : 부력의 크기는 물체와 동체적(同體積)의 유체의 무게,
즉 물체가 밀어낸 유체의 무게와 같다.

파스칼원리 : 밀폐된 액체의 일부분에 주어진 압력은 그 세기를 변하지 않고
액체내의 모든 부분에 전달된다는 원리　　　　　　　　　　　　<2008 삼성그룹>

유효수요의 원리 : 국민 소득 및 생산량, 총고용 수준이 유효수요의 크기에 따
라 결정된다.

대차평균의 원리 : 모든 계정의 차변 계정의 합계와 대변 계정의 합계는 일치
한다.

가속도의 원리 : 기계·설비 등 내구적(耐久的)인 자본재에 대한 새로운 수요
(需要)가 완성재의 양의 증가율에 의존한다고 하는 경제이론

아보가드로의 법칙 : PV $=n$RT(단 P : 압력, V : 체적, n : 몰수, T : 절대온도, R : 비례정수)

보일샤를의 법칙 : 일정한 온도에서는 기체의 부피는 압력에 반비례하고 절대온도에 비례한다(PV/T=k).　　　　　　　　　　　　　　<2008 삼성그룹>

옴의 법칙 : I= V/R 전류의 강도(I)는 전위차(V)에 비례하며 저항에 반비례한다.　　　　　　　　　　　　　　　　　<2008 삼성그룹>

멘델의 법칙 : 멘델이 완두의 교배실험에서 확립한 유전원칙, 우열의 법칙·분리의 법칙·독립의 법칙을 말한다.

뉴턴의 운동 3법칙 : 제1법칙(관성의 법칙), 제2의 법칙(운동의 법칙), 제3의 법칙(작용·반작용의 법칙)　　　　<2008·2009 삼성그룹, 2011 공무원연금공단>

만유인력의 법칙 : 모든 물체 사이에는 인력이 작용하고 있으며, 이 힘의 크기는 두 물체의 질량의 곱에 비례하고, 거리의 제곱에 반비례한다.

탈리오법칙 : 「눈에는 눈을 이에는 이를」이라는 말로 표현되는 동해보복(同害報復)의 형벌·법칙

질량불변의 법칙 : 물질계가 화학변화를 할 때 계(系) 전체의 질량은 반응 전후에 있어서 변화하지 않는다.

맬더스의 인구법칙 : 인구는 기하급수적으로 증가하고(25년마다 2배), 식량은 산술급수적으로 증가한다.

엥겔의 법칙 : 가족의 생계비 중에서 음식비가 차지하는 비율은 수입이 적은 가족일수록 급격히 증가한다는 법칙

반사의 법칙 : 입사광선, 반사광선 및 입사점에 세운 수선은 동일 평면내에 있어 반사광선은 법선에 대해서 입사선의 반대쪽에 있다. 입사각과 반사각은 동일하다.

국제연합(UN)의 연혁

1941.8.14	대서양헌장	미국의 루즈벨트 대통령과 영국의 처칠 수상이 전후의 세계 안전보장 체제의 확립을 선언함
1943.10.19	모스크바선언	미·영·소 3국 외상회의에 중국을 포함 4국 공동선언으로 국제기구 설립의 필요성을 인정
1943.11	테헤란회담	루즈벨트(미)·처칠(영)·스탈린(소)이 모여 국제기구 설립을 재확인
1944.8.21	덤바턴오크스회의	미·영·소·중 4개국이 모여 「일반적 국제기구 설립을 위한 제안」을 채택(유엔헌장의 기초)
1945.2.4	얄타회담 〈2011 국민연금공단〉	루즈벨트·처칠·스탈린이 모여 안전보장이사회의 표결방법(거부권제도)·신탁통치문제·총회에서의 투표권에 관한 문제를 결정
1945. 4~6 1945.10.24	샌프란시스코 회의 국제연합탄생	연합국 50개국이 국제연합헌장에 조인(제헌회의) 각국의 UN헌장 비준을 거쳐 같은 날 효력 발생

국제연합의 주요 기구와 전문기구

기 구 명	기 능	구 성	의 결
총 회 (GA)	UN의 최고기구 토의·권고(구속력없음)	전가입국(정기총회는 매년 9월 셋째화요일)	일반사항 : 출석과반수 주요사항 : 출석 3분의2 이상
안전보장 이사회	실질적 UN의 주요기능 가입·UN군 파견·헌장 개정 상임이사국의 거부권 〈2011 국민건강보험, 2004 부산교통공사〉	상임이사국(미·영· 프·러·중)〈2013 국립 공원관리공단〉 비상임이사국 10개국 (총회에서 선출함)	일반사항 : 9개국 이상 주요사항 : 5개 상임이사 국을 반드시 포함하여 9 개국 이상
경제사회 이사회 ECOSO C	경제·사회·문화·인도적 문제의 연구·보고·발 의·권고	54개의 이사국으로 구 성, 임기3년	단순 과반수로 의결
신탁통치 이사회	신탁통치지역 문제 심의 지역의 시민 복지 도모	8개국(안보상임이사국, 호주, 뉴질랜드, 총회선 출 1국)	단순 과반수로 의결
국제사법 재판소 ICJ	국제분쟁의 법적 해결 헌 장·조약·협약 등의 해석	재판관 15인(총회와 안 보이사회에서 선출)	본부는 네덜란드의 헤이 그, 재판관 임기는 9년
사무국	UN의 운영에 관한 사무	사무총장(안보이사회의 건의로 총회임명)·직원	사무총장 임기 5년, 사무 국 직원에 치외법권

☞ **UN분담금** : UN의 경비충당, 인구나 GNP, 외채비율등 기준 〈2011한국공항공사〉

전문기구

〈2004 삼성그룹〉

기구명	목적	설립연도	본부소재	한국가입
만국우편연합(UPU)	세계 우편 업무의 조직적 수행	1875. 7	베른	1949
국제노동기구(ILO)	노동 조건의 개선과 사회 정의 실현	1919. 4	제네바	1991
국제전기통신연합(ITU)	주파수 배당 등 통신에 관한 국제협력	1932. 5	제네바	1952
국제식량농업기구(FAO)	식량 증산의 기술 지도	1945.10	로마	1949
국제통화기금(IMF)	국제 자금 거래(SDR 창출)	1945.12	워싱턴	1955
국제부흥개발은행(IBRD)	경제 부흥과 개발의 원죠(세계은행)	1945.12	워싱턴	1955

국제연합교육과학문화기구(UNESCO)	교육 향상과 과학·문화의 교류를 통한 국제 사회 발전 촉진	1946.11	파리	1950
국제민간항공기구(ICAO)	항공의 기술 발전과 수송 협력	1947. 4	몬트리올	1952
세계보건기구(WHO)	건강지도와 질병 퇴치 및 의학 협력	1948. 4	제네바	1949
세계기상기구(WMO)	기상 활동의 조정 및 정보교환	1950. 3	제네바	1956
국제금융공사(IFC)	저개발국의 민간사업 융자	1956. 7	워싱턴	1964
정부간해사협의기구(IMCO)	항해의 안전을 위한 기술·정보교환	1959. 1	런던	1962
국제개발협회(IDA)	저개발국의 경제 성장을 위한 장기 대부	1960. 9	워싱턴	1961

비전문기구

관세 및 무역에 관한 일반협정(GATT)	관세 및 무역에 장벽을 제거하여 국제 무역의 촉진을 도모	1948. 1	제네바	1967
국제원자력기구(IAEA)	원자력의 평화적 이용과 국제 공동관리	1957.	비 인	1957

국제 주요 선언

선언명	일자	내용	참가국
대서양헌장	1941. 8	제2차 세계 대전 및 전후의 지도 원칙을 언명	루즈벨트(미)·처칠(영)
카이로선언	1943.11	대일 영토 문제 협의(루즈벨트·처칠·장개석)	미국·영국·중국
얄타협정	1945. 2	유엔 문제·소련 참전(루즈벨트·처칠·스탈린)	미국·영국·소련
포츠담선언	1945. 7	대일본 항복조건 협의(트루먼·처칠·애틀리·스탈린·장개석)	미·영·소·중
세계인권선언	1948.12	유엔총회의 기본적 인권 존중의 원칙을 선언	동유럽 제외 48개국

AA group	Asia-Africa group : 아시아·아프리카 그룹[AA 제국]	
AAA	Agricultural Adjustment Act : 농업조정법	**A**
ADB	Asian Development Bank : 아시아개발은행	
AC	Atlantic Charter : 대서양헌장	
AFP	Agence France Press : 프랑스 통신사	
AFL-CIO	American Federation of Labour & Congress of Industrial Organization : 미국 노동총연맹과 산업별 조합회의 합병단체	
AFTA	ASEAN Free Trade Agreement : 인도네시아, 말레이시아, 타이, 싱가포르, 필리핀, 브루나이의 자유무역 협정	
AID	Agency for International Development : 국제개발처	
ANF	Atlantic Nuclear Forces : (나토의) 대서양 핵군	
ANZUS	Australia, New Zealand and United States : 태평양 안전보장 조약	
APACL	Asian People's Anti-Communist League : 아시아 민족반공연맹	
APEC	Asia Pacific Economic Cooperation : 한국, 미국, 일본, 호주, 뉴질랜드, 캐나다와 아세안 6개국 및 중국, 대만 (홍콩;중국반환) 등으로 구성된 아시아 태평양지역 범정부간 협력기구.　　　<2004 수도권매관공, 2005 마사회>	
APO	Asian Productivity Organization : 아시아 생산성기구	
APU	Asian Parliamentarians' Union : 아시아의원연맹	
ASA	Association of Southeast Asia : 동남아 연합	
ASEM	Asia Europe Meeting : 아시아와 유럽간 정상회의	
ASPAC	Asia and Pacific Council : 아시아 태평양 각료이사회	

BBC	British Broadcasting Corporation : 영국방송협회
BENELUX	Belgium, Netherlands, Luxemburg : 벨기에, 네덜란드, 룩셈부르크의 3국
BIAC	Business and Industry Advisory Committee : 경제산업자문위원회(경제협력개발기구의 민간기구)
BIS	Bank for International Settlements : 국제 결제 은행)

B

C/A	capital account ; cash account ; credit account(대변계정); current account.
CAFEA	Commission on Asian and Far East Affairs : 국제상공회의소 내(內)의 아시아 · 극동위원회)
CENTO	Central Treaty Organization : 중앙조약기구
CHINCOM	China Committee for Export Control : 대중공수출통제위원회
CM	Commercial Message : 상업방송의 광고문
COCOM	Coordinating Committee for Export Control to Communist Area : 대공산권 수출통제 조정위원회
COMECON	Council of Mutual Economic Assistance : 동유럽 경제상호 원조협의회
CONEFO	Conference of New Emerging Forces : 신생국회의
CPI	Consumer's Price Index : 소비자 물가지수
CPS	Consumer's Price Survey : 소비자 가격조사
CRIK	Civil Relief In Korea(UN) : 대한 민사구호
CUN	Charter of United Nations : 유엔헌장

C

DAC	Development Assistance Committee : 개발원조위원회
DL	Development Loan : 개발차관
DC	District of Columbia : 콜럼비아 특별구, 워싱턴 D.C
DLF	Development Loan Fund : 개발차관기금

D

DMZ   de-militarized Zone : 비무장지대   <2013 국립공원관리공단>
DSL   deep scattering layer : 심해 음파 산란층
DVD   Digital Video Disk : 디지털비디오 디스크   <2008 한국산단>

E

EC   European Communities : 유럽공동체. EU(유럽연합)로
            명칭 바뀜
ECA   Economic Commission for Africa; (미국) Economic
            Cooperation Administration 미국경제협조처(MSA의 구칭).
ECAFE   Economic Commission for Asia and the Far East :
            아시아 극동위원회
ECM   European Common Market : 유럽공동시장
ECOSOC   Economic and Social Council : 유엔 경제사회이사회
ECSC   European Coal and Steel Community : 유럽 석탄철강
            공동체
EDC   European Defense Community : 유럽 방위공동체
EEC   European Economic Community : 유럽 경제공동체
EFTA   European Free Trade Association : 유럽 자유무역연합체
EMA   European Monetary Agreement : 유럽 통화협정
EPB   (영국) Environmental Protection Board
EPC   European Political Community : 유럽 정치공동체

EPU   European Payment Union : 유럽 지불동맹

EROA   Economic Rehabilitation in Occupied Area : 점령지역
            경제부흥자금

EROPA   Eastern Regional Organization for Public
            Administration : (아시아)동부지역 행정기구
EU   European Union : 유럽연합   <2007 국회>
EURATOM   European Atomic Energy Community : 유럽 원자력공
            동체

FAA	Federal Aviation Administration : 미국 연방항공국
FBI	Federal Bureau of Investigation : 미국 연방수사국
FFHC	Freedom From Hunger Campaign : 기아해방운동
FOA	Foreign Operations Administration : 미국 대외활동본부
FOB	free on board : 본선인도(무역상) 가격
FY	Fiscal Year : 회계연도

F

GA	General Assembly : 유엔총회
GANEFO	Games of New Emerging Forces : 신생국대회
GARIOA	Government Appropriation for Relief in Occupied AREA : 점령지역 구제
GATT	General Agreement on Tariffs and Trade : 관세 및 무역에 관한 일반협정. 가트는 해체되고 WTO가 대신 발족함.
GCA	ground control(led) approach : (항공) 지상관제진입
GMT	Greenwich Mean Time :그린니치 표준시
GNP	Gross National Products : 국민총생산액

G

HHHH(4H)	Head Heart, Hand and Health : 농촌청소년운동
HQ	Headquarters : 사령부 · 본부
HST	hypersonic transport(극초음속 수송기) ; high speed train(영국 국철의) 고속 열차

H

IAEA	International Atomic Energy Agency : 국제원자력기구 <2005 수자원>
IAU	International Astronomical Union : 국제천문연맹 명왕성의 행성지위 박탈단체 <2009 경기농협, 2012 경기신용보증>
IBRD	International Bank for Reconstruction and Development

I

        : 국제부흥개발은행(세계은행)   <2005 대구시>

ICA   International Cooperation Adminstration : (미국) 국제협력처

ICAO   International Civil Aviation Organization : 국제민간항공기구

ICBM   Inter-Continental Ballistic Missile : 대륙간 탄도미사일

ICFTU   International Confederation of Free Trade Union : 국제 자유노동조합연합

IDA   International Development Association : 국제개발협회

IDO   International Disarmament Organization : 국제 군축 기구

IECOK   International Economic Consultative Organization for Korea : 대한 국제경제협의회

IFC   International Finance Corporation : 국제금융공사

IFTU   International Federation of Trade Unions : 국제노동조합연합

ILO   International Labour Organization : 국제노동기구

IMCO   Intergovernmental Maritime Consultative Organization : 정부간 해사협의기구

IMF   International Monetary Fund : 국제통화기금

        <2009 삼성그룹>

IOC   International Olympic Committee : 국제올림픽위원회

        <2008 한국산단, 2012 한국노인인력개발원>

IOCU   International office of Consumers Unions : 국제소비자동맹

IPI   International Press Institute : 국제신문편집인협회

IPU   Inter-parliament Union : 국제의원연맹

IQ   Intelligence quotient : 지능지수

IRBM   Intermediate Range Ballistic Missile : 중거리 탄도탄

IRC   International Red Cross : 국제적십자사

IRO   International Refugee Organization : 국제피난민 구제위원회

ISO   국제표준위원회 <2012 한국농수산식품유통공사>

ITO   International Trade Organization : 국제무역기구

ITU   International Telecommunication Union : 국제전기통신연합

<2009 SH공사>

| IWW | Industrial Workers of the World : 세계산업노동조합 |

J

| JRC | Junior Red Cross : 청소년 적십자단 |
| JPL | Jet Propulsion Laboratory : NASA의 제트 추진 연구소 |

K

KCAC	Korean Civil Assistance Command : (유엔)한국인 민사처
KKK	Ku Klux Klan : 흑인에 대한 미국 백인의 비밀테러단
KMAG	Korean Military Advisory Group : (미)한국군사고문단
KOC	Korean Olympic Committee : 한국올림픽위원회

L

LAFTA	Latin America Free Trade Association : 라틴 아메리카 자유무역협회
L/C	Letter of Credit : 신용장
LTD	limited : 유한회사

M

MDA	Mutual Defense Assistance : 상호 방위 원조
METO	Middle East Treaty Organization : 중동방위조약기구
MLF	Multilateral Nuclear Force(NATO) : NATO의 다변 핵군
MSA	Mutual Security Act : (미국) 상호안전보장법

N

NANA	North American Newspaper Alliance : 북아메리카 신문 연합
NASA	National Aeronautics and Space Administration : 미국립 항공우주국 <2008 한국산단>
NAFTA	미국, 캐나다, 멕시코 3국의 북미자유무역협정
NATO	North Atlantic Treaty Organization : 북대서양 조약기구
NIRA	National Industrial Recovery Act : 전국산업부흥법

| NNP | Net National Products :국민 순생산액 |
| NSC | National Security Council. : (미국) 국가안전보장회의 |

OAEC	Organization for Asian Economic Cooperation : 아시아 경제협력기구
OAS	Organization of American States : 미주 기구
OAU	Organization of African Unity : 아프리카 통일기구
OECD	Organization for Economic Cooperation and Development : 경제협력개발기구　　　<2004 삼성그룹>
OEEC	Organization for European Economic Cooperation : 유럽 경제협력기구
OOC	Olympic Organization Committee : 올림픽조직위원회
OPEC	Organization of Petroleum Exporting Countries :석유 수출국 기구
OTC	Organization for Trade Cooperation : 무역협력기구

PATO	Pacific Asia Treaty Organization. : 아시아·태평양 조약기구
POW	Prisoner of War : 전쟁포로
PR	Public Relations : 홍보, 선전
PST	Pacific Standard Time : 태평양 표준시

SAC	Strategic Air Command : (미국) 전략 공군사령부
SAM	Surface to Air Missile : 지대공 미사일
SDR	Special Drawing Rights : IMF의 특별 인출권
SEATO	South East Asia Treaty Organization : 동남아시아 조약기구
SHAPE	Supreme Headquarters of Allied Powers in Europe(NATO) : 군의 최고사령부
SSA	Social Security Act : 사회보장법

TNO Trade Negotiate on Organization : (전)GATT의 무역교섭위원회

TUC Trade Union Congress : (영국) 노동조합회의

TVA Tennessee Valley Authority : 테네시강 유역개발공사

UAR United Arab Republic : 아랍연합공화국

UK United Kingdom (of Great Britain and Northern Ireland) : 영 연합왕국

UNCTAD United Nations Conference on Trade and Development : 국제무역개발회의

UNDP United Nations Development Programme : 유엔개발계획

UNEP United Nations Emergency Forces : 유엔 긴급군

UNESCO United Nations Educational, Scientific and Cultural Organization : 국제연합 교육 과학 문화기구 <2007 전북교육>

UNICEF United Nations International Children's Emergency Fund : 국제연합 국제아동구제기금

UPU Universal Postal Union : 만국우편연합

USAID United States Agency for International Development : 미 국제개발처

USIS United States Information Service : 미국공보원

USOM United States Operations Mission : 미국경제협조처

VOA Voice of America : 「미국의 소리」 방송

VP Vice President : 부통령

WBA World Boxing Association : 세계 권투 연맹

WCOTP	World Confederation Organization of the Teaching Profession : 세계교직단체 총연합회
WEU	Western European Union : 서유럽 연합
WFP	World Food Program : 세계 식량계획
WFTU	World Federation of Trade Union : 세계노동조합연맹
WHO	World Health Organization : 세계보건기구
WTO	Word Trade Organization : 세계무역기구. GATT체제와 대체됨 <2005 대구시>
WILPF	Women's International League for Peace and Freedom : 부인 국제평화 자유연맹
WMO	World Meteorological Organization : 세계기상기구 <2009 SH공사>

W

| YMCA | Young Men's Christian Association : 기독교청년회 |
| YWCA | Young Women's Christian Association : 기독교여자청년회 |

Y

| ZD | Zero Defects : 무결점 운동, 생산품질의 신뢰도를 높이고 가격인하가 그 목적이다. <2005 마사회> |
| ZPG | Zero population growth : 인구의 제로 성장 |

Z

Chapter 8

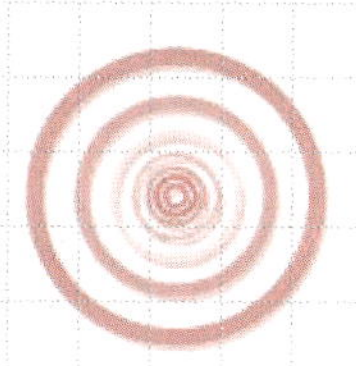

한 자

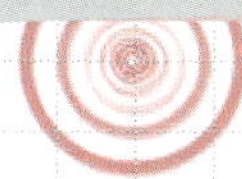

事必歸正(사필귀정) :

무슨 일이든지 결국은 옳은 데로 돌아간다는 뜻

<2008 삼성그룹, 2009 SH공사, 2013 한국마사회>

Ⅰ. 고사성어(故事成語)

ㄱ

家給人足(가급인족) 집집마다 살림이 넉넉하고, 사람마다 의식(衣食)에 부족함이 없음.

可欺以方(가기이방) 그럴 듯한 말로 남을 속일 수 있음.

街談巷說(가담항설) <2005 삼성그룹>
길거리나 항간에 떠도는 이야기 또는 소문.

家徒壁立(가도벽립) 집안에 세간이라고는 하나도 없고 다만 사면에 벽만이 둘려 있을 뿐이라는 뜻. 집안이 가난함을 비유한 말이다.

可東可西(가동가서) 동쪽이라도 좋고 서쪽이라도 좋다. 이러나 저러나 상관없다.

苛斂誅求(가렴주구) <2002 국가, 2003 경남, 2005 삼성그룹, 2009 경남농협>
세금을 가혹하게 거두어들이고 강압적으로 요구하는 것. 폭정(暴政)으로 인해 살기 어려움을 상징한다.

假弄成眞(가롱성진) 거짓된 것을 참된 것처럼 보이는 것. 장난 삼아 한 일이 진짜가 되는 것. "장난이 아이가 된다."

家無擔石(가무담석) 석(石)은 한 항아리, 담(擔)은 두 항아리라는 뜻으로 집에 모아 놓은 재산이 조금도 없음을 말한다.

加捧女(가봉녀) 전부(前夫)의 아들을 거느린 재가녀(再嫁女). 즉, 전 남편의 아들을 데리고 재혼한 여자를 말한다.

家貧思良妻(가빈사양처) 집이 가난해지면 좋은 아내를 생각하게 된다. 궁핍한 지경이 되면 훌륭한 관리자가 생각난다는 의미.

佳人薄命(가인박명) 여자의 용모가 아름다우면 운명이 짧거나 기구하다는 뜻

家藏什物(가장집물) 집안의 모든 세간.

苛政猛於虎(가정맹어호) 가혹하고 비정한 정치가 호랑이보다도 더 맹렬한 해독을 끼친다는 말.

刻鵠類鶩(각곡유목) 고니를 조각하다가 이루어내지 못하고 집오리가 되었다. 높은 뜻을 갖고 어떤 일을 성취하려다가 중도에 그쳐 다른 사람의 조소를 받

는 것을 비유하는 말이다.

刻骨難忘(각골난망)　뼈 속에 새겨 잊을 수 없다는 말.　　　　　<2009 삼성그룹>

刻舟求劍(각주구검)　　　　　　　　　　　　　<2006 토공·한전, EBS>
판단력이 둔해 세상일(현실)에 어둡고 어리석다는 뜻.
☞ 수주대토(守株待兎) : 변통할 줄 모르고 어리석게 지키기만 하는 것

敢不生心(감불생심)　힘이 부처 감히 마음을 먹지 못함.

感之德之(감지덕지)　몹시 고맙게 여김.

甲男乙女(갑남을녀)　　<2004 삼성그룹, 2008 서울시, 2009 SH공사·인천관광공사>
평범한 사람들.

强近之親(강근지친)　도와 줄만한 가까운 친척.

江湖煙波(강호연파)　① 강이나 호수 위에 안개처럼 보얗게 이는 기운. 또는
그 수면의 잔물결. ② 대자연의 풍경

改過遷善(개과천선)　허물을 고치고 착하게 되는 것.

改善匡正(개선광정)　좋도록 고치고 바로잡음

改玉改行(개옥개행)　차고 다닐 옥의 종류를 바꾸면 걸음 걸이도 바꾸어야 한
다. 법을 변경하면 일도 고쳐야 한다는 뜻.

擧棋不定(거기부정)　바둑을 두는데 포석(布石)할 자리를 결정하지 않고 둔다
면 한 집도 이기기 어렵다는 뜻. 사물을 명확한 방침이나 계획을 갖지 않고 대
함을 의미한다.

去頭截尾(거두절미)　머리를 없애고, 꼬리도 자른다. 앞뒤의 잔사설을 빼놓고
요점만을 말하는 것을 뜻한다.

車水馬龍(거수마룡)　거마의 왕래가 흐르는 물이나 길게 늘어진 용처럼 끊임
없이 많은 것을 형용한다. 즉, 행렬이 성대한 모양을 말한다.

居安思危(거안사위)　평안할 때에도 위험과 곤란이 닥칠 것을 생각하며 잊지
말고 미리 대비해야 함을 말한다.　　　　　　　　　　　<2009 삼성그룹>

車載斗量(거재두량)　차에 싣고 말에 담을 만큼 많음을 뜻한다.

乾坤一擲(건곤일척)　　　　　　　<2008·2009 국가·경기농협·삼성그룹>
하늘과 땅이 한 번씩 던져진다. 흥망 성패를 걸고 싸울 정도의 큰 담판을 비유
한다.

桀犬吠堯(걸견폐요)　폭군 걸왕(桀王)의 개도 성왕(聖王) 요(堯)임금을 보면

짓는다. 윗사람이 교만한 마음을 버리고 아랫사람을 진심과 믿음으로 대하면 아랫사람은 자기 상관에게 충성을 다하게 된다는 것을 말함.

隔世之感(격세지감)　딴 세대와 같이 몹시 달라짐.

犬馬之勞(견마지로)　　　　　　　　　　　　　　　<2005 근로복지공단, 2008 국가>
자기의 노력을 낮추어 일컫는 말.

見蚊拔劍(견문발검)　　　　　　　　　　　　　　　<2005 한국전력, 2008 국가>
모기 보고 칼 빼기 격으로 하찮은 일을 크게 본다는 뜻.

見物生心(견물생심)　물건을 보면 욕심이 생긴다는 뜻.　　　<2008 삼성그룹>

堅忍不拔(견인불발)　굳게 참고 견디어 마음이 흔들리지 않음.

結草報恩(결초보은)　죽어서 까지 라도 은혜를 잊지 않고 갚음.<2007 경기교육>

經國濟世(경국제세)　나라 일을 경륜하고 세상을 구함.

傾國之色(경국지색)　미인을 일컫는 말.

敬而遠之(경이원지)　　　　　　　　　　　　　　<2005 농협중앙, 2006 시흥교육>
공경하나 가까이 하지 않음.

敬天勤民(경천근민)　하느님을 공경하고 백성을 다스리기에 열심히 함.

驚天動地(경천동지)　세상을 몹시 놀라게 함.

股肱之臣(고굉지신)　팔 다리같이 믿는 보필의 신하.　　　<2011 SH공사>

叩頭謝罪(고두사죄)　머리 조아려 사죄함.

膏粱珍味(고량진미)　기름지고 맛있는 음식.

孤立無依(고립무의)　고립되어 의지할 데가 없음(孤立無援).　　<2008 삼성그룹>

孤雲野鶴(고운야학)　야에 묻혀 쓸쓸히 지내는 사람.

孤掌難鳴(고장난명)　　　　　　　　　　<경남 7급, 2008 SH공사, 2009 경북농협>
손바닥 하나로는 소리가 나지 않는다는 뜻으로, 상대가 서로 같으므로 싸운다는 뜻이다

苦盡甘來(고진감래)　　　　　　　　　　　　　　　　<2009 SH공사>
쓴 것이 다하면 단 것이 온다는 뜻으로, 고생 끝에 즐거움이 옴을 이르는 말.

曲突徙薪(곡돌사신)　재화를 미리 방지함.

骨肉相殘(골육상잔)　혈족끼리 서로 다투고 해하는 것.

過猶不及(과유불급)　　　　　　　　　　　　　　<2010 한국농어촌공사>
지나친 것은 부족한 것과 같다.

管鮑之交(관포지교)　　　　　　　　　　　　　　　　　　<2009 대구농협 · SH공사>

옛날 중국의 관중(管仲)과 포숙(鮑叔)처럼 친구 사이가 다정함을 이르는 말. 친구 사이의 다정하고 허물없는 교제를 이르는 말.

刮目相對(괄목상대)　눈을 비비고 다시 본다는 말로 곧 다른 사람의 학문이나 덕망, 기술 등이 크게 발전한 것을 말한다.　　　　　　　<2005 · 2009 국가>

曠日持久(광일지구)　세월을 헛되이 오랫동안 보낸다. 긴 세월을 보내고 나니 헛되이 세월만 지났다는 말로 쓰인다. 그냥, 긴 시간을 보냈다는 의미로도 쓰임.

掛冠(괘관)　갓을 벗어 건다. 관직을 버리고 사퇴하는 것을 의미한다.

驕兵必敗(교병필패)　자기 군대의 힘만 믿고 교만하여 적에게 위엄을 보이려는 병정은 적의 군대에게 반드시 패한다는 뜻.

巧言令色(교언영색)　　　　　　　<2007 서울시 · 삼성그룹, 2011 한국산업단지공단>

교묘한 말과 얼굴빛으로 남의 환심을 사려 함.

矯枉過正(교왕과정)　교왕은 구부러진 것을 바로잡음. 잘못을 바로 고치려다 지나쳐 오히려 나쁜 결과를 가져옴을 의미한다. 곧 어떤 일이 극(極)과 극(極)인 모양을 말함.(=矯枉過直)　　　　　　　　　　　　　　　　<2000 법원>

膠柱鼓瑟(교주고슬)　고지식하여 융통성이 없음.　　　　　　<석유개발공사>

九曲肝腸(구곡간장)　깊은 마음 속.

苟命圖生(구명도생)　구차스럽게 목숨을 부지하여 살아감.

九死一生(구사일생)　썩 위험한 고비를 겪고 살아남.

口尙乳臭(구상유취)　입에서 아직 젖내가 난다는 뜻으로 말과 행동이 유치함을 말함.　　　　　　　　　　　　　　　　　　　　　　<2006 삼성그룹>

九牛一毛(구우일모)　　　　　　<삼익악기, 2008 농협중앙 · 삼성그룹>

많은 것 가운데 극히 적은 것.

九重深處(구중심처)　궁궐을 이르는 말. 깊숙한 곳.

窮餘之策(궁여지책)　궁한 끝에 떠오르는 한 꾀.

窮鳥入懷(궁조입회)　쫓긴 새가 품 안에 날아든다는 뜻으로, 궁한 사람이 와서 의지함을 이르는 말.

權謀術數(권모술수)　임시변통의 지혜가 많은 수단.　<2011 한국산업단지공단>

勸善懲惡(권선징악)　착한 행실을 권장하고 악한 행실을 징계함.

捲土重來(권토중래)　　　　　<2005 한국전력, 2005 · 2007 국가, 2009 삼성그룹>

한 번 패한 자가 힘을 돌이켜 전력을 다해 쳐들어 옴.

勤勤孜孜(근근자자)　매우 부지런하고 정성스러움.

近墨者黑(근묵자흑)　나쁜 일에 젖기 쉬움.　　　　　　　　　<2008 삼성그룹>

金科玉條(금과옥조)　금과 옥같이 귀중한 법규.

金蘭之契(금란지계)　다정한 친구 사이의 정의.　<2005 국가, 2012 한국농수산식품
유통공사>

錦上添花(금상첨화)　잘된 일에 또 잘됨.　　　　　　　　　　<2004 삼성그룹>

金城湯池(금성탕지)　성지의 견고함.

錦衣夜行(금의야행)　성공했어도 보람 없음을 말함.　　　　　<2006 용인시>

錦衣還鄕(금의환향)　높은 지위를 얻어 고향으로 돌아옴.

金枝玉葉(금지옥엽)　귀한 자손을 이르는 말.

氣高萬丈(기고만장)　대단히 노한 언사와 행동.

箕裘之業(기구지업)　선대(先代)의 업(業)을 완전히 이어받음을 뜻한다.

己所不欲勿施於人(기소불욕물시어인)　자기가 하기 싫은 일은 남에게도 시키
지 말아라.

杞憂(기우)　현재 전혀 걱정하지 않아도 될 일을 몹시 걱정함.

旣借堂又借房(기차당우차방)　대청 빌면 안방 빌자 한다. 체면 없이 이것저것
요구함.

騎虎之勢(기호지세)　호랑이 등에 타고 앉으면, 멈출 때까지는 내려올 수 없
다. 일을 시작한 다음에는 도중에서 그만둘 수 없는 형편을 말함. 어쩔 수 없
으니 최선을 다하라.　　　　　　　　　　　　　　　　　<2006 삼성그룹>

奇貨可居(기화가거)　진기(珍奇)한 물건을 사두었다가 때를 기다리면 큰 이익
을 볼 수 있다는 말. 또는 좋은 기회를 이르는 말로도 쓰인다.

ㄴ ··

落膽喪魂(낙담상혼)　쓸개가 떨어지고 혼을 잃음. 몹시 놀라 정신이 없음을
일컫는다.

洛陽紙價貴(낙양지가귀)　서진(西晋)의 문학자 좌사(左思)가 제도부(齊都賦)
와 삼도부(三都賦)를 지었을 때 낙양(洛陽) 사람들이 너도나도 베꼈기 때문에
낙양의 종이가 모자라 비싸진 고사에서 유래. 저서가 많이 팔리는 것을 이르는

말로 쓰인다.

洛陽紙貴(낙양지귀)　쓴 글의 평판이 널리 알려짐, 또는 저서(著書)가 많이 팔리는 것을 말할 때 쓰인다.(-洛陽紙價貴)

樂而不淫(낙이불음)　즐기기는 하나 음탕하지는 않게 한다. 즐거움의 도가 지나치지 않음을 뜻함.

樂而思蜀(낙이사촉)　타향(他鄕)의 생활이 즐거워 고향 생각을 하지 못함을 이르는 말. 눈앞의 즐거움에 겨워 근본을 잊게 될 때를 비유하기도 한다.

落穽下石(낙정하석)　함정에 빠진데다가 돌까지 던진다. 남의 환란(患亂)에 다시 위해(危害)를 준다는 말이다.

落花流水(낙화유수)　떨어지는 꽃과 흐르는 물. 남녀 간의 그리운 심정을 뜻하기도 한다.　　　　　　　　　　　　　　　　<2006 삼성그룹>

難事必作易(난사필작이)　어려운 일은 쉬운 일에서 일어난다. 쉬운 일을 신중히 하면 어려운 일이 생기지 않는다는 뜻이다.

爛商公論(난상공론)　여러 사람들이 자세하게 잘 의논함.

難上之木不可仰(난상지목불가앙)　오르지 못할 나무 쳐다보지도 말라.

爛商討論(난상토론)　낱낱이 드러내 잘 토의함.

亂臣賊子(난신적자)　임금을 죽이는 신하와 어버이를 해하는 자식. 극악무도한 자를 말한다.

暖衣飽食(난의포식)　따뜻한 옷을 입고 음식을 배불리 먹어 衣食에 부자유함이 없음.

難兄難弟(난형난제)　누구를 형이라 하고 누구를 동생이라 할 지 분간하기 어렵다. 사물의 우열이 없다. 곧 비슷하다는 말.　<2005 한국전력, 2009 대구농협>

南柯一夢(남가일몽)　꿈과 같이 헛된 한 때의 헛된 부귀영화를 일컫는 말. 인생의 덧없음을 비유하기도 한다.　　　　　<2000 법원, 2006 농협중앙>

南郭濫吹(남곽남취)　학문과 기예에 전문적 지식과 체계나 조리도 없이 함부로 날뛰는 사람을 비유하는 말이다.

南橘北枳(남귤북지)　강남땅의 귤나무를 북쪽에 옮겨 심으면 탱자나무로 변한다. 사람도 그 처해 있는 곳에 따라서 선하게도 되고 악하게도 된다는 비유로 쓰인다.

男負女戴(남부여대)　남자는 지고 여자는 머리에 인다. 가난에 시달린 사람들

이 살 곳을 찾아 떠돌아 사는 것을 말한다. <한국전력, 2004 삼성그룹>

濫觴(남상) 술잔에 넘친다. 揚子江의 강물도 그 물의 근원은 술잔에 넘칠 정도의 적은 물에서 시작된다. 모든 사물의 시작과 출발점이란 뜻으로 쓰인다.

南船北馬(남선북마) <2006 삼성그룹>
남쪽은 배로 북쪽은 말로. 바쁘게 여기저기를 돌아다님

濫竽(남우) 남(濫)은 실제로는 능력이 없으면서 함부로 한다는 뜻. 우(竽)는 대나무로 만든 악기. 즉, '우(竽)를 함부로 분다'는 뜻이다. 무능한 사람이 재능이 있는 것처럼 속여 외람되이 높은 벼슬을 차지하는 것을 말한다.

南田北畓(남전북답) 가지고 있는 전답이 여기저기 많이 있다는 말.

狼子野心(낭자야심) 이리 새끼는 아무리 길들여 기르려 해도 야수의 성질을 벗어나지 못한다. 본래 성질이 비뚤어진 사람은 아무리 은혜를 베풀어도 끝내는 배반한다는 비유로 쓰인다.

囊中取物(낭중취물) 주머니 속의 물건을 꺼내는 것같이 매우 손쉬운 일을 일컫는다.

內省不疚(내성불구) 마음속에 조금도 부끄러울 것이 없음. 즉 마음이 결백함을 뜻한다.

內憂外患(내우외환) 나라 안팎의 근심 걱정.

內潤外朗(내윤외랑) 옥의 광택이 안에 함축된 것을 내윤(內潤)이라 하고, 밖으로 나타난 것을 외랑(外朗)이라 함. 재주와 덕망을 겸비한 것을 비유한다.

內助之功(내조지공) 안에서 돕는 공. 아내가 집안일을 잘 다스려 남편을 돕는 일을 말한다.

內淸外濁(내청외탁) 마음은 깨끗하나 행동은 흐린 것처럼 함. 군자(君子)가 난세(亂世)를 당하여 명철보신(明哲保身) 하는 처세술.

怒甲移乙(노갑이을) 어떤 사람에게서 당한 노여움을 다른 사람에게 화풀이하다.

老當益壯(노당익장) <2008 농협중앙·삼성그룹>
사람은 늙을수록 더욱 기운을 내어야 하고 뜻을 굳게 해야 한다. 줄여서 노익장(老益壯)이라고도 쓴다.

老萊之戱(노래지희) 주(周)나라의 노래자(老萊子)가 칠십의 나이에 무늬 있는 옷을 입고 동자의 모습으로 재롱을 부려 부모에게 자식의 늙음을 잊게 해

드린 일. 자식이 나이가 들어도 부모의 자식에 대한 마음은 똑같으니 변함없이 효도를 해야 한다는 교훈을 주는 이야기이다.

路柳墙花(노류장화)　길가의 버들과 담 밑의 꽃이라는 뜻으로 창녀의 비유.

駑馬十駕(노마십가)　둔한 말도 열 대의 수레를 끌 수 있음. 재주 없는 사람도 노력하고 태만하지 않으면 재주 있는 사람과 어깨를 나란히 할 수 있음을 비유한다.

老馬之智(노마지지)　제(齊)나라 환공(桓公)이 길을 잃고 헤맬 때, 관중(管仲)이 늙은 말을 풀어 놓고 그 뒤를 따라가 마침내 길을 찾았다고 하는 고사에서 유래한 말. 경험이 풍부하고 숙달된 지혜. 쓸모없는 사람도 때로는 유용함을 이르는 말로도 쓰인다.

怒蠅拔劍(노승발검)　파리 때문에 성질이 난다고 칼을 뽑아 드는 것. 작은 일을 갖고 수선스럽게 화내는 것을 비유한다.

勞心焦思(노심초사)　몹시 깊이 생각하는 것.　　　　　　　　　　　<2009 국가>

鹿死不擇音(녹사불택음)　사슴은 소리를 아름답게 내지만, 죽을 때를 당하면 아름다운 소리를 가려서 낼 여유가 없다. 사람도 위급한 지경을 당했을 때는 나쁜 소리 즉, 좋지 않은 말이 나오기 마련이다.

綠衣紅裳(녹의홍상)　연두저고리에 다홍치마. 곱게 차려 입은 젊은 아가씨의 복장을 형용하여 이르는 말이다.

論功行賞(논공행상)　공로의 크고 작음을 조사하여 상을 줌　<2009 경남농협>

弄假成眞(농가성진)　장난삼아 한 것이 참 말이 됨.

弄瓦之慶(농와지경)　　　　　　　　　　　　　　　<2002 국가, 2006 용인시>
질그릇을 갖고 노는 경사. 딸을 낳은 기쁨을 말한다.

弄璋之慶(농장지경)　장(璋)으로 만든 구기를 갖고 노는 경사. 아들을 낳은 기쁨을 말한다.　　　　　　　　　　　　　　　　<2006 용인시>

籠鳥戀雲(농조연운)　새장 속에 있는 새는 구름을 그리워한다. 곧 몸이 속박당한 사람은 자유를 갈망한다는 뜻이다.

累卵之勢(누란지세)　쌓아올린 달걀이 금방 무너질 것 같이 몹시 위태로운 형세.(=累卵之危)

累卵之危(누란지위)　　　　<2008 서울·경기·대전·충남농협, 2009 경기농협>
달걀을 쌓아 놓은 것과 같이 매우 위태로움.(=累卵之勢)

訥言敏行(눌언민행)　말은 둔하게 하고 행동은 민첩해야 한다.

能見難思(능견난사)　보통의 이치로는 아무리 생각해도 모를 일이라는 뜻.

陵遲處斬(능지처참)　언덕을 천천히 오르내린다는 뜻의 능지(陵遲)에서 비롯되어 죄인을 기둥에 묶어놓고 포를 뜨듯 살점을 조금씩 베어 고통 속에서 서서히 죽음에 이르게 하는 중국고대 형벌의 이름이다.　　　<2005 마사회>

ㄷ

多岐亡羊(다기망양)　　　　　　　　　　　　　　　<2005 국가, 2008 지방>
달아난 양을 찾으려다가 길이 여러 갈래로 나서 찾지 못하였다는 뜻. 학문도 너무 다방면에 걸치면 도리어 진리를 얻기 어려울 수 있다는 것을 비유한다. 너무 방침이 많아 갈 바를 모를 때도 쓰인다.

多多益善(다다익선)　많으면 많을수록 좋음.　　　　　　　<2008 국가>

多聞博識(다문박식)　견문이 많고 학식이 넓은 것.

斷金之交(단금지교)　매우 사귀는 정이 깊은 벗.

斷機之戒(단기지계)　짜던 베의 날을 끊은 맹자 어머니의 면학에의 훈계로, 학문을 중도에서 그만 두는 것에 대한 훈계이다.　　<삼익악기, 2006 농협중앙>

單刀直入(단도직입)　① 홀몸으로 칼을 휘두르며 적진으로 거침없이 쳐들어감. ② 요점을 바로 풀이하여 들어감.

丹脣皓齒(단순호치)　붉은 입술과 흰 이빨. 미인의 얼굴을 뜻함. <2008　　　지방, 2011 SH공사>

簞食瓢飮(단사표음)　변변치 못한 살림을 가리키는 말.

堂狗風月(당구풍월)　　　　<2006 농협중앙, 2008 삼성그룹, 2010 인천도시개발>
무식한 자라도 유식한 자와 같이 있으면 감화를 받음.

大經大法(대경대법)　공명정대한 원리와 법칙.

大器晩成(대기만성)　큰 그릇을 만드는 데는 시간이 오래 걸린다는 뜻으로, 크게 될 사람은 늦게 이루어짐을 이르는 말.

塗炭之苦(도탄지고)　　　<2006 삼성그룹, 2008 서울·경기·대전·충남농협>
쓰라림을 당하는 백성의 고생을 말함.

同價紅裳(동가홍상)　같은 값이면 다홍치마의 뜻.　　　<2005·2008 삼성그룹>

棟梁之材(동량지재)　　　　　　　　　<2008 서울시, 2011 SH공사>

한 집이나 한 나라의 중요한 일을 맡을 만한 사람의 비유.

東問西答(동문서답) 모순된 대답을 하는 것.

同病相憐(동병상련) <2003 대구시, 2009 삼성그룹>
처지가 서로 비슷한 사람끼리 서로 동정한다는 뜻.

東奔西走(동분서주) 부산하게 이리저리 돌아다님.

同床異夢(동상이몽) 몸은 비록 같이 있으나, 서로 다른 생각을 가짐.

冬扇夏爐(동선하로) 겨울의 부채와 여름의 화로. 아무 소용없는 물건을 말한다.

同聲相應(동성상응) 같은 소리는 서로 응하여 어울린다. 의견을 같이 하면 자연히 서로 합치게 된다는 의미.

同性異俗(동성이속) 사람의 성질은 본래는 같으나 습관에 따라 변함을 뜻함.

同而不和(동이불화) 겉으로는 동의를 표시하면서도 내심은 그렇지 않음.

東征西伐(동정서벌) 여러 나라를 이리저리로 쳐 없앰.

同舟相救(동주상구) 사람은 알건 모르건 친하건 미워하건 상관없이 위급한 경우를 함께 만나면 서로 도와주게 된다는 의미

董狐之筆(동호지필) 晉나라 史官 董狐가 어떤 어려움에도 불구하고 역사기술을 굴곡없이 했다는 데에서 유래. 역사에 대한 기탄없는 집필을 의미한다.

斗南一人(두남일인) 두남은 북두칠성의 남쪽. 즉, 온 천하에서 제일가는 현재(賢才)를 의미한다.

杜門不出(두문불출) <2003 법원, 2006 삼성그룹>
세상과 인연을 끊고 출입을 하지 않음

杜漸防萌(두점방맹) 애시당초 싹이 나오지 못하도록 막는다. 점(漸)은 사물의 처음. 맹(萌)은 싹. 곧 좋지 못한 일의 조짐이 보였을 때 즉시 그 해로운 것을 제거해야 더 큰 해(害)가 되지 않는다는 의미.

杜撰(두찬) 저술(著述)한 것에 틀린 곳이 많아서 믿을 수 없는 것을 일컫는다.

斗筲之人(두소지인) 한 말 두 되 들이의 대그릇 같은 사람. 즉, 사람의 식견이나 그릇이 좁은 것을 비유한다.

得隴<復>望蜀(득롱<부>망촉) 후한(後漢) 초(初)에 광무제(光武帝)가 롱(隴)을 정복하고 보니 촉(蜀)이 욕심나서 또다시 촉나라를 쳤다는 데서 나온 말. 사람의 욕심은 끝이 없음을 뜻한다. <2009 서울시 · 정통순경>

得魚忘筌(득어망전) 물고기를 잡고 통발을 잊어먹는다. 목적을 달성하고 나

면, 그 목적을 위하여 사용한 사물을 잊어버린다는 비유.

得一忘十(득일망십) 한 가지를 얻고 열 가지를 잃어버림. 기억력이 좋지 못함을 뜻한다.

登高自卑(등고자비) <2005 근로복지공단, 2006 한전>
일을 하는 데는 반드시 차례를 밟아야 한다는 말.

登樓去梯(등루거제) 樓上에 오르게 하여 놓고 오르고 나면 사다리를 치운다. 즉, 처음엔 남을 기쁘게 해놓고 뒤에 괴롭게 한다.

登龍門(등용문) 용문에 오르다. 심한 난관을 극복하고 비약의 기회를 잡는 것을 일컫는다.

燈下不明(등하불명) 등잔 밑이 어둡다. 가까이 있는 것이 오히려 알아내기기 어려움을 이르는 말이다. <2008 국가, 2012 서울농수산물공사>

燈火可親(등화가친) 가을이 되어 서늘하면 밤에 불을 가까이 하여 글 읽기에 좋다는 말이다.

□ ··

磨斧爲針(마부위침) <2014 한국농어촌공사>
도끼를 갈아서 침을 만듦. 아무리 이루기 힘든 일이라도 끊임없는 노력과 끈기 있는 인내만 있으면 성공한다는 뜻. 마부작침(磨斧作針)과 같은 뜻.

馬耳東風(마이동풍) 남의 말을 귀담아 듣지 않음. <2014 한국농어촌공사>

麻中之蓬(마중지봉) 삼 가운데 자라는 쑥. 좋은 환경의 감화를 받아 자연히 품행이 바르고 곧게 된다는 비유.

磨鐵杵(마철저) (磨鐵杵欲作針) 쇠로 만든 다듬이 방망이를 갈아서 침을 만들려 한다. 노력하면 아무리 힘든 목표라도 달성할 수 있음을 뜻한다.

馬行處牛亦去(마행처우역거) 말 가는 데 소도 간다. 남이 하면 나도 할 수 있다는 뜻.

馬革裹屍(마혁리시) 말의 가죽으로 자기 시체를 싼다. 옛날에는 전사한 장수의 시체는 말가죽으로 쌌으므로 전쟁에 나가 살아 돌아오지 않겠다는 뜻을 말한다.

莫上莫下(막상막하) 실력에 있어 낮고 못함이 없이 비슷함 <2005 삼성그룹>

莫逆之友(막역지우) 극히 친밀한 벗. <2011 수도권매립지공사>

萬頃蒼波(만경창파) 넓고 푸른 바다.

萬古風霜(만고풍상) 사는 동안에 겪은 많은 고생.

晩時之歎(만시지탄)　　　　<2006 인천소방, 2008 경북·대구농협, 2009 법원,
2010 한국농어촌공사>
기회를 잃음을 한탄함.

滿身瘡痍(만신창이) 온몸이 흠집투성이가 됨. 아주 엉망이 됨.

萬壑千峰(만학천봉) 많은 골짜기와 산봉우리.

萬彙群象(만휘군상) 많은 군중. 수없이 모여 이룬 무리.

望洋之嘆/望洋之歎(망양지탄)　　<2005 한국전력, 2008 경북·대구농협, 2009 법원>
힘이 미치지 못하는 탄식의 뜻. 학문의 길이 여러 갈래여서 한 갈래의 진리도
얻기 어려움을 이르는 말이다.

罔知所措(망지소조) 매우 급해 어찌할 바를 모름.

麥秀之嘆(맥수지탄)　　　　　　<2010 인천도시개발·대한지적공사>
고국의 멸망을 한탄함을 이르는 말

面從後言(면종후언) 그 사람 앞에서는 복종하고 돌아서서 욕함.

明見萬里(명견만리) 먼 곳의 일을 환히 알고 있음을 뜻함.

明鏡止水(명경지수)　　　　　　　　<2006 경기농협>
맑은 거울같이 잔잔한 물. 잡념, 허욕이 없는 깨끗한 마음.

明眸皓齒(명모호치) 눈동자가 밝고 이가 희다는 뜻. 미인을 형용하는 말.

名實相符(명실상부) 이름과 실제가 서로 부합하는 것.　　　<2003 주공>

命也福也(명야복야) 연거푸 생기는 행복을 뜻함.

明若觀火(명약관화) 불을 보듯 분명함.　　　<2006 삼성그룹, 2009 국가>

毛骨悚然(모골송연) 아주 끔찍한 일을 당하거나 볼 때 두려워 몸이나 털이
으슥하여진다는 말.

牧民之官(목민지관) 백성을 가르치는 벼슬아치라는 뜻으로 고을 원 등 외직
문관을 총칭하는 말.

目不識丁(목불식정)　　　　　　<2006 농협중앙, 2008 SH공사>
낫 놓고 기억자도 모른다는 뜻. 아주 무식함.

目不忍見(목불인견) 딱한 모양을 차마 눈으로 볼 수 없음.　　　<2003 주공>

猫頭縣鈴(묘두현령) 고양이 목에 방울달기. 즉 실행할 수 없는 헛 의론이라

는 뜻.

武陵桃源(무릉도원) 이 세상을 떠난 별천지를 말함. 신선의 세계.

無不干涉(무불간섭) 함부로 남의 일에 간섭함.

無不通知(무불통지) 무슨 일이든 모르는 것이 없음.

無所不爲(무소불위) 못할 짓이 없음

文房四友(문방사우) 종이 · 붓 · 벼루 · 먹   <2007 농협중앙>

門前成市(문전성시) 권세를 드날리거나 부자가 되어 집문 앞이 찾아오는 손님들로 마치 시장을 이룬 것 같음.   <2004 농어촌공사>

門前沃畓(문전옥답) 집 앞 가까이에 있는 좋은 논, 곧 많은 재산을 일컫는 말

勿輕小事(물경소사) 조그만 일을 가볍게 여기지 말라. 작은 일에도 정성을 다하라.

勿頸之交(물경지교) 목이 잘리는 한이 있어도 마음을 변치 않고 사귀는 친한 사이(=刎頸之交)

物心一如(물심일여) 마음과 형체가 구분됨이 없이 하나로 일치된 상태

物外閒人(물외한인) 세상의 시끄러움에서 벗어나 한가하게 지내는 사람.

迷道不遠(미도불원) 그리 멀지 않은 곳에서 길을 헤맨다. 멀지 않다는 뜻. 즉, 곧 본 길을 찾게 됨을 의미.

未亡人(미망인) 남편과 함께 죽어야 할 것을, 아직 죽지 못하고 있는 사람이란 뜻으로, 과부가 스스로를 겸손하며 일컫는 말.

彌縫(미봉)   <2000 국가, 2008 법원>
꿰매어 맞춤. 실패와 결점을 일시적인 눈가림으로 넘김.

尾生之信(미생지신) 신의가 두터운 것을 비유하거나, 우직한 것을 비유함. 魯나라의 高尾生은 믿음으로써 여자와 다리 아래에서 만나기로 기약하고, 여자가 오지 않자, 물이 밀려와도 떠나지 않아, 기둥을 끌어 안고서 죽었다.

密雲不雨(밀운불우)   <2007 경기교육 · 삼성그룹>
짙은 구름이 끼어 있으나 비가 오지 않음. 어떤 일의 징조만 있고 그 일은 이루어지지 않는 것을 비유. 위에서 내리는 은택이 아래가지 고루 내려지지 않음을 뜻하기도 한다.

ㅂ ···

璞玉渾金(박옥혼금)　박옥(璞玉)은 갈고 닦지 않은 옥, 혼금(渾金)은 아직 제련하지 않은 금. 곧 검소하고 질박한 사람을 칭찬하는 말로 쓰인다.

拍掌大笑(박장대소)　손바닥을 치면서 크게 웃음.　　　　<2008 삼성그룹>

薄志弱行(박지약행)　뜻과 행실이 약해 어려움을 견디지 못함.

盤溪曲徑(반계곡경)　소반같이 좁은 시내와 꾸불꾸불한 지름길. 정당한 방법을 취하지 않고 옳지 않은 수단을 써서 억지로 일을 한다는 뜻이다.

盤根錯節(반근착절)　구부러진 뿌리와 뒤틀린 마디. 얼크러져 매우 처리하기 어려운 사건, 세력이 단단하여 흔들리지 않는 일, 몹시 어려움을 겪는 것을 비유하는 말이다.

半面之分(반면지분)　얼굴을 반만 아는 사이. 서로 알아는 보지만 친하게 지내지는 않는 사이

半面之識(반면지식)　얼굴을 반만 아는 사이. 서로 알아는 보지만 친하게 지내지는 않는 사이

反目嫉視(반목질시)　서로 미워하고 질투하는 눈으로 봄.

班門弄斧(반문농부)　자기의 실력을 생각지 않고 당치않게 덤비는 것을 말한다.

伴食宰相(반식재상)　재능이 없으면서 유능한 재상 옆에 붙어서 정사를 처리하는 재상을 말한다.

反哺之孝(반포지효)　까마귀 새끼가 자라서 그 어버이에게 먹이를 먹여주는 일. 자식이 부모의 은혜에 보답함을 비유한다.

拔本塞源(발본색원)　　　　　　　　　　<2006 한전, 2009 삼성그룹>
폐단의 근원을 뽑고 막아 없앰.

拔萃抄錄(발췌초록)　여러 속에서 뛰어난 것을 뽑아 간단히 적어둔 것.

旁岐曲徑(방기곡경)　　　　　　　　　　<2011 한국산업안전보건공단>
바른 길을 좇아 정당하게 일하지 않고 그릇된 수단을 써서 억지로 하는 일

傍若無人(방약무인)　곁에 사람이 없는 것처럼 아무 거리낌 없이 함부로 말하고 행동하는 태도가 있음.

背恩忘德(배은망덕)　은혜를 잊고 도리어 배반함.　　<2011 농수산물유통공사>

白駒過隙(백구과극)　흰 망아지가 빨리 달리는 것을 문틈으로 본다는 뜻으로 인생이나 세월이 덧없이 짧음을 이르는 말이다.　　　　<2004 농어촌공사>

百年河淸(백년하청)　　　　　　　　　　<2006 용인시>

아무리 기다려도 성공을 기대하기 어렵다는 말.

百年偕老(백년해로) 부부가 화락하여 함께 늙는 것.

伯樂一顧(백락일고) 남이 자기의 재능을 알아주므로 극진히 대우함.

伯牙絶絃(백아절현)   <2005 마사회, 2009 삼성그룹>
자기를 알아주는 참다운 벗의 죽음을 슬퍼하는 것

白眼視(백안시) 눈의 흰 부분으로 본다. 즉, 사람을 싫어하여 흘겨보는 것 또는 냉정한 눈길로 바라보는 것을 말한다.

百折不屈(백절불굴) 백 번 꺾어도 굽히지 않음

栢舟之操(백주지조) 공백(共伯)의 아내가 공강(共姜)이 백주(栢舟)라는 시를 지어 맹세하고 절개를 지킨 고사에서 유래한 말이다.(『詩經』 栢舟) 남편이 일찍 죽은 아내가 절개를 지키는 것을 의미한다.

伯仲之間(백중지간) 서로 비슷하고 우열이 없는 것.

伯仲之勢(백중지세) 형제인 장남과 차남의 차이처럼 큰 차이가 없는 형세. 우열(優劣)의 차이가 없이 엇비슷함을 이르는 말이다.(=伯仲之間). 옛날에 형제의 순서를 백(伯)·중(仲)·숙(叔)·계(季)로 일컬었었다.

法遠拳近(법원권근) 법은 멀고 주먹은 가깝다는 말.

輔車相依(보거상의) 서로 돕고 서로 의지한다는 말.

保合大和(보합대화)   <2011 한국산업안전보건공단>
한 마음을 가지면 큰 의미의 대화합을 이룰 수 있는 것.

蓬生麻中(봉생마중) 쑥이 삼 가운데서 자라나면 붙들어주지 않아도 저절로 곧아짐. 벗이 잘되면 덩달아 잘됨   <2004 충주시>

附和雷同(부화뇌동) 줏대 없이 남의 의견에 따라 움직이는 것
                               <2010 인천도시개발, 2011 한국산업단지공단>

不可思議(불가사의) 보통의 생각으로는 도저히 미루어 알 수가 없음.

不問可知(불문가지) 묻지 않아도 가히 알 수 있음.

不撤晝夜(불철주야) 밤과 낮을 가리지 않음.

不恥下問(불치하문)   <2006 경기도>
아랫사람에게도 물을 것은 꺼리지 않고 물음.

不蔽風雨(불폐풍우) 집이 헐어 바람과 비를 가리지 못함.

粉骨碎身(분골쇄신) 뼈가 가루가 되고 몸이 부서지도록 희생적으로 노력함.

鵬程萬里(붕정만리)　　　　　　　　　　　　　　　　　<2008 삼성그룹>
=산천만리. ② 아주 양양한 장래를 비유적으로 이르는 말.
非禮勿聽(비례물청)　예(禮)가 아니면 듣지도 말아라
非夢似夢(비몽사몽)　꿈인지 생시인지 알 수 없는 어렴풋함
比比有之(비비유지)　드물지 않음
髀肉之嘆(비육지탄)　　　　　　　　　<2006 인천소방, 2007 삼성그룹>
장수가 전쟁에 나가지 못하여 넓적다리에 살이 피둥피둥 찌는 것을 한탄한다
는 뜻. 뜻을 펴보지 못하고 허송세월을 보낸다는 의미.
非一非再(비일비재)　한두 번이 아님.
牝鷄之晨(빈계지신)　암탉이 새벽을 알리느라고 운다. 아내가 남편의 권리를
잡는 것을 일컫는 말이다.
貧賤之交(빈천지교)　빈천할 때 사귄 잊지 못할 벗.
憑公營私(빙공영사)　관청이나 공공의 일을 이용해 개인의 이익을 꾀함.
氷姿玉質(빙자옥질)　얼음같이 투명한 모습과 옥과 같이 뛰어난 바탕. 용모와
재주가 모두 뛰어남을 비유하는 말이다.(=仙姿玉質)
氷淸玉潤(빙청옥윤)　얼음처럼 맑고 구슬처럼 윤이 난다. 장인과 사위의 인물
이 다 같이 뛰어남을 말한다.
氷炭不相容(빙탄불상용)　얼음과 숯이 서로 용납하지 못한다. 군자와 소인이
같이 한 곳에 있지 못함을 상징. 서로 반대되는 것들끼리는 근본적으로 어울릴
수 없음을 뜻한다.
氷炭之間(빙탄지간)　얼음과 숯의 사이. 서로 화합할 수 없는 사이를 말한
다.(=犬猿之間)

人 ┈┈┈┈┈┈┈┈┈┈┈┈┈┈┈┈┈┈┈┈┈┈┈┈┈┈┈┈┈┈┈┈┈┈┈┈

徙家忘妻(사가망처)　이사할 때 자기의 처(妻)를 깜빡 잊고 데려가지 않음.
잘 잊는 것을 가리켜 하는 말이다.
四顧無親(사고무친)　사방을 둘러봐도 가족이나 친척이 없다. 친척이 없어 의
지할 곳 없이 외로움 (-四顧無人)　　　　　　　　<2013 한국마사회>
舍己從人(사기종인)　자신의 이전 행위를 버리고 타인의 선행을 본떠 실행함
　　　　　　　　　　　　　　　　　　　　　　<2013 한국마사회>

四面楚歌(**사면초가**)　사면이 적병으로 둘러싸인 경우와 같이 도움 없이 고립된 경우를 일컬음.　　　　　　　　　　　　　　<2009 삼성그룹, 2013 한국마사회>

四面春風(**사면춘풍**)　사방으로 봄바람이 분다. 항상 좋은 얼굴로 남을 대하여 누구에게나 호감을 사는 것을 말한다.　　　　　　　　　<2013 한국마사회>

駟不及舌(**사불급설**)　사두마차의 속력으로도 입에서 한 번 나온 말의 빠르기를 못 따른다. 말을 삼가 하라는 뜻이다.

邪不犯正(**사불범정**)　바르지 못한 것이 바른 것을 범하지 못함.

事不如意(**사불여의**)　일이 뜻대로 안 됨.

砂上樓閣(**사상누각**)　모래 위에 지은 집, 곧 헛된 것을 비유하는 말이다.

辭讓之心(**사양지심**)　겸손히 마다하며 받지 않거나 남에게 양보하는 마음. 인(仁)의 근본이다.

辭讓之心禮之端也(**사양지심예지단야**)　겸허하게 양보하는 마음은 예(禮)의 근본이다.

死而後已(**사이후이**)　죽을 때까지 소임을 그만두지 않는다는 것<2013 국립공원관리공단>

事必歸正(**사필귀정**)　　　　　　　<2008 삼성그룹, 2009 SH공사, 2013 한국마사회>
무슨 일이든지 결국은 옳은 데로 돌아간다는 뜻.

山窮水盡(**산궁수진**)　어려움이 극도에 다달아 아무런 방법이 없음을 말함.

山戰水戰(**산전수전**)　세상일에 경험이 많은 것을 말함.

山海珍味(**산해진미**)　산의 산물과 바다의 산물을 다 갖추어 썩 잘 차린 음식.

殺身成仁(**살신성인**)　절개를 지켜 목숨을 버림.

三顧草廬(**삼고초려**)　인재를 맞아들이기 위하여 참을성 있게 노력함 <2013 국립공원관리공단>

三遷之敎(**삼천지교**)　맹자의 어머니가 아들의 교육을 위하여 묘지 앞, 시장거리, 서당 앞으로 세 번 거처를 옮겼다는 고사로 생활환경이 교육에 있어 큰 구실을 함을 말한다.　　　　　　　　　　　　　　　　<2005 삼성그룹>

傷弓之鳥(**상궁지조**)　한번 화살에 맞은 새가 항상 의심하고 두려워함과 같이 한번 궂은일을 당하고 나면 늘 의심하고 두려워하게 되는 것을 비유하는 말이다.

上山求魚(**상산구어**)　산 위에서 물고기를 찾는다. 당치 않은 데 가서 되지도 않는 것을 원한다는 말이다.

桑田碧海(상전벽해)　　　　　　　　　　　<한국전력, 2006 농협중앙, 2009 정통순경>
뽕나무밭이 변하여 푸른 바다가 된다는 말로 세상일의 변천이 심하여 사물이 바뀜을 비유하는 말이다.(=桑田滄海)

上濁下不淨(상탁하부정)　윗사람이 바르지 못하면 아랫사람도 행실이 바르지 못하게 된다는 뜻.

塞翁之馬(새옹지마)　　　　　　　　　　　<2006 한전, 2008 국가, 2009 삼성그룹>
세상일은 복이 될지 화가 될지 예측할 수 없다는 비유로 쓰인다.

雪上加霜(설상가상)　　　　　　　　<2004 · 2006 삼성그룹, 2008 국가 · 삼성그룹>
불행한 일에 불행을 거듭 당한다는 뜻.

纖纖玉手(섬섬옥수)　가냘프고 고운 여자의 손.

束手無策(속수무책)　어찌할 도리가 없음.

袖手傍觀(수수방관)　　　　　　　　　　　<2006 한전, 2011 국민연금공단>
일을 하지 않고 그저 옆에서 보고만 있다는 뜻.

水魚之交(수어지교)　　　　　<2004 울산시, 2009 SH공사, 2013 국립공원관리공단>
교분이 매우 깊거나 아주 친밀한 사이, 예컨대 임금과 신하, 부부 등

尸位素餐(시위소찬)　　　　　　　　　　　<마사회, 2008 국가, 2009 서울시>
직책을 다하지 못하고 녹만 먹는 것.

識字憂患(식자우환)　　　　　　　　　　　　　　　　　　　　　<2006 한전>
학식이 있는 것이 도리어 근심을 사게 된다는 말.

神出鬼沒(신출귀몰)　귀신처럼 홀연히 나타났다가 홀연히 사라짐. 자유자재로 출몰(出沒)하여 그 변화를 헤아릴 수 없는 일이나 사람을 이르는 말이다.

實事求是(실사구시)　있는 그대로의 사실 즉, 실제에 입각해서 그 일의 진상을 찾고 구하는 것을 말한다.

深思熟考(심사숙고)　깊이 생각하고 자세하게 살펴 봄. 깊이 잘 생각함을 뜻한다.　　　　　　　　　　　　　　　　　　　　　　　　<2012 한국마사회>

心在鴻鵠(심재홍곡)　바둑을 두면서 마음은 기러기나 고니가 날아오면 쏘아 맞출 것만 생각한다면 어찌되겠느냐는 맹자(孟子)의 언질에서 비롯된 말이다. 학업을 닦으면서 마음은 다른 곳에 씀을 일컫는 말이다.

十伐之木(십벌지목)　열 번 찍어 안 넘어가는 나무가 없다라는 뜻

十匙一飯(십시일반)　열 사람이 한 술씩 보태면 한 사람 먹을 분량이 된다는

뜻. 여러 사람이 힘을 합하면 한 사람을 돕기는 쉽다는 말이다.　　　<2003 주공>

十日之菊(십일지국)　　　　　　　　　　　　　　　<대한생명, 2007 한국수원>

국화는 핀 지 9일 되는 날이 절정이므로, 이미 때가 늦었다는 말이다.

○ ···

阿鼻叫喚(아비규환)　많은 사람이 지옥 같은 고통을 못이겨 구원을 부르짖는 측은한 소리. 심한 참상을 형용하는 말. 불교용어(阿鼻地獄/叫喚地獄)

我田引水(아전인수)　　　　　　　　<2004 서울시 농수산물공사, 2009 삼성그룹>

제논에 물대기. 자기에게 유리하도록 행동하는 것을 비유하는 말이다.

眼高手卑(안고수비)　눈은 높고 마음은 크나 재주가 없음.　　　<2006 삼성그룹>

眼鼻莫開(안비막개)　눈 코 뜰 새 없는 것. 몹시 바빠 어쩔 수 없는 것.

安貧樂道(안빈낙도)　구차하고 궁색하면서도 그것에 구속되지 않고 평안하게 즐기는 마음으로 살아감. 또는 가난에 구애받지 않고 도(道)를 즐김을 일컫는다.

眼中之人(안중지인)　눈 속에 있는 사람. 정(情)든 사람을 뜻한다. 눈앞에 있는 사람을 가리켜 말하기도 하고, 눈앞에 없어도 평생 사귄 사람을 일컫기도 한다.

眼下無人(안하무인)　눈앞에 사람이 없는 듯이 말하고 행동함. 태도가 몹시 거만하여 남을 사람 같이 대하지 않음을 말한다.

暗中摸索(암중모색)　　　　　　　　　　　　　　　　　　　<2008 SH공사>

물건을 어둠 속에서 더듬어 찾음. 분명히 알지 못하는 일을 여러 모로 더듬어 찾아낸다는 말이다.

殃及池魚(앙급지어)　　　　　　　　　　　　　　　　　　　<2009 SH공사>

초(楚)나라 성문에 불이 붙어, 성 밖에 있는 연못의 물로 이 불을 끄게 되었는데, 못의 물이 전부 없어져 그 속에 있던 고기들이 모두 말라 죽은 고사에서 비롯됨. 이유 없이 재앙(災殃)을 당하는 것을 비유하는 말로 쓰인다.

曖昧模糊(애매모호)　사물의 이치가 희미하고 분명치 않음

愛人者人恒愛之(애인자인항애지)　다른 사람들을 사랑하는 사람은 다른 사람들도 늘 그를 사랑해준다.

弱肉强食(약육강식)　약한 것이 강한 것에 먹힘을 뜻함.　　　　<2009 국회>

陽臺(양대)　해가 잘 비치는 대. 남녀의 정교(情交)를 의미한다.

陽臺不歸之雲(양대불귀지운) 한 번 정교(情交)를 맺고 다시는 만나지 못하는 것을 비유하여 말한다.

羊頭狗肉(양두구육) <2005 농협중앙·삼성그룹, 2006 경기농협, 2012 한국농어촌공사>
보기에는 훌륭하되 속은 변변치 못하다는 말.

養虎遺患(양호유환) 화근을 길러 근심을 사는 것을 말함.

語不成說(어불성설) 말이 조금도 이치에 맞지 아니함은 뜻함. <2005 삼성그룹>

漁父之利(어부지리) <2005 삼성그룹, 2006 한전>
둘이 다투는 사이에 들어 제삼자가 이득을 보는 것.

言中有骨(언중유골) 예사스런 말 속에 단단한 뼈가 들어 있다는 말.

如履薄氷(여리박빙) 엷은 얼음을 밟는 듯 매우 위험한 것.

如反掌(여반장) 易如反掌의 준말로, 손바닥을 뒤집는 것처럼 아주 쉽다는 뜻이다. <이동통신>

女必從夫(여필종부) 아내는 남편에게 순종해야 한다는 말.

緣木求魚(연목구어) <2006 삼성그룹>
되지 못할 일을 무리하게 하려고 한다는 뜻.

年年歲歲(연연세세) 해마다 <2009 농어촌공사>

榮枯盛衰(영고성쇠) 개인이나 사회의 쇠하고 성함이 뒤바뀌는 현상을 일컫는 말.

五里霧中(오리무중) 오리나 되는 짙은 안개 속에 있다는 뜻으로, 무슨 일에 대하여 방향이나 갈피를 잡을 수 없음을 이르는 말.

寤寐不忘(오매불망) 밤낮으로 잊지 못함.

烏飛梨落(오비이락) <롯데, EBS, 2007 국가>
남의 혐의를 받기 쉽다는 말. 까마귀 날자 배 떨어진다.

五十步百步(오십보백보) 두 가지가 서로 별 차이가 없다는 말.<2009 삼성그룹>

五言長城(오언장성) 오언시(五言詩)를 잘 짓는 것이나 만리장성(萬里長城)은 보통 사람으로서는 바랄 수 없는 일임을 비유하는 말이다.

吳牛喘月(오우천월) 오(吳)나라의 소가 더위를 두려워해서 달을 보고도 해인 줄 알고 헐떡인다. 지레 짐작으로 공연한 일에 겁을 내어 걱정함을 비유하는 말로 쓰인다.

烏雲之陣(오운지진) 까마귀가 흩어지는 것처럼, 또 구름이 모이는 것과 같이 모임과 흩어짐이 계속되면서 변화가 많은 진법(陣法)을 말한다.

吳越同舟(오월동주)　　　　　　　　　　<2005 삼성그룹, 2009 삼성그룹·교육>

서로 적대 관계에 있던 오(吳)나라 군사와 월(越)나라 군사가 한 배에 타게 되었던 고사에서 유래한 말이다. 사이가 좋지 못한 사람끼리도 자기의 이익을 위해서는 행동을 같이 한다는 것을 비유하는 말로 쓰인다.

烏合之卒(오합지졸)　까마귀 떼와 같이 조직도 훈련도 없이 모인 병사

溫故知新(온고지신)　　　　　　　　　　　　　　　　<2003 국가>

이미 얻은 사실을 익혀 나아가 새로운 것을 앎.

臥薪嘗膽(와신상담)　　　　　　　　　　<2003·2007 법원·삼성그룹>

원수를 갚고자 고생을 참고 견딤.

外剛內柔(외강내유)　겉으로는 굳고 안으로는 부드러움.

樂山樂水(요산요수)　산과 물을 좋아함.

窈窕淑女(요조숙녀)　얌전한 여자.

龍頭蛇尾(용두사미)　처음엔 그럴 듯하다가 종말이 흐지부지한 것.

雨露風霜(우로풍상)　모든 경험.

牛耳誦經(우이송경)　　　　<2008 국가, 2010 한국농어촌공사, 2014 한국농어촌공사>

쇠귀에 경 읽기. 牛耳讀經(우이독경), 馬耳東風, 對牛彈琴(대우탄금)과 같은 뜻

雨後竹筍(우후죽순)　비 온 뒤에 죽순이 나듯 어떤 일이 한 때 많이 일어나는 것.

遠交近攻(원교근공)　먼 나라와 친하고 가까운 나라를 쳐서 점차로 영토를 넓힘.

遠禍召福(원화소복)　불행을 물리치고 복을 불러들임.

危機一髮(위기일발)　거의 여유가 없는 위급한 순간.

有口無言(유구무언)　변명할 말이 없음.

類萬不同(유만부동)　모든 것이 서로 갖지 아니함.

有耶無耶(유야무야)　있는지 없는지 모르게 희미함.

流言蜚語(유언비어)　근거 없는 좋지 못한 말. 아무 근거 없이 널리 퍼진 소문.

類類相從(유유상종)　같은 동아리끼리 왕래하여 사귐.

吟風弄月(음풍농월)　시를 짓고 흥취를 자아내어 놀음.

以卵擊石(이란격석)　달걀로 돌을 친다는 뜻으로, 아주 약한 것으로 강한 것에 대항하려는 어리석음을 비유적으로 이르는 말.

以小事大(이소사대)　작은 나라가 큰 나라를 섬김.

以心傳心(이심전심) <2008 삼성그룹, 2009 인천관광공사>
마음과 마음이 서로 통함.

易如反掌(이여반장) 쉽기가 손바닥을 뒤집는 것과 같음.

耳懸鈴鼻懸鈴(이현령비현령) 귀에 걸면 귀걸이, 코에 걸면 코걸이라는 뜻으로 어떤 사실이 이렇게도 저렇게도 해석됨을 일컫는 말.

因果應報(인과응보) 좋은 일에는 좋은 결과가, 나쁜 일에는 나쁜 결과가 따름.

因循姑息(인순고식) 구습을 고치지 않고 목전의 편안만 취함.

一擧兩得(일거양득) 하나의 행동으로 두 가지 성과를 거두는 것.

一氣呵成(일기가성) <2011 한국산업안전보건공단>
일을 단숨에 매끄럽게 하는 것.

一簞食一瓢飮(일단사일표음) 가난하고 소박한 생활에 만족함.

一望無際(일망무제) 멀고 넓어서 끝이 없음.

一面如舊(일면여구) 처음 만났으나 옛 벗과 같이 아주 친밀함.

一瀉千里(일사천리) 조금도 거침없이 진행됨을 말함.

一葉片舟(일엽편주) 한 조각의 작은 배.

一衣帶水(일의대수) 한 줄기의 띠와 같이 좁은 내나 강.

一日三秋(일일삼추) 하루가 3년처럼 길게 느껴짐, 즉 몹시 애태우며 기다림을 비유하는 말로 쓰인다.

一場春夢(일장춘몽) 인생의 영화(榮華)는 한바탕의 봄날의 꿈과 같이 헛됨을 비유하는 말.

一朝一夕(일조일석) 하루아침 하루 저녁과 같은 짧은 시일.

一陣狂風(일진광풍) 한바탕 부는 사나운 바람.

日進月步(일진월보) 학문이나 재주가 늘어남. <2010 한국농어촌공사>

日就月將(일취월장) <2006 시흥교육, 2005·2009 삼성그룹>
나날이 발전하고 다달이 진보함

一敗塗地(일패도지) 싸움에 한 번 패하여 간(肝)과 뇌(腦)가 땅바닥에 으깨어진다는 뜻으로, 여지없이 패하여 재기불능하게 되는 것을 일컫는다.

一片丹心(일편단심) 진정에서 우러나오는 충성된 마음.

一筆揮之(일필휘지) 단숨에 글씨나 그림을 줄기차게 쓰거나 그리는 것을 형용하는 말이다.

日下無蹊徑(일하무혜경)　해가 비치고 있는 곳에는 눈을 피해 갈 수 있는 좁은 지름길이 없다. 나쁜 일이 행해지지 아니한 것을 탄미한 말.

臨渴掘井(임갈굴정)　목마름을 당하여 우물을 판다는 말로, 곧 미리 준비가 없다가 일을 당해 서두른다는 뜻.

臨機應變(임기응변)　일을 당해 그때그때 맞도록 처리함.

臨農奪耕(임농탈경)　땅을 다 다듬고 이제 농사를 지으려 하니까 농사지을 땅을 빼앗아 간다. 오랫동안 애써 준비한 일을 못하게 빼앗는다는 말이다.

臨戰無退(임전무퇴)　싸움에 임해 물러서지 않는다는 뜻.

林中不賣薪(임중불매신)　산 속에는 땔나무가 충분히 있어서 살 사람도 없으니 땔나무를 팔지 않는다. 물건은 그 쓰임이 유용한 곳에서 써야 함을 말한다.

林中之衆鳥不如手中之一鳥(임중지중조불여수중지일조)　숲 속의 많은 새들이 손 안에 한 마리 새보다 못하다.

ㅈ

自家撞着(자가당착)　　　　　　　　　　<2000 국가, 2007 경기교육, 2009 경남농협>
자기의 언행이 전후 모순되어 들어맞지 않는 것.

自强不息(자강불식)　스스로 힘쓰고 쉬지 아니함.

自激之心(자격지심)　제가 한 일에 대하여 스스로 미흡한 생각을 가짐

自誇自尊(자과자존)　제 스스로를 자랑하고 높임.

自愧之心(자괴지심)　스스로 부끄럽게 여기는 마음

煮豆燃豆萁(자두연두기)　콩을 삶는 데 콩깍지로 불을 때다. 골육인 형제가 서로 다투어 괴롭히고 죽이려 하는 것을 비유하는 말이다.

子膜執中(자막집중)　융통성이 없고 임기응변 할 줄 모르는 사람을 일컫는 말이다.

自手削髮(자수삭발)　제 손으로 머리를 깎음. 하기 어려운 일을 남의 힘을 빌지 않고 제 힘으로 처리한다는 뜻이다.

自繩自縛(자승자박)　자기의 줄로 자기를 묶는다는 말로 자기가 자기를 망치게 한다는 뜻이다.

自然淘汰(자연도태)　자연적으로 환경에 맞는 것은 살아남게 되고 그렇지 못한 것은 없어짐.

自暴自棄(자포자기) 자기 자신을 스스로 버려서 돌아보지 않음.

自畵自讚(자화자찬) 자기가 그린 그림을 스스로 칭찬함. 자기가 한 일을 스스로 자랑하는 것을 비유하는 말.

作心三日(작심삼일) 마음먹은 것이 삼일 간다. 즉, 결심이 오래 계속되지 못함을 말한다.

適口之餠(적구지병) 입에 맞는 떡.

賊反荷杖(적반하장) <2005 인천공항공사, 2009 지방>
잘 못한 자가 도리어 뻣뻣하게 나옴. 도둑이 도리어 매를 들음.

赤手空拳(적수공권) 아무 것도 가진 것이 없음. 맨 손.

戰戰兢兢(전전긍긍) 몹시 두려워 근심함. <2003 대구시>

切磋琢磨(절차탁마) 학문과 덕행을 닦음을 가리키는 말. <2005 수원시>

漸入佳境(점입가경) 점점 썩 좋은 경지로 들어감. <2008 삼성그룹>

頂門一鍼(정문일침) <2006 농협중앙>
정수리에 침을 놓는다는 뜻으로, 따끔한 충고나 교훈을 이르는 말.

井底之蛙(정저지와) 우물 안의 개구리란 뜻. 견문이 좁은 사람의 비유.
<대구 7급>

糟糠之妻(조강지처) 가난한 때 고생을 같이 하던 아내.

朝令暮改(조령모개) <2008 선관위, 2009 삼성그룹>
법령을 자꾸 고쳐 신뢰할 수 없음.

朝飯夕粥(조반석죽) 가난한 생활.

朝三暮四(조삼모사) <서울시 7급, 2003 경남, 2008·2009 삼성그룹>
간교스러운 꾀로 남을 희롱해 속이는 일.

鳥足之血(조족지혈) 물건이 아주 적은 것을 가리킴. 새발에 피.

左顧右眄(좌고우면) <2008 서울·경기·대전·충남농협>
목표를 뚜렷이 잡지 못하고 여기저기 돌아다 봄.

左衝右突(좌충우돌) 사방으로 치고받고 하는 것.

走馬加鞭(주마가편) 근면하고 성실한 사람을 더욱 편달하는 뜻. <2012 서울농수산물공사>

酒池肉林(주지육림) 호화가 극에 달한 잔치.

竹馬故友(죽마고우) 어릴 때부터 같이 놀며 자란 친구.

<2007 한국수원, 2008 서울시>

衆寡不敵(중과부적)　적은 수효로써 많은 수효를 대적하지 못함.

<2005 농협중앙 · 삼성그룹>

衆口難防(중구난방)　여러 사람의 말을 막기 어려움.　<2012 한국농어촌공사>

衆人環視(중인환시)　뭇 사람들이 둘러싸고 봄.

支離滅裂(지리멸렬)　이리저리 흩어져 갈피를 잡을 수 없음.

知足不辱(지족불욕)　모든 일에 분수를 알고 만족하게 생각하면 모욕을 받지 않는다.

知足知富(지족지부)　족한 것을 알고 현재에 만족하는 사람은 부자라는 뜻.

知彼知己(지피지기)　상대를 알고 나를 앎

知彼知己百戰不殆(지피지기백전불태)　상대를 알고 자신을 알면 백 번 싸워도 위태롭지 않다.

指呼之間(지호지간)　부르면 곧 대답할 만한 가까운 거리.

盡善盡美(진선진미)　지극히 착하고 지극히 아름다움. 완전무결함

珍羞盛饌(진수성찬)　맛이 좋은 음식으로 많이 잘 차린 것을 형용하는 말이다.

盡人事待天命(진인사대천명)　사람으로서 할 수 있는 일을 다 한 후에 하늘의 명을 기다린다.

塵積爲山(진적위산)　티끌이 모여 태산을 이룸.

進退維谷(진퇴유곡)　앞으로 나아갈 수도 뒤로 물러 설 수도 없이 꼼짝할 수 없는 궁지에 빠짐.(=進退兩難)　<2009 삼성그룹>

塵合泰山(진합태산)　티끌 모아 태산.　<2010 한국농어촌공사>

嫉逐排斥(질축배척)　시기하고 미워하여 물리침.

疾風知勁草(질풍지경초)　바람이 세게 불어야 강한 풀임을 안다. 위급하거나 곤란한 경우를 당해봐야 의지와 지조가 굳은 사람을 알 수 있게 됨을 비유하는 말.(-歲寒然後知松栢)

ㅊ

此日彼日(차일피일)　오늘 내일 하며 일을 핑계하고 자꾸 기한을 늦춤

創業易守成難(창업이수성난)　일을 이루기는 쉬워도 지키기는 어렵다.

滄海桑田(창해상전)　푸른 바다가 변하여 뽕밭이 된다는 말. 곧 덧없는 세상의 변천을 뜻함(=상전벽해).

滄海遺珠(창해유주)　세상에 알려지지 않은 현자(賢者) 또는 명작(名作)을 비유하는 말.

滄海一粟(창해일속)　넓은 바다에 떠있는 한 알의 좁쌀. 아주 큰 물건 속에 있는 아주 작은 물건을 말한다.　<2009 삼성그룹>

采薪之憂(채신지우)　자기 병을 겸손하게 일컫는 말. 아파서 나무를 할 수 없다는 뜻.(-負薪之憂)

責己之心(책기지심)　스스로 제 허물을 꾸짖는 마음

冊床退物(책상퇴물)　글만 읽고 세상 물정에는 어두운 사람.

妻城子獄(처성자옥)　아내의 성과 자식의 감옥에 갇혀 있다. 妻子가 있는 사람은 집안일에 완전히 얽매여서 다른 일에 꼼짝도 할 수 없음을 이르는 말이다.

天高馬肥(천고마비)　하늘이 높고 말이 살찐다는 뜻. 가을철을 일컫는 말.

千年一淸(천년일청)　황하(黃河)같은 탁류(濁流)가 맑아지기를 천년 동안 바란다. 가능하지 않은 일을 바라는 것을 일컬음.

千慮一得(천려일득)　천 번 생각하면 한 가지는 얻는다. 바보도 한 가지쯤은 좋은 생각이 있다는 뜻으로도 쓰인다.

千慮一失(천려일실)　　　　　<2007 삼성그룹, 2011 대한장애인체육회>
여러 번 생각하여 신중하고 조심스럽게 한 일에도 때로는 한 가지 실수가 있음

千思萬慮(천사만려)　여러 가지로 생각하는 것.

千仞萬丈(천인만장)　천길 만길.

千載一遇(천재일우)　일생에 다시 얻기 어려운 좋은 기회. <2011 국민연금공단>

靑出於藍(청출어람)　　　　　<2006 시흥교육, 2008 삼성그룹>
쪽에서 우러난 푸른빛이 쪽보다 더 푸르다는 뜻에서, 제자가 스승보다 낫다는 말.

靑出於藍而靑於藍(청출어람이청어람)　푸른색이 쪽에서 나왔으나 쪽보다 더 푸르다. 제자가 스승보다 나은 것을 비유하는 말.

草露人生(초로인생)　풀끝의 이슬 같은 덧없는 인생.

草綠同色(초록동색)　처지가 비슷한 사람끼리 한 무리가 됨. <2012 서울농수산물공사>

焦眉之急(초미지급)　　　　　<2009 국가>

눈썹이 타들어가는 매우 다급한 지경.(=燒眉之急)

焦土戰術(초토전술)　군대가 철수할 때 중요 시설을 불질러 적의 공격력을 저지하고 또 적이 이용하지 못하도록 함.

蜀犬吠日(촉견폐일)　촉(蜀)나라의 개는 해를 흔히 볼 수 없기 때문에 해만 보면 짖는다. 식견이 좁은 사람이 선하고 어진 사람을 오히려 비난하고 의심한다는 뜻으로 쓰인다.

觸處逢敗(촉처봉패)　가는 곳마다 낭패를 당함.

寸鐵殺人(촌철살인)　　　　　　　<광주일보, 2006 한전, 2005·2008·2009 삼성그룹>
짧은 경구로 사람의 급소를 찌름.

春秋鼎成(춘추정성)　제왕의 나이가 젊음.

春秋筆法(춘추필법)　대의명분을 밝혀 세우는 史筆(사필)의 준엄한 논법.

春雉自鳴(춘치자명)　묻지 않는 것을 스스로 말함을 비유함.

忠言逆耳(충언역이)　좋은 말은 귀에 듣기 거슬림.

七寶丹粧(칠보단장)　많은 보물로 단장함.

七顚八起(칠전팔기)　여러 번 실패한 끝에 겨우 성공한 것.

七縱七擒(칠종칠금)　제갈공명(諸葛孔明)의 전술로 일곱 번 놓아 주고 일곱 번 잡는다는 말로 자유 자재로운 전술을 가리킨다.　　<2013 국립공원관리공단>

針小棒大(침소봉대)　<2008 선관위·서울·경기·대전·충남농협, 2011 한국산업단지공단>
바늘을 몽둥이라고 말하듯 과장해서 말하는 것

ㅌ

他山之石(타산지석)　다른 산에서 난 나쁜 돌도 자기의 구슬을 가는 데에 소용이 된다는 뜻으로 다른 사람의 하찮은 언행일지라도 자기의 지덕을 연마하는 데에 도움이 된다는 말이다.

他尙何說(타상하설)　한 가지 일을 보면 다른 일도 알 수 있다는 말

卓上空論(탁상공론)　탁자 위에서만 펼치는 헛된 논설. 실현성이 없는 허황된 이론을 일컫는다.　　　　　　　　<2008 삼성그룹>

脫兎之勢(탈토지세)　토끼가 울에서 뛰어나오듯 신속한 기세를 말한다.

貪官汚吏(탐관오리)　탐욕이 많고 마음이 깨끗하지 못한 관리.

太剛則折(태강즉절)　너무 강하면 부러지기 쉽다는 말.

泰山北斗(태산북두)　태산과 북두칠성. 여러 사람이 우러러보는 존경받는 뛰어난 존재를 일컫는 말이다.　　　　　　　　　　　　　　　　<2007 삼성그룹>

泰山壓卵(태산압란)　태산처럼 무거운 것으로 달걀을 누른다. 쉬운 일을 뜻한다.

太平烟月(태평연월)　세상이 평화롭고 안락한 시대.

兎死狐悲(토사호비)　토끼가 죽으니 여우가 슬퍼한다. 남의 처지를 보고 자기 신세를 헤아려 동류의 슬픔을 서러워 한다는 뜻.

兎營三窟(토영삼굴)　토끼는 숨을 수 있는 굴을 세 개는 마련해놓는다. 자신의 안전을 위하여 미리 몇 가지 술책을 마련함을 비유하는 말이다.

吐盡肝膽(토진간담)　간과 쓸개를 모두 내뱉음. 솔직한 심정을 속임 없이 모두 말하는 것을 비유하는 말.

吐哺握發(토포악발)　뱉어도 보고 먹어도 보고 잡아도 보고 보내도 본다. 현사(賢士)를 구하기 위해 애쓴다는 말

ㅍ ···

破鏡重圓(파경중원)　반으로 잘라졌던 거울이 합쳐져 다시 둥그런 본 모습을 찾게 됨. 살아서 이별한 부부가 다시 만나는 것을 상징하는 말로 쓰인다.

波瀾萬丈(파란만장)　파도의 물결치는 것이 만장(萬丈)의 길이나 된다. 일의 진행에 변화가 심함을 비유하는 말로 쓰인다.　　　　　　<2006 삼성그룹>

波瀾重疊(파란중첩)　일의 진행에 있어서 온갖 변화나 난관이 많음.

破竹之勢(파죽지세)　　　　　　　　　　　　　　<2006 · 2008 삼성그룹>
걷잡을 수 없이 나아가는 당당한 기세.

風樹之嘆(풍수지탄)<2006　한전 · 인천소방,　2008　경북 · 대구농협,　2009　법원 · 정통순경 · 삼성그룹, 2010 대한지적공사, 2011 농수산물유통공사>
부모 돌아가신 뒤에 생전에 충분히 못해 드린 것을 후회하는 것.

風前燈火(풍전등화)　바람 앞에 켠 등불처럼 매우 위급한 경우에 놓여 있음을 가리키는 말　　　　　　　　　　　　　<2012 한국농수산식품유통공사>

風餐露宿(풍찬노숙)　바람과 이슬을 무릅쓰고 한데서 먹고 잠, 곧 큰일을 이루려는 사람의 고초를 겪는 모양　　　　　　　　　　　　　　<이동통신>

皮骨相接(피골상접) 몸이 몹시 말랐음을 일컫는 말.

匹夫匹婦(필부필부) <2004 삼성그룹, 2009 SH공사>
평범한 남자와 평범한 여자

必有曲折(필유곡절) 반드시 어떠한 까닭이 있음

ㅎ

夏爐冬扇(하로동선) 여름의 화로와 겨울의 부채. 쓸모없는 재능을 말한다.

下石上臺(하석상대) 아랫돌을 빼서 윗돌 괴고 윗돌 빼서 아랫돌 괴기. 즉 임시변통으로 이리 저리 둘러맞춤을 말한다. <한국일보, 2008 법원>

瑕玉(하옥) 흠이 없으면 완전한 것인데, 아깝게도 흠이 있어 결점이 된다는 뜻. 옥에도 티가 있다.

鷽鳩笑鵬(학구소붕) 작은 비둘기가 큰 붕새를 보고 웃는다. 되지 못한 소인이 위인의 업적과 행위를 비웃는다는 뜻.

鶴首苦待(학수고대) 학의 목처럼 목을 길게 늘여 몹시 기다림. <2005 국가>

學如不及(학여불급) 학문은 미치지 못함과 같으니 쉬지 말고 노력해야 함을 이르는 말.

學而不思則罔(학이불사즉망) 배우기만 하고 생각하지 않으면 그물에 갇힌 듯이 더 이상의 발전이 없다.

漢江投石(한강투석) 한강에 돌 던지기. 아무리 도와도 보람이 없다는 것.

汗牛充棟(한우충동) <2005 마사회, 2006 경기농협, 2009 경기교육·SH공사, 2011 한국공항공사>
짐으로 실으면 소가 땀을 흘리고 쌓으면 들보에까지 찬다는 뜻으로, 가지고 있는 책이 매우 많음을 말한다.
☞ 오거서(五車書) 많은 장서를 이르는 말

咸興差使(함흥차사) <2008 선관위, 2009 삼성그룹>
심부름 간 사람이 돌아오지 않거나 아무 소식이 없음을 비유하는 말.

虛心坦懷(허심탄회) 마음에 아무런 거리낌 없이 솔직한 태도로 일에 임함.

虛張聲勢(허장성세) <2000 법원, 2007 서울시, 2008 선관위·국회>
실력이 없으면서 허세만 떠벌림.

孑孑單身(혈혈단신) 아무도 의지할 곳이 없는 홀몸.

螢雪之功(형설지공) 애써 공부한 보람. <2011 한국공항공사>

糊口之策(호구지책)　그저 먹고 살아가는 계책.

好事多魔(호사다마)　좋은 일에는 방해되는 것이 많다는 말.　　<2006 농협중앙>

虎死留皮(호사유피)　범이 죽으면 가죽을 남기는 것과 같이, 사람도 죽은 뒤에 이름을 남겨야 한다는 말.

虎視耽耽(호시탐탐)　날카로운 눈으로 가만히 기회를 노려보고 있는 모양.

惑世誣民(혹세무민)　세상을 어지럽히고 백성을 속이는 것.　　　<2003 경남>

魂飛魄散(혼비백산)　몹시 놀라 정신이 없음을 가리킴.

渾然一致(혼연일치)　차별 없이 서로 합침.

忽顯忽沒(홀현홀몰)　문득 나타났다 홀연히 사라짐.

紅爐點雪(홍로점설)　① 뜨거운 불길 위에 한 점 눈을 뿌리면 순식간에 녹듯이, 사욕이나 의혹이 일시에 꺼져 없어지고 마음이 탁 트여 맑음을 일컫는 말. ② 크나큰 일에 작은 힘이 조금도 보람이 없음을 가리키는 말. 紅爐上點雪의 준말

畵龍點睛(화룡점정)　① 사람의 가장 요긴한 곳. ② 무슨 일을 함에 가장 긴요한 부분을 끝내어 완성시킴을 일컫는 말.　　　<2009 삼성그룹>

花容月態(화용월태)　미인의 얼굴과 태도.　　<2006 중부발전, 2008 삼성그룹>

畵中之餠(화중지병)　바라다만 보았지 소용이 닿지 않는 것.

換骨奪胎(환골탈태)　① 얼굴이 이전보다 더 아름다워짐. ② 남이 문장을 본떴으나 그 형식을 바꿈.ㅎ

歡呼雀躍(환호작약)　기뻐 소리치며 날뜀.

荒唐無稽(황당무계)　말이나 행동이 허황되어 믿을 수가 없음

會稽之恥(회계지치)　전쟁에 진 치욕을 말한다. 춘추시대 월왕(越王) 구천(勾踐)이 오왕(吳王) 부차(夫差)와 회계산(會稽山)에서 싸워 포로로 잡혔다가 굴욕적인 강화를 하고 풀려났던 고사에서 비롯된 말이다.(-臥薪嘗膽)

會心之處不必在遠(회심지처불필재원)　자기 마음에 적합한 바는 반드시 먼 곳에만 있는 것이 아님.

膾炙人口(회자인구)　널리 사람들에게 알려져 입에 오르내리고 찬양을 받음

會者定離(회자정리)　만나면 반드시 헤어지게 마련이다.

懷寵尸位(회총시위)　임금의 총애를 믿고 물러가야 할 때에 물러가지 않고 벼슬자리만 헛되이 차지함을 가리키는 말.

橫說竪說(횡설수설)　조리가 없는 말을 함부로 지껄임

孝弟仁之本(효제인지본)　효도와 공경은 인의 근본이다.

朽木糞牆(후목분장)　썩은 나무에 조각하거나 부패한 벽토에 흙칠을 하여도 소용

이 없다는 뜻. 쓸모없는 사람을 비유하기도 하고 혼란한 세상을 비유하기도 한다.

後生可畏(후생가외)   <2006 경기도·농협중앙, 2007 법원>
후진들이 젊고 기력이 있어 두렵게 여겨짐

厚顔無恥(후안무치)   얼굴이 두꺼워 수치스러움을 모름. 뻔뻔스러움. <2011 농
수산물유통공사>

胸中生塵(흉중생진)   가슴에 먼지가 생긴다. 사람을 잊지 않고 생각은 오래
하면서 만나지 못함을 일컫는 말이다.

興盡悲來(흥진비래)   <2009 삼성그룹>
즐거운 일이 다하면 슬픔이 옴. 곧 흥망과 성쇠가 엇바뀜을 일컫는 말이다.

Ⅱ. 의미가 유사한 고사 성어

길거리의 뜬소문 - 가담항설(街談巷說), 가담항의(街談巷議), 도청도설(道聽塗說)

가혹한 정치 - 가렴주구(苛斂誅求), 도탄지고(塗炭之苦), 포락지형(炮烙之刑), 가정맹어호(苛政猛於虎)

은혜를 잊지 못함 - 각골난망(刻骨難忘), 백골난망(白骨難忘), 결초보은(結草報恩)

시대의 흐름을 모르고 융통성이 없음 - 각주구검(刻舟求劍), 수주대토(守株待兎), 교주고슬(膠柱鼓瑟), 미생지신(尾生之信)

평범한 사람들 <2004 삼성그룹, 2009 SH공사 · 인천관광공사, 2011 수도권매립지공사>
갑남을녀(甲男乙女), 장삼이사(張三李四), 필부필부(匹夫匹婦), 우부우부(愚夫愚婦), 선남선녀(善男善女), 초동급부(樵童汲婦), 범부범부(凡夫凡婦)

운명을 건 한판 승부 - 건곤일척(乾坤一擲), 배수지진(背水之陣)

큰 일을 위해 작은 것을 희생함 - 견위수명(見危授命), 대의멸친(大義滅親), 선공후사(先公後私), 읍참마속(泣斬馬謖)

절세의 미인 - 경국지색(傾國之色), 경국지미(傾國之美), 경성지색(傾城之色), 경성지미(傾城之美), 단순호치(丹脣皓齒), 명모호치(明眸皓齒), 절세미인(絶世美人), 월하미인(月下美人), 화용월태(花容月態), 절세가인(絶世佳人)
※ 화조월석(花朝月夕) : 아름다운 자연

몹시 가난함 - 계옥지탄(桂玉之歎), 남부여대(男負女戴), 삼순구식(三旬九食)

자주 바뀌어 일관성이 없음 - 고려공사삼일(高麗公事三日), 작심삼일(作心三日), 조령모개(朝令暮改), 조변석개(朝變夕改), 조석지변(朝夕之變)

한 나라를 떠받들 만한 인재 - 고굉지신(股肱之臣), 동량지재(棟樑之材), 사직지신(社稷之臣), 주석지신(柱石之臣)

일시적인 계책 - 고식지계(姑息之計), 고식지책(姑息之策), 임시변통(臨時變通), 임기응변(臨機應變), 미봉책(彌縫策), 하석상대(下石上臺), 동족방뇨(凍足放尿), 암이도령(掩耳盜鈴)　　　<2012 한국농수산식품유통공사>

지극히 친밀한 교제 관계　　　<2005 의정부, 2007 농협중앙>
관포지교(管鮑之交), 수어지교(水魚之交), 금란지계(金蘭之契), 막역지우(莫逆之友), 문경지교(刎頸之交), 단금지교(斷金之交), 죽마지우(竹馬之友), 죽마고우(竹馬故友), 죽마구의(竹馬舊誼) 총죽지교(葱竹之交), 간담상조(肝膽相照), 금석지교(金石之交), 백아절현(伯牙絶絃), 지음(知音)

학문이나 재주가 갑자기 늘어남 - 괄목상대(刮目相對), 일취월장(日就月將), 일진월보(一進月步)

많은 것 가운데 극히 적은 것 - 구우일모(九牛一毛), 창해일속(滄海一粟)

여럿 가운데 가장 뛰어난 것 - 군계일학(群鷄一鶴), 백미(白眉), 태산북두(泰山北斗), 낭중지추(囊中之錐), 철중쟁쟁(鐵中錚錚), 간세지재(間世之才)

쳐부수기 어려운 성지(城地) - 금성탕지(金城湯池), 금성철벽(金城鐵壁), 아성(牙城), 난공불락(難攻不落), 철옹성(鐵甕城)

사이가 좋은 부부 - 금슬상화(琴瑟相和), 백년해로(百年偕老), 해로동혈(偕老同穴)

서로 비슷하여 우열을 가릴 수 없음 - 난형난제(難兄難弟), 막상막하(莫上莫下), 대동소이(大同小異), 백중지세(伯仲之勢), 오십보백보(五十步百步)
반대말 : 천양지차(天壤之差), 천양지판(天壤之判), 운니지차(雲泥之差), 소양지판(霄壤之判)

한바탕의 헛된 꿈 - 남가일몽(南柯一夢), 노생지몽(盧生之夢), 여옹지침(呂翁之枕), 한단침(邯鄲枕), 한단지몽(邯鄲之夢), 황량몽(黃粱夢), 일취지몽(一炊之夢), 황량일취지몽(黃粱一炊之夢), 일장춘몽(一場春夢)

어떤 일의 시초 - 남상(濫觴), 효시(嚆矢)

매우 위험한 상태 - 누란지세(累卵之勢), 누란지위(累卵之危), 풍전등화(風前燈火), 위기일발(危機一髮), 명재경각(命在頃刻), 백척간두(百尺竿頭), 초미지급(焦眉之急), 위급존망지추(危急存亡之秋) <2012 한국농어촌공사>

진리 탐구의 어려움 - 다기망양(多岐亡羊), 망양지탄(亡羊之歎)

면학에 대한 엄중한 권계 - 단기지계(斷機之戒), 맹모단기(孟母斷機), 단기지교(斷機之交), 맹모삼천(孟母三遷), 삼천지교(三遷之敎)

분수를 모르고 날뜀 - 당랑거철(螳螂拒轍), 당랑지부(螳螂之斧), 일일지구불지외호(一日之狗不知畏虎)

일이 잘못된 뒤에 후회함 - 망양보뢰(亡羊補牢), 만시지탄(晩時之歎), 십일지국(十日之菊), 사후약방문(死後藥方文), 사후청심환(死後淸心丸), 우후송산(雨後送傘)
반대말 : 유비무환(有備無患), 거안사위(居安思危)

아주 무식함 - 목불식정(目不識丁), 일자무식(一字無識), 어로불변(魚魯不

辨), 망자단청(盲者丹靑)
반대말 : 무소불지(無所不知)

공연히 의심이 많음 - 배중사영(杯中蛇影), 오우단월(吳牛喘月), 풍성학루
(風聲鶴唳), 초목개병(草木皆兵)

아무리 실패해도 굴하지 않음 - 백절불굴(百折不屈), 백절불요(百折不撓),
불요불굴(不撓不屈), 칠전팔기(七顚八起)

화합하기 어려운 원수 사이 - 불구대천지수(不俱戴天之讎), 빙탄지간(氷炭
之間), 수화상극(水火相剋), 견원지간(犬猿之間), 빙탄불상용(氷炭不相容)

매우 곤란한 상태 - 사면초가(四面楚歌), 진퇴양란(進退兩難), 진퇴유곡
(進退維谷), 산진수궁(山盡水窮)

인생의 길흉은 예측하기 어려움 - 새옹지마(塞翁之馬), 전화위복(轉禍爲福)

고향을 잊지 않는 마음 - 수구초심(首丘初心), 사향지심(思鄕之心), 호사
수구(狐死首丘), 월조소남지(越鳥巢南枝)

세상이 크게 변함 - 상전벽해(桑田碧海), 천선지전(天旋地戰)

마음으로 서로 통함   <2006 한전, 2012 한국마사회>
이심전심(以心傳心), 불립문자(不立文字), 교외별전(敎外別傳), 염화미소
(拈華微笑), 염화시중(拈華示衆), 심심상인(心心相印)

매우 오만함 - 안하무인(眼下無人), 방약무인(傍若無人), 오만불손(傲慢不
遜), 오만무도(傲慢無道), 오만무례(傲慢無禮), 만자존대(妄者尊大)

제3자가 이익을 얻음 - 어부지리(漁父之利), 방휼지쟁(蚌鷸之爭), 견토지

쟁(犬兎之爭)

그리워하여 잊지 못함 - 오매불망(寤寐不忘), 전전반측(輾轉反側), 전전불매(輾轉不寐)

힘써 학문에 전념함 - 자강불식(自强不息), 발분망식(發憤忘食), 수불석권(手不釋卷), 형창설안(螢窓雪案), 절차탁마(切嗟琢磨), 위편삼절(韋編三絶), 주경야독(晝耕夜讀), 남아수독오거서(男兒須讀五車書), 안광철지배(眼光徹紙背), 착벽인광(鑿壁引光), 행상대경(行常帶經) <2011 한국공항공사, 2012 서울농수산물공사 · 한국농어촌공사>

견문이 좁음 - 정저지와(井底之蛙), 좌정관천(坐井觀天), 정중관천(井中觀天), 관견(管見)

불가능한 일을 무리하게 하려 함 - 지천사어(指天射魚), 연목구어(緣木求魚), 이란투석(以卵投石), 육지행선(陸地行船)

아무리 애써도 성사시키기 어려움 - 천년일칭(千年一淸), 백년하칭(百年河淸), 한강투석(漢江投石), 홍로점설(紅爐點雪)

제자가 스승보다 뛰어남 - 청출어람(靑出於藍), 청출어람이청어람(靑出於藍而靑於藍), 빙수위지이한어수(氷水爲之而寒於水), 후생가외(後生可畏), 후생각올(後生角扤), 출람지예(出籃之譽)

매우 태평스런 시절 - 태평성대(太平聖代), 강구연월(康衢煙月), 비옥가봉(比屋可封), 고복격양(鼓腹擊壤), 함포고복(含哺鼓腹)<2012 서울농수산물공사>

겉과 속이 다름   <2012 한국농수산식품유통공사>
표리부동(表裏不同), 구밀복검(口蜜腹劍), 면종복배(面從腹背), 면종후언(面從後言), 양두구육(羊頭狗肉), 권상요목(勸上搖木)

부모에 대한 효도 – 혼정신성(昏定晨省), 반포지효(反哺之孝), 반포보은
(反哺報恩), 반의지희(斑衣之戲)

독서 <2009 경기교육>

수불석권(手不釋卷), 한우충동(汗牛充棟), 위편삼절(韋編三絶)

다독(多讀) – 남아수독오거서(男兒須讀五車書), 한우충동(汗牛充棟), 수불
석권(手不釋卷), 박이부정(博而不精) <2011 한국공항공사>

정독(精讀) – 위편삼절(韋編三絶), 독서백편의자현(讀書百遍義自見), 안광
투지(眼光透紙), 정이불박(精而不博)

통독(通讀) – 주마간산(走馬看山)

숙독(熟讀) : 뜻을 생각하고 충분히 음미하면서 읽는 것 <2007 농협중앙>

속독(速讀) : 빨리 읽는 것

Ⅲ. 한자 읽기

<2005 노동·선관위·삼성그룹, 2006 인천소방·중부발전·한전·국가, 2007 경기교육·한국수원, 2008 선관위·법원·SH공사·삼성그룹· 서울·경기·대전농협, 2009 서울시·지방·국가·SH공사·삼성그룹, 2011 방송통신심의위원회, 2012 한국마사회, 2014 국민체육진흥공단>

■■ㄱ■■

刻印 … 각인
角逐 … 각축
看過 … 간과
葛藤 … 갈등
强力 … 강력
更紙 … 갱지
車馬 … 거마
巨視 … 거시
建設 … 건설
結晶 … 결정
謙虛 … 겸허
輕俠 … 경협
繼承 … 계승
固陋 … 고루
固辭 … 고사
果樹園 … 과수원
過剩 … 과잉
國際舞臺 … 국제무대
詭辯 … 궤변
規模 … 규모
羈縻 … 기미

■■ㄴ■■

烙印 … 낙인
琅琅 … 낭랑
冷冷 … 냉랭
碌碌 … 녹록
論難 … 논란
農事 … 농사
農業用水 … 농업용수
農村 … 농촌
漏泄 … 누설

■■ㄷ■■

多角化 … 다각화
當選 … 당선
對備 … 대비
待遇 … 대우
貸出 … 대출
淘汰 … 도태
頭角 … 두각

■■ㅁ■■

摩擦 … 마찰
萬全 … 만전
明澄 … 명징
問責 … 문책

■■ㅂ■■

反駁 … 반박
反芻 … 반추
尨大 … 방대
賠償 … 배상
排斥 … 배척
分割 … 분할
不可避 … 불가피
沸騰 … 비등

■■ㅅ■■

些少 … 사소

削減 … 삭감
三脚臺 … 삼각대
索引 … 색인
索出 … 색출
省略 … 생략
書簡 … 서간
棲息 … 서식
宣布 … 선포
稅務 … 세무
消費者 … 소비자
甦生 … 소생
率先 … 솔선
收斂 … 수렴
宿泊 … 숙박
膝下 … 슬하
施行 … 시행
身土不二 … 신토불이

■■ㅇ■■

斡旋 … 알선
謁見 … 알현
樣相 … 양상
年年歲歲 … 연년세세
戀戀不忘 … 연연불망
豫防 … 예방
誤謬 … 오류
嗚咽 … 오열
猶豫 … 유예
吏讀 … 이두
利潤 … 이윤

■■ㅈ■■

主宰 … 주재
浚渫 … 준설
叱責 … 질책

■■ㅊ■■

茶禮 … 차례
斬新 … 참신
創出 … 창출
悽慘 … 처참
闡明 … 천명
體制 … 체제
墜落 … 추락
墜落 … 추락
出斂 … 추렴
脆弱 … 취약

■■ㅌ■■

打破 … 타파
推敲 … 퇴고
討論 … 토론

■■ㅍ■■

破綻 … 파탄
標識 … 표지
標識 … 표지
筆頭 … 필두

■■ㅎ■■

恒道 … 항도
行列 … 항렬
項目 … 항목

解弛 … 해이
諧謔 … 해학
行爲 … 행위
懸案 … 현안
惠澤 … 혜택
花卉 … 화훼
擴散 … 확산
環境變化 … 환경변화
嚆矢 … 효시
嗅覺 … 후각
毀損 … 훼손
携帶 … 휴대
詰責 … 힐책

Ⅳ. 어려운 한자 읽기와 뜻풀이

<2005 울산농협·농협중앙·한국전력, 2006 삼성그룹·농협중앙·경기농협·한국농촌공사, 2007 농협중앙·경북농협·경기농협·한국수원·삼성그룹, 2008 국회·농협중앙·경북농협· 서울·경기·대전·충남농협, 2009 서울시, 2010 한국농어촌공사, 2014 한국농어촌공사>

感謝(감사) 고맙게 여기는 마음

監査(감사) 감독하고 검사하는 것

決裁(결재) 상관이 부하가 제출한 안건승인, 서류결재

決濟(결제) 처결하여 끝내는 것. 돈 결제

謙讓(겸양) 겸손한 태도로 다른 사람에게 양보하거나 사양함.

苦辭(고사) 간절히 사양함

鼓吹(고취) 사상 따위를 강력히 주장하여 불어넣는 것.

捏造(날조) 어떤 일을 허위로 조작함

濫觴(남상) 사물의 시초

冷笑(냉소) 쌀쌀한 태도로 비웃음. (비) 조소(嘲笑)

老鍊(노련) 많은 경험을 쌓아 그 일에 아주 익숙하고 능란한 것. (반) 유
치(幼稚)

農具(농구) 농사를 짓는데 쓰는 기구. (비) 경구(耕具)

壟斷(농단) 이익이나 권리를 독차지함을 이르는 말

撞着(당착) 말이나 행동의 앞뒤가 서로 맞지 않음. (비) 모순(矛盾)

物故(물고) 죄인을 죽임. (비) 사거(死去)

美點(미점) 성품이 뛰어난 점. (반) 단점(短點)

敏速(민속) 날쌔고 빠르다. (비) 기민(機敏)

反目(반목) 서로 맞서서 미워하는 것. (비) 대립(對立)

配偶者(배우자) 부부의 한쪽 동반자. (비) 반려자(伴侶者)

白眉(백미) 여럿 가운데 가장 뛰어난 사람이나 물건

白手(백수) 아무 것도 없이 난봉을 부리고 돌아다니는 사람

伯仲(백중) 재주나 실력·기술 따위가 서로 비슷하여 낫고 못함이 없음

白痴(백치) 연령에 비해 지능이 떨어지는 사람

邪推(사추) 사실을 곡해하고 나쁘게 미루어 생각하는 것. (비) 시의(猜疑)

相補(상보) 서로 모자란 부분을 보충하다.

相關(상관) 서로 관련이 있다.

先導(선도) 앞장서서 인도하거나 안내함.

收去(수거) 거두어 감

純化(순화) 다른 지역에 옮겨진 생물이 점차로 그 환경에 적응하는 체질
          로 변하는 일

失敗(실패) 일이 뜻대로 되지 않음. (반) 성공(成功)

歷然(역연) 또렷한 모양. (반) 막연(漠然)

沃野(옥야) 기름진 들 (반) 황야(荒野)

韻文(운문) 시의 형식으로 운율을 살려 지은 글 (반) 산문(散文)

柔弱(유약) 부드럽고 약함 (비) 연약(軟弱)

移動(이동) 움직여 옮김

利害(이해) 이익과 손해. (비) 득실(得失)

正鵠(정곡) 과녁의 한복판이 되는 점으로 목표나 핵심을 뜻함.

仲介(중개) 둘 이상의 당사자 사이를 주선하는 것. (비)알선(斡旋)

志向(지향) 어떤 것을 하고자 노력하는 것.

止揚(지양) 더 높은 단계를 이루기 위하여 어떤 것을 하지 않는 것.

什器(집기) 집안이나 사무실에서 쓰는 온갖 기구

着工(착공) 공사의 시작. (반) 준공(竣工)

穿鑿(천착) 어떤 원인이나 내용 따위를 알려고 열심히 파고듦

晴空(청공) 맑은 하늘

出捐(출연) 금품을 내어 도와주는 것.

稚拙(치졸) 유치하고 졸렬함. (반) 교묘(巧妙)

妥當(타당) 형편이나 이치에 마땅하다.

澎湃(팽배) 기세나 사조 따위가 세차게 일어 넘침

行列(항렬) 같은 혈족의 직계에서 갈라진 계통 사이의 대수관계

好意(호의) 좋게 생각해 주는 마음

恢復(회복) 경기회복

V. 시험출제 한자

개전(改悛) <2004 근로복지공단>

행실이나 태도의 잘못을 뉘우치고 마음을 바르게 고쳐먹음.

갱생(更生) <2006 토공, 2009 서울시>

거의 죽을 지경에서 다시 살아남. 소생(甦生)

결재(決裁) <2005 한국전력>

결정할 권한이 있는 상관이 부하가 제출한 안건을 검토하여 허가하거나 승인함.

금슬(琴瑟) <2006 경기>

거문고와 비파

누설(漏泄) <2005 마사회>

비밀이 새어 나감

부의(賻儀) <2005 의정부>

상가에 부조로 보내는 돈이나 물품 또는 그런 일

不備(불비) <2005 한수원>

예를 다 갖추지 못하였다는 뜻으로, 흔히 한 문 투의 편지의 끝에 사용 하는 말.

각필(閣筆·擱筆) : 편지 등에서 글을 다 쓰고 붓을 내려놓음. 그만 줄임.

사군자<2003 주공, 2006 충남농협, 2009 경기기능>

매화(梅), 난초(蘭), 국화(菊), 대나무(竹)

사모할 모(慕)의 부수 '心'

<2005 한국전력>

수거(收去) : 거두어 감

이동(移動) : 움직여 옮김

회복(恢復) : 경기회복

숙식(宿食)

<2005 한국전력>

자고 먹음.

口변

<2005 인천공항공사>

呂(려), 名(명), 右(우)

│(뚫을 곤) : 중(中), 串(관)

초연(硝煙)

<2004 파주시>

화약의 연기

혜택(惠澤), 해학(諧謔), 마찰(摩擦)

<2006 중부발전>

'殺' 자의 독음이 다른 경우

<2011 SH공사>

相殺(상쇄) · 殺到(쇄도) · 減殺(감쇄)

학살(虐殺)

'破天荒(파천황)'

<2013 한국마사회>

천지가 아직 열리지 않은 때의 혼돈한 상태로, 이것을 깨뜨려 새로운 세상을 만든다는 의미

Ⅵ. 육십갑자(六十甲子)

천간(天干)의　　　갑(甲)·을(乙)·병(丙)·정(丁)·무(戊)·기(己)·경(庚)·신(辛)·임(壬)·계(癸)에,　　　지지(地支)의　　　자(子)·축(丑)·인(寅)·묘(卯)·진(辰)·사(巳)·오(午)·미(未)·신(申)·유(酉)·술(戌)·해(亥)를　　순차로　　배합하여 예순 가지로 늘어놓은 것

갑자(甲子)　을축(乙丑)　병인(丙寅)　정묘(丁卯)　무진(戊辰) 기사(己巳)　경오(庚午)　신미(辛未)　임신(壬申)　계유(癸酉) 갑술(甲戌)　을해(乙亥)　병자(丙子)　정축(丁丑)　무인(戊寅) 기묘(己卯) 경진(庚辰)　신사(辛巳)　임오(壬午)　계미(癸未)　갑신(甲申)　을유(乙酉)　병술(丙戌)　정해(丁亥)　무자(戊子)　기축(己丑)　경인(庚寅) 신묘(辛卯)　임진(壬辰)　계사(癸巳)　갑오(甲午)　을미(乙未) 병신(丙申)　정유(丁酉)　무술(戊戌) 기해(己亥)　경자(庚子)　신축(辛丑)　임인(壬寅)　계묘(癸卯) 갑진(甲辰)　을사(乙巳)　병오(丙午)　정미(丁未)　무신(戊申) 기유(己酉)　경술(庚戌)　신해(辛亥) 임자(壬子)　계축(癸丑) 갑인(甲寅)　을묘(乙卯)　병진(丙辰)　정사(丁巳)　무오(戊午) 기미(己未)　경신(庚申)　신유(辛酉)　임술(壬戌)　계해(癸亥)

<2010 인천도시개발>

띠 : 자(子 : 쥐띠), 축(丑 : 소띠), 인(寅 : 범띠), 묘(卯 : 토끼띠), 진(辰 : 용띠), 사(巳 : 뱀띠), 오(午 : 말띠), 미(未 : 양띠), 신(申 : 원숭이띠), 유(酉 : 닭띠), 술(戌 : 개띠), 해(亥 : 돼지띠)

☞ 자시(子時) : 밤 23 ~ 01시　　　　　　　　〈2011 농수산물유통공사〉

Ⅶ. 가족의 호칭

구 분	자 기		타 인	
	산사람	죽은사람	산사람	죽은사람
아버지 <2009 SH공사>	가친(家親) 엄친(嚴親) 부주(父主)	선친(先親) <2007 경기교육> 선고(先考) 선부군(先父君)	춘부장(春府丈)<2008 선관위>, 춘장(春丈)<2013 한국마사회>, 춘당(春堂), 영존(令尊), 대인(大人), 어르신, 어르신네	선대인(先大人) 선고장(先考丈) 선장(先丈)
어머니	자친(慈親) 모주(母主) 가자(家慈) 모친(母親)	선비(先妣) <2001 국가> 선자(先慈)	자당(慈堂)<2002 국가, 2007 경기교육, 2012한국농수산공사> 대부인(大夫人) 모당, 훤당(母堂, 萱堂), 북당(北堂), 모부인(母夫人)	선대부인(先大夫人)<2001 국가> 선부인(先夫人)
할아버지	조부(祖父) 왕부(王父)	조고(祖考) 왕고(王考) 선고조(先考祖)	존조부장(尊祖父丈) 왕존장(王尊丈) 왕대인(王大人)	선조부장(先祖父丈), 선왕고장(先王考丈)
할머니	조모(祖母) 왕모(王母)	선조모(先祖母) 조비(祖妣) 선왕모(先王母)	왕대부인(王大夫人) 존조모(尊祖母)	선왕대부인(先王大夫人), 선조비(先祖妣)
아들	가아(家兒) 가돈(家豚) 돈아(豚兒) 미돈(迷豚)		영랑(令郎) 영식(令息) 영윤(令胤)	
딸	여식(女息) 식비(息鄙)		영애(令愛)영교(令嬌) 영양(令孃)영원(令媛)	
손자	손자(孫子) 손아(孫兒)		영포(令抱)영손(令孫)	

☞ 당숙 : 아버지의 사촌형제 <2007 경기교육>
　내자 : 남 앞에서 자기 아내를 부르는 말
　이질 : 언니나 여동생의 아들 딸 <2009 경기농협>
　생질 : 누이의 아들
　종질(당질) : 사촌형제의 아들